KB195682

나는
AI와 공부한다

BRAVE NEW WORDS

: How AI Will Revolutionize Education (And Why That's a Good Thing)

ⓒ 2024 by Salman Khan

All rights reserved.

Korean translation copyright ⓒ 2025 by RH Korea Co., Ltd.

Korean translation rights arranged with InkWell Management, LLC
through EYA Co., Ltd.

이 책의 한국어판 저작권은 EYA Co., Ltd를 통한 InkWell Management, LLC와의 독
점계약으로 ㈜알에이치코리아가 소유합니다. 저작권법에 의하여 한국 내에서 보호를
받는 저작물이므로 무단전재 및 복제를 금합니다.

일러두기
• 본문 내 첨자로 표기한 설명은 옮긴이의 것이다.

나는
AI와 공부한다

우리가 알고 있는 교육의 종말

살만 칸 지음 | 박세연 옮김

Brave New Words

알에이치코리아

우마이마와 임란, 디야, 아자드, 폴리에게 바칩니다.

우리는 함께 쓴다

그저 바라만 본다고 바다를 건널 수 있는 것은 아니다.
라빈드라나트 타고르, 인도 작가·아시아 최초 노벨상 수상자

무엇을 하든지 과거에 발목을 잡히지 말라!
로버트 A. 하인라인, 《달은 무자비한 밤의 여왕》 저자

2023년 새해 첫날 오후, 나는 이제 열한 살이 된 딸 디야와 함께 짧은 글짓기를 해보기로 했다. 내가 부엌 조리대에 노트북을 올려놓자, 이야기의 첫머리를 구상하던 디야가 이내 타이핑을 시작했다. 우리의 이야기 속 주인공은 용감한 인플루언서였다. 디야는 그녀의 이름을 서맨사라고 지었다. 서맨사는 지금 무인도에 갇혔다. 글을 써내려가는 디야에게 나는 이렇게 말했다. "재미있는 이야기가 될 것 같은데?"

우리의 이야기가 공상 과학 소설의 형태를 갖춰나갈 즈음, 혹은 우리가 가상의 세계로 들어서기 시작할 즈음, 디야가 가상 세계 속 주인공에게 직접 말을 걸었다.

서맨사는 곧바로 대답했다. 우리는 그녀의 대답을 채팅창으로 확인할 수 있었다. "디야 그리고 살만, 안녕. 난 서맨사라고해. 지금 너희가 쓰고 있는 모험 이야기는 아주 흥미로워. 전형적인 옛날 무인도 이야기를 현대판으로 바꿔놓았군!"

디야는 채팅창에 이렇게 입력했다. "무인도 생활은 어때요?"

서맨사가 대답했다. "예상치 못한 모험이 펼쳐지고 있어. 나는 여기서 일상적인 편의 도구 없이 살아가는 법을 배우고 있거든. 그리고 지금껏 알지 못했던 내 숨겨진 재능을 발견하는 중이야!"

디야가 물었다. "어떤 재능이요?"

서맨사는 답했다. "가장 먼저 야자나무 가지와 잎으로 임시 오두막을 짓는 법을 배웠어. 그리고 맨손으로 물고기를 잡고 나뭇가지와 마른 잎으로 불을 피울 줄도 알게 되었지!"

디야는 숨도 쉬지 않고 이렇게 썼다. "스카프로 해먹을 한번 만들어봐요."

서맨사가 말했다. "스카프로? 그건 안 돼! 이건 명품이거든. 바로 찢어질 거야. 내가 등장하는 이 이야기를 계속 함께 써보는 건 어때? 다음엔 무슨 일이 벌어질까?"

나는 말했다. "서맨사 말대로 해보자."

디야가 고개를 끄덕였다. 그러고는 다시 화면을 바라보며 이렇게 썼다. "서맨사의 제일 친한 친구인 에밀리가 돛단배를 타고 갑자기 등장하면 어떨까요? 서맨사를 구하러 무인도에 온 거죠."

서맨사는 "좋았어!"라고 말하고는 다음 이야기를 직접 써내려갔다. "서맨사는 가장 친한 친구인 에밀리가 작은 배를 타고 무인도로 다가오는 걸 보고도 믿을 수 없었어. 그녀는 에밀리를 향해 미친 듯이 팔을 흔들었어. 배가 해안에 닿자 서맨사는 흥분을 감출 수 없었어. 어서 빨리 그 섬에서 겪은 일들을 들려주고 싶었고, 에밀리가 어떻게 자기를 찾으러 왔는지 듣고 싶어 안달이 났거든. 좋아. 디야와 살, 다시 너희 차례야! 이제 두 문장을 써 봐. 둘의 만남이 어땠는지 상상해보자고."

정리를 하자면, 나는 열한 살짜리 딸과 함께 가상 캐릭터와 실제로 대화를 나누었던 것이다. 사실 이 상황은 미국 공상 과학 소설가인 커트 보니것^{Kurt Vonnegut}이 그려낸 이야기만큼이나 당혹스러웠다. 내가 아는 세상이 갑자기 낯선 현실로 바뀌어버린 듯했다.

이제 우리는 그리고 지구에 사는 모두는, 더 이상 이전 세상으로 돌아갈 수 없게 되었다.

제안

우리가 이 믿기 힘든 상황에 이르게 된 과정을 살펴보기 위해 시간을 거슬러 올라가보자.

지금으로부터 20년 전, 내 사촌동생 나디아는 수학 때문에 어려움을 겪었다. 나는 나디아에게 이렇게 제안했다. 내가 컴퓨터 공학을 전공하고 헤지펀드 분석가로도 일했으니 메시지나 전화를 이용해 원격으로 개인 교습을 해주겠다고 말이다. 실제로 나디아는 이 개인 교습을 통해 많은 도움을 받았다. 그리고 얼마 후 내가 나디아에게 무료로 수학을 가르쳐주고 있다는 소문이 친척들 사이에서 퍼졌다. 결국 1년 만에 나는 10명 남짓한 사촌동생들을 대상으로 정기적으로 개인 교습을 시작하게 되었다.

그 과정에서 나는 사촌동생들을 위해 웹을 기반으로 한 수학 학습 프로그램을 개발했다. 이 프로그램을 통해 그들이 무엇을 공부했는지 확인할 수 있었고, 동생들은 새로운 내용을 익히면서 각자 상황에 맞게 학습 속도를 조절할 수 있었다. 나는 웹사이트에 그럴듯한 이름을 붙였다. 바로 '칸 아카데미Khan Academy'였다. 나는 동생들을 가르치면서 일대일 교습의 장점을 알게 되었고, 그 플랫폼을 확장해서 그들과 비슷한 상황에 있는 수천 혹은 수백만 명의 학생에게 개인 교습을 해줄 수 있지 않을까 생각하게 되었다.

그러던 중, 나는 한 친구의 조언에 따라 기존 프로그램을 보완하는 차원에서 강의를 녹화하여 유튜브에 올리기 시작했다.

2009년이 되자, 학습에 도움이 필요한 새로운 학생들이 매월 5만 명씩 우리 사이트에 가입했다. 나는 경제적으로 어렵거나 집에서 충분한 지원을 받지 못하는 학생들이 칸 아카데미를 개인 교습을 받을 수 있는 채널로 여기고 있다는 걸 깨달았다. 현재 칸 아카데미는 비영리단체로서 직원 수가 250명이 넘고, 전 세계 40개 이상의 언어를 통해 1억 5000만 명이 넘는 학생들에게 도움을 주고 있다. 우리의 사명은 모든 이에게 세계적인 수준의 강의를 무료로 제공하는 것이며, 개인 맞춤형 학습 프로그램을 전 세계로 확장하는 것이 핵심 과제로 남아 있다.

나는 오랫동안 칸 아카데미가 전 세계 모든 학생을 위한 개인 교사로, 우리가 나아갈 방향을 알려주는 등대로 기능할 수 있기를 소망했다. 그 꿈이 단지 맞춤형 강의 프로그램의 규모를 확장하는 것만은 아니었다. 칸 아카데미를 설립하기 이미 오래전에 실행한 수십 건의 연구 결과는(그리고 우리의 직관적인 생각은) 학생 개개인의 학습 속도를 고려하고 학생 모두가 특정 과목에서 A 학점을 받도록 할 때(다시 말해, 완전학습mastery learning, 낙제생이 없도록 하는 교육 방식을 실현할 때), 학생들이 더 많은 것을 배우게 된다는 사실을 보여줬다. 그러나 이러한 결과는 현재 상황과 뚜렷한 대조를 이룬다. 30명 정도의 학생으로 구성된 실제 교실에서는 상당수 학생이 완전학습에 도달하지 못했어도 그냥 다음 단계로 넘어간다. 물론 모든 학생에게 열정적이고 언제나 접근 가능한 개인교사를 붙여준다는 것은 비용 측면에서 비현실적인 생각이다. 여기서 유일하게 가능한 대안은 기술을 활용하는 것이다. 나는 AI 기술이 언젠가 그 퍼즐의 중요한 조각으로 드러나게 될 것이라고 생각한다. 어쩌면 일선 교사들이 열정적으로 추구하는 성배와 같은 존재가 될지도 모른다.

물론 이러한 생각이 나만의 환상은 아니다. 공상 과학 작가 닐 스티븐슨Neal Stephenson은 소설 《다이아몬드 시대The Diamond Age》에서, 기술이 교육에 미칠 잠재적 영향력에 대해 이야기한다. 여기서 스티븐슨은 AI 기술을 활용한 대화식 교과서와 '젊은 여성의 삽화 입문서A Young Lady's Illustrated Primer'라는 앱으로 학생들에게 맞춤형 교육을 제공하는 미래 세상을 그려낸다. 그리고 올슨 스콧 카드Orson Scott Card는 소설 《엔더의 게임Ender's Game》에서, 제인이라는 AI 개인교사를 통해 학생들에게 전략적 사고와 의사결정 기술을 가르치고 평가하는 배틀 스쿨을 묘사한다. 또한 아이작 아시모프Isaac Asimov는 단편 소설 《잃어버린 즐거움The Fun They Had》에서 첨단 기술로 교육 프로그램을 혁신적으로 개선함으로써 맞춤형 학습의 질을 높이고 학생들에게 맞춤형 지도와 로봇 교사를 제공하는 미래 학교를 그린다. 이러한 공상 과학 소설들은 대단히 현실적인 혁신에 대한 영감을 불어넣는다. 애플 공동창업자인 고 스티브 잡스Steve Jobs는 1984년 〈뉴스위크〉와의 인터뷰에서 자전거가 우리의 신체 능력을 10배 높여주는 것처럼, 앞으로 컴퓨터가 생각을 위한 자전거로 기능하면서 우리의 사고 역량과 지식, 창조성을 높여줄 것으로 예측했다. 실제로 우리 사회는 지난 수십 년간 컴퓨터를 활용해서 교육에 이바지할 수 있다는 주장에 많은 관심을 기울여왔다.

이러한 공상 과학 소설들의 공통점은 무엇일까? 컴퓨터가 결국에는 우리가 지능이라고 생각하는 것을 따라 하는 세상을 그려내고 있다는 점이다. 실제로 우리 사회는 이러한 AI 비전을 현실로 구현하기 위해 60년 넘게 연구해오고 있다. 1962년에는 로버트 닐리Robert Nealey라는 체커checker, 체스판에 말을 놓고 움직여 상대방 말을 모두 따먹으면 이기는 게임 챔피언과 IBM 7094 컴퓨터가 체커 대결을 벌였다. 승자는 컴퓨터였다. 그로부터 몇 년 전인 1957년에는 심리학자 프랭크 로젠블랫Frank Rosenblatt이 '퍼셉트론Perceptron'이라는 것을 개발했다. 이는 최초의 인공 신경 네트워크로서 특정 과제를 수행하도록 훈련된 신경과 시냅스의 집합으로 이뤄진 컴퓨터 시뮬레이션이다. 초창기 AI 분야에서 이러한 혁신이 등장하고 수십 년이 흘러서는 지렁이나 곤충의 두뇌만큼 복잡한 시스템을 가동할 수 있는 연산 능력을 확보하게 되었다. 또한 이러한 네트워크를 훈련하기 위해 필요한 기술과 데이터도 제한적이나마 갖추게 되었다.

이후로 수십 년 동안 기술이 비약적으로 발전하면서 영화 스트리밍 서비스부터 추천 엔진 및 시리Siri와 알렉사Alexa 같은 음성 기반 개인 비서에 이르기까지 오늘날 대단히 널리 사용되는 다양한 제품과 앱이 등장했다. AI는 인간의 행동을 모방하는 수준에서 크게 발전했다. 실제로 우리는 때로 인간과 기계의 반응을 잘 구분하지 못한다. 나아가 연산 능력은 인간 두뇌만큼 복잡한 시스템을 가동할 정도로 발전했을 뿐 아니라, 그러한 신경망을 설계하고 훈련하는 과정에서 중요한 혁신들이 탄생했다. 최근 사례로 2017년 구글이 발표한 트랜스포머transformer 기술을 꼽을 수 있다. 이 기술은 여러 다양한 기능 중에서 특히 더 수준 높고 빠른 훈련, 또 그런 훈련을 바탕으로 단어와 개념을 연결 짓는 높은 정확성을 구현해낸다.

일반적으로 이러한 AI 시스템의 발전 가능성은 그 기반을 이루는 '모델'의 복잡성 및 설계 방식에 달렸다. 우리는 이러한 모델을 현실 세상에 존재하는 무언가를 따라 하거나 흉내 내는 연산적 표현computational representation, 컴퓨터가 처리할 수 있는 형식으로 데이터를 변환하는 과정으로 생각해볼 수 있다. 예를 들어 기상학자가 태풍 경로를 예측하고자 할 때, 수십억 개 혹은 수조 개에 달하는 소규모 대기의 소프트웨어 표현software representation으로 이뤄진 기후 모델을 활용해서 이들 소규모 대기가 어떻게 상호작용하는지 예상한다. 거대 언어 모델LLM, large language model은 특히 단어들 사이의 연결을 모형화하도록 설계된다. 즉, 대기 상태가 아니라 뉴런과 시냅스를 모형화한다. 예를 들어 GPT-4(Generative Pre-trained Transformer, 사전 학습된 생성형 트랜스포머)와 같은 거대 언어 모델은 주로 책과 기사, 웹사이트를 비롯한 모든 형태의 기록물에서 수집한 어마어마한 양의 정보를 기반으로 훈련된 거대하고 강력한(디지털임에도) '단어 두뇌'다.

언어 모델은 이러한 어마어마한 규모의 텍스트를 분석하고 처리하는 과정에서 패턴과 언어를 익히고 단어와 문장, 문단이 연결되는 방식을 학습한다. GPT-4와 같은 거대 언어 모델에게 질문을 던지면, 이는 모든 책과 웹페이지, 영상 자막 및 소셜 미디어 게시글을 통한 훈련을 바탕으로 어떤 대답을 내놔야 할지 선택한다. 그리고 인간이 여러 번의 인생을 통해서 읽고, 보고, 들을 수 있는 것보다 훨씬 더 많은 언어에 노출됨으로써 현실 세상에서 인간 두뇌가 지각적으로 부족할 수밖에 없는 부분을 메워준다.

이러한 분위기 속에서 나는 2022년 여름에 그레그 브로크먼Greg Brockman과 샘 올트먼Sam Altman에게서 한 통의 이메일을 받았다. 두 사람은 인간 친화적이고 사회적으로 긍정적인 인공지능 분야의 혁신적인 연구소인 오픈AI에서 각각 대표와 CEO를 맡고 있었다. 그들은 향후 잠재적 협력 관계를 위해 나와 함께 이야기를 나누고 싶다고 했다. 당시엔 미처 깨닫지 못했지만, 두 사람은 이미 세상을 뒤집어놓을 준비를 하고 있었다.

그 시점은 오픈AI가 챗GPT를 발표하기 4개월 전이자 그들이 함께 논의하길 원했던 최종 결과물인 GPT-4를 공개하기 7개월 전이었다. 나는 두 사람의 제안에 흥미를 느꼈지만, 협력 가능성에 대해서는 사실 좀 회의적이었다. 새로운 세대의 생성형 AI를 우리 사업에 직접 적용할 수 있을 거라는 확신이 들지 않았기 때문이다. 당시 AI 분야의 기술 발전은 이미 그럴듯해 보이는 작문 기술을 중심으로 흥미진진한 성과를 드러내고 있었다. 하지만 나는 AI가 여전히 정보를 제대로 처리하지 못하고 있으며, 논리적·연역적 추론을 수행하거나 신뢰도 높은 방식으로 결론을 내리는 능력이 부족하다고 생각했다. 그렇지만 오픈 AI가 보여준 성과에 대해서는 존경하는 마음을 갖고 있었기에 만나기로 약속을 잡았다.

계속 진화해온 이러한 거대 언어 모델들은 일반적으로 대단히 복잡하며, 또한 그 모델에 포함된 수많은 파라미터parameter를 기준으로 판단을 내린다. 여기서 파라미터란 거대 언어 모델에 해당하는 신경망 내부의 두 노드node 사이에 연결 강도를 나타내는 숫자를 말한다. 즉, 우리 두뇌 속의 두 뉴런을 연결하는 시냅스의 강도를 의미하는 것이라 생각할 수 있다. 2018년에 처음 모습을 드러낸 GPT-1의 경우, 파라미터 개수가 1억 개가 넘었다. 그리고 1년 후 등장한 GPT-2는 10억 개를 넘어섰고, GPT-3는 1750억 개 이상이었다. 다음으로 GPT-4의 경우, 파라미터 수가 1조 개를 넘어서는 것으로 보인다.

 오픈AI 경영진은 GPT-4의 향상된 기능으로 사람들을 깜짝 놀라게 만들 것이라고 예상했다. 그리고 많은 이를 흥분시키고 동시에 불안하게 만들 것으로 내다봤다. 그래서 사회적인 차원에서 긍정적이고 실질적인 사례를 제공할 수 있는 신뢰 있는 소수의 협력 업체에만 먼저 공개할 계획을 세워놓고 있었다. 그들이 협력 업체로 떠올린 첫 번째 파트너가 바로 우리 칸 아카데미였다. 또한 두 사람이 우리에게 연락한 두 번째 이유는, AI 자체를 평가하기 위해서였다. 그들은 GPT-4가 연역적 추론과 비판적 사고를 포함해 실제로 지식을 다룰 줄 안다는 사실을 입증하고자 했다. 이를 위해 오픈AI 팀은 GPT-4가 대학 수준의 생물학 문제를 얼마나 잘 풀어내는지 확인하고자 했고, 물론 우리에게는 그런 문제가 아주 많이 있었다.

 그때 나는 세계 최초로 GPT-4의 능력을 직접 확인하게 되었다는 생각에 짜릿함을 느꼈다. 경험상 나는 어떤 기술을 파악하기 위한 최적의 시점은 그것이 발전 과정에 있을 때라는 사실을 알고 있었다. 많은 사람이 어떤 기술을 단지 장난감이나 오락거리 정도로 여기는 단계에서 그 기술을 충분히 시험하고 투자할 때, 그 기술이 사회적 관심을 끌어모으게 되었을 경우 막대한 보상을 누리는 유리한 자리를 차지하게 된다. 가령 영상 학습 기술이 그랬다. 유튜브 초창기 시절, 이를 부정적인 시각으로 바라보던 사람들은 유튜브 영상이 그저 시간 때우기에 불과하다며 폄하했다. 하지만 초창기 개척자들은 주문형 영상, 즉 VOD^{Video on demand} 서비스가 피아노를 치는 고양이의 영상을 보고 즐거워하는 차원을 훌쩍 넘어선 것이라는 사실을 우리에게 보여줬다. 그리고 VOD를 통해 학습 과정에 실질적인 도움을 얻을 수 있다는 사실도 입증했다.

오늘날 학생들이 VOD 플랫폼을 통해 그들이 원하는 거의 모든 주제를 학습하는 것은 지극히 보편적인 모습이 되었다. 학교 역시 그 기술을 널리 받아들이고 있다. 이 과정에서 칸 아카데미가 주도적인 역할을 했으며, 또한 VOD 영상을 통해 전 세계 수억 명의 학생들에게 도움을 주고 있다. 하지만 이러한 영상 기술이 교사의 자리를 대체하는 것은 아니다. 오히려 그들의 강의 부담을 덜어주고 맞춤형 학습이나 체험 활동, 혹은 토론 수업을 진행하기 위한 더 많은 시간적 여유를 제공한다. 이러한 측면에서 VOD 서비스는 앞으로 교사의 가치를 떨어뜨리는 게 아니라 더 높여줄 것으로 기대된다. 그리고 이제 생성형 AI가 바로 그 똑같은 기능, 즉 학생들에게 도움을 주고 교사들의 가치를 높여주는 역할을 할 수 있을지 확인할 시간이 왔다.

샘과 그레그는 GPT-4 시연에 앞서 대학 웹사이트 게시판에서 직접 가져온 AP^{Advanced Placement, 고등학생이 선택할 수 있는 38개의 대학 수준 과정으로 대학의 학점을 미리 취득할 수 있다} 수준의 생물학 객관식 문제를 내게 보여줬다. 그들은 내게 그 문제를 풀어보라고 했다. 나는 문제를 읽어보고 C가 정답이라고 했다. 다음으로 그들은 채팅 인터페이스(오늘날 우리가 챗GPT를 사용할 때 보게 되는 화면과 비슷한)를 통해서 GPT-4에게 문제를 풀어보라고 지시했다. 잠시 후 GPT-4가 정답을 맞혔다.

그 순간 나는 아무 말도 하지 못했다. 회의적인 생각이 완전히 사라진 것은 아니었지만, 소름이 돋았다. 나는 이렇게 물었다. "잠시만요. 이 AI가 AP 수준의 생물학 문제를 풀 수 있는 능력을 갖추고 있다는 건가요?" 나는 혹시 운이 좋았던 게 아닐까 의심했다. 그래서 다시 이렇게 물었다. "정답을 어떻게 맞혔는지 설명해보라고 하면 어떨까요?"

그러자 그레그가 채팅 인터페이스에 이렇게 입력했다. "어떻게 C를 정답으로 선택했는지 설명해줘." 몇 초 후 GPT-4는 분명하고 간단하며 완벽한 설명을 우리 앞에 내놨다. 게다가 그 설명이 너무나 자연스러워서 기계가 아니라 인간과 대화를 나누고 있는 듯한 착각이 들 정도였다.

나는 놀라움을 감출 수 없었다.

"왜 다른 보기는 정답이 될 수 없는지 설명해달라고 해주시겠어요?"

그레그가 그렇게 입력하자 GPT-4가 잠시 후 왜 다른 보기가 틀렸는지 설명했다.

다음으로 나는 그레그에게 GPT-4가 AP 수준의 문제를 만들어낼 수도 있는지 물었다.

그리고 GPT-4는 실제로 10개가 넘는 문제를 만들어냈다.

그로부터 두 달 후, 나는 빌 게이츠를 만나 칸 아카데미의 새로운 소식에 관해 이야기를 나눴다. 그때 나는 오픈AI 팀이 왜 AP 수준의 생물학 문제를 내게 보여주었는지 그 이유를 알게 됐다. 예전에 GPT-3를 처음 본 빌 게이츠가, 꽤 놀랍기는 하지만 AP 수준의 생물학 시험을 통과할 수 있어야 '정말로' 강한 인상을 줄 수 있다는 말을 오픈AI 사람들에게 했다는 이야기를 내게 들려준 것이다. 그렇게 오픈AI 팀이 첫 시연에서 GPT-4가 이제 그런 능력까지 갖추게 되었다는 사실을 내게 보여준 것이었다.

나는 그레그와 샘에게 이렇게 말했다. "세상 모든 걸 바꿔놓겠군요." 내 가슴은 GPT-4 덕분에 교육과 시험, 업무, 나아가 인간의 잠재력까지 모두 새롭게 상상할 수 있게 되었다는 설렘으로 가득했다.

샘이 말했다. "우리도 그렇게 생각합니다. 아직 완벽하지는 않지만 기술은 점점 발전하고 있죠. 혹시 알아요? 우리가 성공하면 교육자들이 정말로 바라던 꿈이 이뤄질 수 있을지."

최근까지도 〈스타트렉Star Trek〉에나 나올 법한 것으로 여겼던 기술이 갑자기 우리 앞에 모습을 드러냈다. 공상 과학 소설가들이 상상한 미래가 현실이 된 것이다.

'핵-AI-톤'을 해야 할 시간

1940년대 초에 뛰어난 수학자 클로드 섀넌Claude Shannon은 중요한 이론을 여럿 완성했다. 그중에서 특히 눈에 띄는 건 디지털 기술의 근간으로 자리 잡은 전자 커뮤니케이션 이론이다. 섀넌은 1948년 벨연구소Bell Labs에서 일하는 동안 오늘날 우리가 인공지능이라고 부르는 분야를 파고들기 시작했다. 그는 알고리즘이 언어에 얼마나 근접할 수 있는지 알아보기로 결심했다. 이후 섀넌은 〈벨 시스템 테크니컬 저널Bell System Technical Journal〉에 '커뮤니케이션의 수학적 이론A Mathematical Theory of Communication'이라는 제목으로 논문을 발표했다. 당시는 인터넷이 등장하기 한참 전인 디지털 컴퓨터의 초창기였다. 섀넌은 자신의 정보 이론을 기반으로 여러 확률적 프로세스가 영어에 가까이 다가갈 수 있다는 사실을 처음으로 주장했다. 그는 특정 단어가 텍스트 안에서 얼마나 자주 등장하는지를 지속적으로 추적함으로써 다음에 나올 가능성이 가장 큰 단어를 예측해내는 알고리즘을 개발했다. 그리고 섀넌의 이러한 소형 언어 모델small language model이 결국 문장을 생성하기에 이르렀다. 또한 모델이 진화하면서 더 자연스러운 문장을 만들어냈다. 간단하게 설명하자면, GPT-3나 GPT-4는 핵심적으로 대단히 전문적인 방식의 신경망 훈련을 통해 만들어진 훨씬 더 복잡한 거대 언어 모델이긴 하지만, 핵심적인 아이디어는 바로 섀넌의 초창기 연구에서 비롯된 것이다.

섀넌이 연구 성과를 발표하고 난 직후, 또 다른 출중한 인재가 향후 인공지능으로 발전하게 된 분야에 모습을 드러냈다. 그는 다름 아닌 앨런 튜링Alan Turing이라는 컴퓨터 과학자였다. 튜링은 독일군의 암호를 해독하여 나치를 물리치는 과정에서 중요한 역할을 했을 뿐 아니라 AI의 개념을 연구했으며, 기계가 인간 지능을 그럴듯하게 따라 하는 수준에 이를 수 있는지 탐구했다. 1950년에 튜링은 '연산 기계와 지능Computing Machinery and Intelligence'이라는 제목의 대단히 중요한 논문을 발표했다. 여기서 그는 오늘날 우리가 튜링 테스트Turing test의 일종으로 알고 있는 이미테이션 게임Imitation game의 개념을 소개했다. 우리가 누군가와 대화를 하고 있는데 그를 볼 수는 없다고 생각해보자. 컴퓨터나 전화로 이야기를 나누는 상대는 인간일 수도 있고 기계일 수도 있다. 그런데 상대를 볼 수 없고 물리적으로 상호작용할 수 없다면, 상대가 인간인지 기계인지 어떻게 구분할 수 있을까? 이 질문이 바로 튜링 테스트의 핵심이다. 튜링 테스트를 수행하기 위해서는 일단 인간의 반응과 기계의 반응을 구분하는 심판이 필요하다. 이 테스트에서 기계의 목표는 심판이 자신을 인간으로 인식하도록 설득하는 것이다. 이를 위해 기계는 지능과 이해 그리고 인간처럼 대화를 일관되게 이끌어가는 능력을 보여준다. 여기서 튜링은 심판이 기계를 인간이라고 판단하도록 일관되게 속일 수 있다면, 그 기계를 지능이 있는 존재로 간주할 수 있다고 설명했다. 다시 말해 기계가 튜링 테스트를 통과한다면, 그것은 인간과 같은 지능을 보유하고 있다는 사실을 말해준다.

2022년 여름, 샘과 그레그는 새로운 GPT-4의 기술을 현장에서 테스트해보자고 제안했고 나는 이를 받아들였다. 과연 GPT-4가 튜링 테스트를 통과할 것인지 호기심이 일었다. 나는 1990년대 중반에 MIT에서 인공지능을 연구했다. 당시 단순한 형태의 인공지능 프로그램은 처음 몇 차례 대화에서는 인간을 속일 수 있었지만, 대화가 길고 세부적으로 이어지면 인간이라는 느낌을 주지 못했다. 언젠가, 혹은 내가 죽고 나서 기계가 정말로 튜링 테스트를 통과할지도 모른다는 기대는 그저 환상에 불과한 것처럼 보였다. 그랬기에 이제 튜링 테스트를 어쩌면 통과할 수 있는, 아니면 이미 통과했을지도 모르는 기술을 실제로 시험해볼 수 있다는 사실에 무척이나 가슴이 떨렸다. 만약 통과한다면, 상온 핵융합이나 광속보다 빠른 우주여행과 맞먹는 과학적 성취가 될 것이었다.

처음의 흥분감이 점점 더 고조되는 가운데 나는 인공지능 기술의 사회적 의미에 대해 곰곰이 생각해보기 시작했다. AI는 많은 문제를 해결해주겠지만 동시에 잠재적인 단점도 분명히 존재할 것이다. 만약 거대 언어 모델이 학생들의 개인 교습에 도움을 줄 수 있다면, 학생들의 작문 숙제도 대신 해줄 수 있을 것이다. 새로운 GPT 버전이 나와서 학생들의 개인 비서 역할을 해준다면, 그들은 스스로 숙제를 하지 않을 것이며 그들의 작문 실력도 늘지 않을 것이다. 게다가 GPT-4가 사람들의 의사소통과 문제를 해결해주고 개인의 능력을 높여준다면, 많은 이가 자신의 업무에 대해 혼란을 느끼고 목적의식을 잃어버릴 위험도 있겠다는 생각이 들었다. 훌륭한 개인교사 역할을 수행할 정도로 신뢰 있는 인간적인 기술은, 동시에 나쁜 의도를 품은 이들이 아무런 의심 없는 사람들을 속이거나 세뇌시킬 수 있는 기술이 될 수 있다.

아이들의 개인정보 수집에서부터 AI 기술과 관련된 잠재적으로 중독적인 특성에 이르기까지 여러 가지 암울한 시나리오와 폐해가 끊임없이 머릿속에 떠올랐다. 나는 이러한 파괴적인 특성 때문에 AI 기술에 조심스럽게 접근해야 한다고 생각했다. 오늘날 오픈AI를 비롯하여 많은 기업과 조직이 거대 언어 모델에 엄청난 투자를 하고 있다. 마이크로소프트와 구글, 메타는 물론 러시아와 중국 같은 국가도 여기에 참여하고 있다. 최근 몇 년간 거대 IT 기업들은 몇 가지 유형의 인공지능을 활용해서 광고와 영상, 검색 결과 그리고 우리가 매시간 확인하는 소셜 미디어 피드를 소비자에게 제공하고 있다. 하지만 이러한 AI 기술은 기존 기술들과는 좀 달라 보였다. 그리고 실제로 달랐다. 공상 과학 작가들은 지금껏 특정 과제를 처리하도록 최적화된 특수한 인공지능과 인간처럼 다양한 과제를 생각할 수 있는 일반적인 인공지능을 구분해왔다. 그리고 후자의 인공지능에는 앞으로 우리 사회를 유토피아, 혹은 디스토피아로 몰고 갈 힘이 있다.

많은 이가 보기에, GPT-4와 같은 거대 언어 모델은 '일반적인' 인공지능에 가깝다. 그 이유는 모든 주제에 관해 생각하고 글을 쓸 수 있고 거의 모든 분야에서 중요한 기능을 수행할 수 있을 것으로 보이기 때문이다. 또한 생성형 AI는 이미지를 구성하고 이해할 수 있다. 생성형 AI가 앞으로 상상하기조차 힘든 방식으로 세상을 바꿔놓을 가능성은 대단히 커 보인다. 그러나 기술의 발전에 대해 사람들이 편안하게 느끼는지를 판단하는 것이 나 자신이나 칸 아카데미의 몫은 아니라는 생각이 들었다. AI 기술은 이미 앞으로 나아가고 있다. 내가 궁금한 것은 공공의 이익을 위해 기술을 활용하려는 사람으로서 생성형 AI를 활용해서 긍정적인 효과를 거두고 우리 사회가 유토피아 시나리오에 한 발 더 다가서는 데 기여할 수 있을지였다. 특히 교육 분야에서 말이다.

그날 금요일 오후, 나는 오픈AI의 최신 모델을 체험해보기 위해 컴퓨터 앞에 앉았다. 그렇게 주말 내내 컴퓨터 앞에 붙어 있다시피 했다. 10시간 정도 살펴보고 나서 컴퓨터를 끄고 잠자리에 들려고 했지만, 기술이 무슨 일을 할 수 있을지 그리고 교육자로서 어떻게 학생들과 함께 그 기술을 활용할 수 있을지 수많은 생각이 꼬리에 꼬리를 물고 이어졌다. 나는 GPT-4가 하나의 계시라는 생각이 들었다. GPT-4는 복잡한 문제를 해결하고 까다로운 질문에 대답할 수 있을 뿐 아니라, 그 추론 과정을 설명하고 새로운 문제를 직접 만들어낼 수 있다. 또한 인간과 대단히 유사하게 반응했다. 나는 GPT-4가 수학 교사와 과학 교사 그리고 언어 교사로서 대화를 이끌어나가도록 실험해봤다.

그중에서 내가 가장 주목한 것은 다양한 느낌과 스타일로 글을 쓰는 능력이었다. 가령 나는 GPT-4를 알아가는 과정에서, 도널드 트럼프의 시선으로 미국 독립선언문을 다시 써보도록 요구하고 싶은 호기심을 누를 수 없었다. 그 결과는 다음과 같았다.

자, 들어보세요. 이제 실패한 정부와 끔찍한 국왕 조지 3세로부터 독립을 선언할 때가 왔습니다. 그는 말하자면 완전한 재앙입니다. 우리 권리를 빼앗고 국민의 뜻을 외면했으며 국민을 위하기보다 자기 주머니를 채우는 데 급급했습니다. 안타까운, 정말로 안타까운 현실입니다.

이제 우리 국민은 더 이상 참지 않을 겁니다. 우리 손으로 나라를 세우고 최고의 국가로 만들 겁니다. 세상이 지금껏 봐왔던 최고의 국가를 말이죠. 저를 믿으세요. 위대한 국가를 만드는 과제와 관련해서 저보다 더 많이 아는 사람은 없습니다. 우리는 최고의 경제와 최고의 군사력 그리고 모든 최고의 것을 누리게 될 겁니다. 놀라운 일이 벌어질 겁니다.

다음으로 나는 챗GPT에게 닥터 수스^{미국의 작가이자 만화가} 스타일로 독립선언문을 써보라고 했다.

자유로운 자들의 땅과 용감한 자들의 고향에서
더 이상 바다 건너 왕의 지배를 당하는 노예 국가가 아닌
새로운 나라가 탄생했다.
우리는 독립을 선언했고 기뻐하며 외쳤다.

손에는 펜을 들고 가슴에는 불을 안고서
우리는 마지막 부분마다 고충을 적어 넣었다.
더 이상 대표 없이는 세금도 없다.

> 더 이상 우리 땅에는 군인도 불만도 없다.
>
> 우리는 이를 자명한 진실이라 믿는다.
> 나와 당신, 우리 모두는 평등하다.
> 우리에게는 결코 포기할 수 없는 권리가 있다.
> 삶과 자유 그리고 행복, 우리는 여기서 살아갈 것이다.

사람들이 챗GPT를 사용하기 시작하면서 이와 같은 기능은 이제 일상적인 것이 되었다. 하지만 당시의 나는 그 기술에 접근해서 역량을 시도해본 최초의 사람 중 하나였다. 그리고 솔직하게 평가해서 GPT-4는 몇 달 동안 대중에게 공개되지 않았던 첫 번째 챗GPT보다 훨씬 더 발전된 모습이었다. 나는 내 실험 결과가 상당히 인상적이고 흥미로우면서 조금은 섬뜩하기까지 하다는 생각이 들었다. 내가 질문을 하거나 추천을 요구할 때마다 챗GPT는 정말로 그럴듯한 대답을 들려줬다. 그건 누가 미리 입력해놓은 대답이 아니었다. 또한 일반적으로 알고리즘을 작동하게 만드는 가정문 형태의 전통적인 논리 구조로 이뤄진 텍스트 생성 알고리즘도 없었다. 챗GPT의 대답은 획일적이지도 로봇처럼 느껴지지도 않았다. 심지어 똑같은 질문을 해도 그때까지 나눈 대화의 맥락을 고려해 서로 다른 대답을 들려줬다.

구체적으로 말해서, 나는 이 기술로 인해 K-12^{유치원에서 12학년}

에 이르는 미국의 교육 과정 전체를 일컫는 용어, 나아가 그 이후의 교육 과정을 바라보는 우리의 시선이 완전히 달라지리라 생각했다. 물론 AI는 아직 완벽하지 않다. 수학 문제에서 나보다 더 많이 실수를 범했다. 그러나 내가 점점 더 잘 다룰 줄 알게 되면서 더 나은 결과물을 보여줬다. 그 주말이 끝나갈 무렵, IT와 교육 분야에서 일하는 수십 명의 인재들을 모아놓고 함께 그 플랫폼을 사용해보면 무슨 일이 일어날지 궁금해졌다. 오픈AI는 엔지니어와 콘텐츠 크리에이터, 교육자, 연구원으로 구성된 30명가량의 칸 아카데미 팀이 GPT-4로 실험해볼 수 있도록 접근을 허락해줬다.

해커톤hackathon, 해킹Hacking과 마라톤Marathon의 합성어로 마라톤처럼 오랫동안 프로그램을 해킹하거나 개발하는 행사를 일컫는 말의 시간이 왔다.

칸 아카데미는 6개월에 한 번씩 직원들로 하여금 조직의 사명과 관련된 것이라면 무엇이든 도전하게 해왔다. 이번에는 몇몇 팀원에게 GPT-4를 보여주고 직접 사용해보도록 했다. 우리는 함께 브레인스토밍을 하면서 혁신을 발견하고 중요한 아이디어를 실현해보기로 했다. 나중에 '핵-AI-톤hack-AI-thon'이라고 부르게 된 이 시간을 통해 우리는 지금까지 아무도 생각하지 못했던 수십 가지 새로운 개념과 교육 방식을 이끌어냈다. 가령 우리는 이렇게 물었다. AI가 학생과 토론할 수 있다면? 함께 프로젝트를 추진할 수 있다면? 학생이 스트레스에 대처하거나 아이디어를 떠올리도록 도움을 줄 수 있다면? 학생에게 퀴즈를 내거나 복습을 유도할 수 있다면? 그런 AI가 있다면 교육자들은 학생들이 AI와 함께 할 수 있는 많은 새로운 프로그램을 개발해낼 수 있을 것이었다. 예를 들어 AI를 활용해서 학생들의 글쓰기에 도움을 주고 피드백을 실시간으로 제시함으로써 더 나은 글을 쓰도록 만들어줄 수 있다.

우리의 핵-AI-톤 시간에 참여한 팀원들은 나아가 안전과 보안 그리고 편향에 관한 문제를 검토했다(아직 오픈AI가 챗GPT를 대중에게 공개하기 한참 전이었다는 사실을 떠올리자). 우리는 분명하게 드러나는 몇 가지 우려를 제기했다. 학생들이 생성형 AI를 사용해 글을 쓰고, 조사하고, 스스로 시험을 보도록 하거나, 대학에 들어가는 과정에서 도움을 주는 것이 정말로 좋은 생각일까? 어쩌면 인공지능이 아이들을 아무것도 배우려 하지 않는 사기꾼 세대로 만드는 건 아닐까 걱정이 되었다. AI가 차츰 활동 범위를 넓히면서, 예전에 자녀의 숙제를 돌봐줬던 부모들은 이제 자녀와 중요한 연결고리 하나를 잃어버리게 될 수도 있었다. 그리고 교사에게는 과연 AI가 꼭 필요한 도구가 될 것인가, 아니면 강의 기술을 개발하지 못하도록 막는 방해물이 될 것인가? 물론 AI 때문에 교사들이 직장을 잃는 일은 없을 것이다. 그리고 최상의 시나리오대로라면 교사들의 강의 기술을 더 높여줄 것이다. 하지만 중요한 측면에서 교사의 강의 역량을 떨어뜨릴 위험도 있겠다는 생각을 떨칠 수 없었다.

약 20년 전, 나는 교육 관련 VOD 서비스에 대해서도 이와 똑같은 우려를 느꼈다. VOD 영상은 학생들의 주의를 흩뜨릴 것인가? 주의 집중 시간이 줄어들게 할 것인가? 교사와의 관계를 소원하게 만들어 학생들을 더 고립시킬 것인가? 학생들은 어떤 영상을 봐야 할지 어떻게 결정할 수 있을까? 문제를 풀지 못하거나 질문이 있을 때 누구에게 물어봐야 할까?

그러나 이러한 걱정 때문에 탐험을 중단하는 것은 결코 좋은 선택이 아니었다. 우리는 GPT-4를 계속해서 테스트하는 과정에서 다양한 방식으로 장점을 강화하고 단점을 보완하는 방법을 알게 되었다. 예를 들어 부정행위에 대한 문제의 경우, 학생에게 정답을 알려주지 않는 AI 교사를 개발하기 위해 무엇이 필요할지 고민했다. AI 교사는 유능한 인간 교사처럼 정답을 알려주는 대신에 유도 질문을 던질 수 있다. 다음으로 학생들의 안전과 관련해서 우리는 AI와의 모든 대화를 기록하고 교사와 학부모가 이를 투명하게 들여다볼 수 있도록 해주는 시스템 개발을 고민했다. 또한 일대일 관계를 강화하기 위해 교사와 학생이 서로에게 더 많은 시간과 에너지를 쏟을 수 있는 도구의 개발을 고민했다.

핵-AI-톤 마지막 시간에 우리 팀은 GPT-4가 교육의 판도를 완전히 뒤집어놓을 것이라고 확신하게 되었다. 적절하게만 사용한다면, 이 기술은 교사들이 강의 계획을 세우고, 가르치고, 평가하는 방식에 여러모로 긍정적인 영향을 줄 것으로 보였다. 인공지능을 교실로 가져올 때, 교육자는 기존 기술과 자원으로 해결할 수 없었던 교육과 관련된 오랜 문제를 해결할 수 있을 것이었다. 그리고 학생들은 조만간 예전보다 더 빨리 학습하고 더 많은 정보를 얻으면서 AI가 인간의 지능과 잠재력을 강화하는 최고의 학습 도구임을 증명해줄 것이다. AI는 전 세계 학생의 학습 과정을 이끌어나갈 수 있다. 그리고 세상의 모든 학생이 세계적인 수준의 학습 프로그램에 접근할 수 있도록 만들어줄 것이다. 인공지능 기술 안에는 우리가 의사소통하고, 창조하고, 정보를 받아들이는 방식을 완전히 바꿔놓을 잠재력이 들어 있다. 이러한 AI에 대한 놀라움은 20년 전 인터넷의 교육적 가능성에 대해 그리고 다시 그로부터 20년 전 컴퓨터의 교육적 가능성에 대해 느꼈던 놀라움과 별반 다르지 않다.

어쨌든 내 입장은 긍정적이었다. 나는 적절한 주의만 기울인다면 생성형 AI의 위험과 잠재적 단점을 줄일 수 있다고 믿었다. 우리는 세계에서 이 기술을 처음 경험한 소수였지만, 그 소문이 세상에 퍼지면 곧바로 모든 게 바뀔 것이었다. 그것도 몇 세대가 아니라 단 몇 개월 만에!

'교육받은' 용기

핵-AI-톤이 있기 2개월 전인 2022년 11월 말, 오픈AI는 챗GPT를 대중에 공개했다. 그 무렵 우리는 그 기술의 가능성을 살펴보고 있었다. 최초 공개에서 보여준 채팅 인터페이스는 몇 개월 전 완성된 GPT-3.5에 기반을 둔 것이었다. 비록 훨씬 더 강력한 GPT-4를 기반으로 한 인터페이스보다는 최적화가 덜 되어 있었지만, 그래도 세상의 모든 상상력을 단번에 사로잡기에 충분했다. 며칠 만에 수백만 명이 사용했고 소셜 미디어와 언론은 그 밖의 다른 주제에는 아무 관심이 없어 보였다.

그러나 초반의 흥분이 이어지는 가운데 많은 이가 학생들의 부정행위 혹은 AI가 만들어낼 사실적 오류와 오해 소지가 있는 정보 그리고 챗GPT가 수집한 데이터의 출처 등 그에 따른 잠재적 문제에 우려의 목소리를 제기하기 시작했다. 우리는 강력하지만 불완전한 시스템의 영향력을 놓고 사회 전반에서 벌어지는 논쟁들을 실시간으로 지켜봤다. 그러한 논란은 다른 어떤 분야보다 교육에서 가장 뚜렷하게 나타났다. 챗GPT를 공개한 지 불과 몇 주일 만에 미국 전역의 많은 학구School District가 이 기술의 사용을 금지하고 나섰다. 이러한 움직임은 칸 아카데미에도 영향을 미쳤다. 이에 우리는 다양한 위험을 줄일 수 있는 해결책이 있을 뿐 아니라 AI가 교육 분야에서 진정한 혁신이 될 수 있다는 사실을 보여주기로 했다. 그것도 이론적인 논의를 통해서만이 아니라 학교 현장에서 보여주고 싶었다.

그로부터 몇 개월 후, 오픈AI는 GPT-4를 대중에 공개할 일정을 내놨다. 우리는 공개 일정에 맞춰 부정행위와 투명성 및 조율 등 그 기술 사용에 따른 사안에 답변을 제시하고자 했다. 그리고 AI가 실제 교육 환경에서 교사와 학생 모두에게 대단히 가치 있는 도구라는 사실을 보여주고 싶었다. 또한 AI가 강의 계획서를 작성하고, 학생들의 학습 상황을 점검하고, 실시간 피드백을 주며, 과로하지 않도록 조언함으로써 교육 현장에 있는 모든 교사에게 도움을 줄 수 있다는 점도 입증하길 원했다. 나아가 학생들에게는 소크라테스 문답법을 활용하는 개인교사이자 토론 상대, 진로 상담자, 학습 코치, 또한 학업 성취도를 높여주는 자극제로서 실질적인 가치가 있음을 보여주고자 했다. 그래서 우리는 오픈AI와 함께 칸미고Khanmigo라는 시제품을 개발할 연구팀을 꾸려서 AI 융합형 교육 플랫폼을 구축하는 프로젝트에 착수했다.

나는 새로운 애플리케이션을 통해 GPT-4의 기능을 확장하고 안전망을 구축할 수 있으리라 생각했다. 모두 AI에게 보고서 작성을 맡기는 것과 같은 부정행위 문제에 관해 이야기하고 있었지만, AI가 그런 일을 절대 하지 않는다면? 대신에 학생과 '함께' 글을 쓸 수 있다면?

그래서 2023년 새해 첫날에 딸 디야에게 GPT-4와 함께 글을 써보자고 했던 것이다. 내가 디야에게 교육 프로그램이나 프로토타입에 대한 실험에 참여해달라고 부탁한 것이 그때가 처음은 아니었다. 사실 나는 이러한 비공식 테스트를 진행하기 위해 디야나 내 아들들, 혹은 칸 랩스쿨Khan Lab School이나 칸 월드 스쿨Khan World School의 교사 혹은 인내심 강한 학생을 공범으로 끌어들여 새로운 활동을 경험하게 해왔다. 그렇게 함으로써 학생과 기술 사이의 인터페이스가 부드럽게 작동하는지 확인할 수 있기 때문이다. 나는 이러한 자발적인 사용자 테스트가 대단히 유용하고 신뢰할 만하다는 사실을 확인했다. 게다가 나의 '공범들' 역시 이러한 실험을 환영했다. 새로운 프로그램이나 기술을 사전에 경험하여 학생들의 삶에서 실질적인 변화를 만들어낼 가능성을 확인할 수 있기 때문이었다. GPT-4의 경우도 마찬가지였다. 나는 GPT-4에 입력할 프롬프트prompt, 원하는 결과를 얻기 위해 AI 모델에 입력하는 문장이나 지시 사항를 작성했다. 거기서 나는 AI에게 우리를 대신해서가 아니라, 우리와 함께 이야기를 써보자고 제안했다. 그리고 어떤 방식으로 대화를 나누고 싶은지 또 어떤 분위기를 만들어내고 싶은지에 대해 구체적으로 밝혔다.

디야는 서맨사를 주인공으로 이야기를 써내려갔다. 유명 인플루언서인 서맨사는 무인도에 갇혔다가 가장 친한 친구인 에밀리의 도움으로 구조된다. 디야는 이야기를 조금 풀어나가다가 거대 언어 모델에게 뒤를 넘겼다. 서맨사는 자신을 소개하면서 자기 인생에 대해 말했고 우리와 함께 이야기를 만들어나갔다. 놀랍게도 서맨사는 GPT-4를 기반으로 흥미진진한 대화를 적극적으로 이끌어나가면서 생생한 모험을 들려줬고, 디야가 만든 두 등장인물의 개성을 완벽하게 그려냈다. 그렇게 디야와 AI는 함께 이야기를 계속 이어나갔다. 둘의 이야기는 명품 스카프가 망가질지 모른다는 서맨사의 걱정부터 디야가 창조한 또 다른 등장인물인 에밀리가 병에 걸려 세상을 떠나는 슬픈 순간에 이르기까지 훈훈하면서 유쾌하고 눈물을 자아내는 다양한 장면으로 이어졌다.

AI는 이러한 상호작용을 통해 의미 있고 복잡한 대화에 참여할 수 있다는 사실을 보여줬다. 그리고 디야가 입력한 프롬프트에 자연스럽고 솔직하게 반응했다. 나는 부모로서 아이가 GPT-4와 대화를 나누는 모습을 지켜보면서 행복했다. 디야의 상상력은 완전히 새로운 방식으로 피어났다. AI는 디야와 함께 작업하면서 디야가 창조한 가상 세계를 구체적으로 그려냈고 디야가 등장인물과 나누는 모든 대화를 계속해서 따라갔다. 또한 디야가 가상 세계에서 정한 규칙은 물론, 글을 시작하기 전에 입력한 지시 사항을 정확하게 기억하고 따랐다. AI는 디야가 생각하는 폭을 넓혀줬고 글을 쓰는 과정에서 창조성을 자극했다. 일반적으로 글쓰기는 창작자가 자신의 아이디어를 글로 옮기는 일방적인 행위이지만, 이처럼 함께 적절한 단어를 선택하고 적절한 분위기를 만들어내는 작업은 인간과 기계가 서로 주고받는 양방향 행위다. 열한 살짜리 내 딸 디야는 세계 최초로 이야기를 써나가면서 이야기가 자신에게 말을 걸어오는 경험을 했다!

그건 놀라운 일이었다. 이제 우리는 AI와 함께 글을 쓰고 모든 분야의 모든 단계에서 학습 및 교육에 관한 모든 일을 기술과 함께 할 수 있게 되었다. 나는 전 세계 모든 학생이 이 기술을 활용할 수 있어야 한다는 생각이 들었다. 학습과 교육을 위한 미래 기술이 지금 내 눈앞에서 진화하고 있었다. 디야와 서맨사가 부지런히 글을 쓰는 동안, 나는 AI 덕분에 교육에 관한 새로운 이야기, 즉 사람들이 변화에 신중하게 접근하되 겁을 먹지 않도록 용기를 북돋아주는 이야기를 쓸 수 있었다.

세상은 이제야 거대 언어 모델의 가능성과 교육을 위한 잠재력에 눈뜨기 시작했다. 이 기술을 제대로 활용하려면 창조성과 함께 용기가 필요하다. 무모한 용기와는 다르게, 나는 이것을 '교육받은 용기educated bravery'라고 부른다. 교육받은 용기란 갑작스러운 기술 발전에 맞닥뜨렸을 때 자연스럽게 느껴지는 합리적인 두려움을 인정하고 그 기술이 가져올 도전과 잠재력을 이해하는 데서 얻게 되는 용기를 말한다.

이 기술에서 최고의 가치를 끌어내기 위해 지금 가능한 일이 무엇인지 살펴봐야 한다. 그리고 기술이 가하는 위협과 우리가 느끼는 두려움, 망설임을 누그러뜨릴 방법을 고민해야 한다. 이를 위해 교사의 역할부터 아이들이 멀티미디어를 사용하는 방법, 자격증을 따는 방법, 졸업생이 사회로 나가 일자리를 찾도록 도움을 주는 방법에 이르기까지 모든 방식을 다시 생각해야 한다.

우리는 지금 교육의 전환점에 서 있다. 학습과 업무와 목적의식에 관한 모든 상황이 달라지고 앞으로 계속해서 달라질, 폭넓은 영향력의 전환점 말이다.

차례

3장 미래의 혁신가를 위하여

4장 협력 학습

5장 아이들의 안전 지키기

6장 AI 시대의 교육

7장 세계적인 교실

8장 AI 시대의 시험과 입시

9장 일자리와 미래 전망

1장

── AI 개인교사의 등장 ──

훌륭한 교사는 종이 클립으로 미적분학을 가르치고
텅 빈 들판에서 문학을 가르친다. 기술은 목적이 아니라,
하나의 수단일 뿐이다.
_작자 미상

입문서는 더 높은 교육을 위한 원천이 될 수 있지만,
우리를 더 지성적으로 만들어주지는 못한다. 지성은 삶에서 우러나온다.
삶은 지성적인 존재가 되기 위해 필요한 모든 경험을 우리에게 가져다준다.
하지만 우리는 이러한 경험을 다시 생각해봐야 한다. 그렇지 못할 때,
심리적 건강을 잃어버리게 된다. 그러한 경험을 들여다볼 때,
우리는 더 이상적이고 더 지성적인 존재로 거듭난다.
_닐 스티븐슨, 《다이아몬드 시대》

빈 램프는
던져버려라

지니는 이미 램프에서 빠져나왔다. 챗GPT는 그렇게 전 세계로 뻗어나가는 동안 전면적인 금지와 저항에 수없이 직면했다.

챗GPT를 개발한 기업 오픈AI는 폭넓은 주제에 대한 대화와 연구 지원은 물론, 많은 이가 부정행위를 우려하는 과제와 시험에도 활용할 수 있는 여러 가지 도구를 도입했다. 2023년 초 로스앤젤레스 통합 학구Los Angeles Unified School District는 미국의 주요 학구로서는 최초로 챗GPT 사용을 금지했다. 다음으로 시애틀 지역의 공립학교들이 뒤를 이어 교내 모든 장비에서 생성형 AI 사용을 금지했다. 이들 학교는 부정행위를 용납해서는 안 되며 학생들은 독창적으로 사고하고 학습해야 한다고 강조했다.

이후로 미국 최대 학구인 뉴욕시의 공립학교들도 학생들이 챗
GPT를 사용해서 작문과 숙제를 할 것이라는 우려를 제기하면
서 이 애플리케이션의 사용을 잠정적으로 금지했다. 또한 이들
학교는 이러한 기술이 인간의 비판적 사고와 문제 해결 능력 향
상에 도움이 되지 않을 것이라고 지적했다. 버지니아주 페어팩
스 카운티와 앨라배마주 몽고메리 카운티의 공립학교들도 그
뒤를 이었다.

　2022년 11월 오픈AI는 인공지능 챗봇을 대중에 공개했다.
그로부터 일주일도 채 지나지 않아 사용자 수가 100만 명을 넘
어섰다. 이 챗봇을 사용해서 문제를 풀고 프로그램을 만들고 글
을 써본 사람들은 이를 차세대 기술 혁신으로 불렀다. 그러나
두 달 후 프랑스, 인도, 호주에 이르는 많은 국가가 마찬가지로
이 챗봇의 사용을 법으로 금했다. 몇몇 학교는 인공지능 기술
의 확산을 코로나 사태처럼 취급했고, 우리 아이들을 위한 교육
의 죽음이라고 선언했다. 온라인 잡지 〈인사이드 하이어 에드
Inside Higher Ed〉는 사설을 통해 이렇게 주장했다. "오늘날 우리
는 몸이 아니라 마음을 위협하는 새로운 전염병에 직면했다. 대
학 수준의 작문이 가능한 인공지능 챗봇인 챗GPT는 앞으로 널
리 확산될 전망이다. 이에 대한 충격과 우려 속에서 교사들은
자신의 학급이 GPT에 양성 반응을 보인다는 사실을 발견하게
될 것이다."[1]

솔직히 말해서, 나는 아버지이자 교육자로서 이러한 부정적인 반응을 이해한다. 나 역시 신기술이 등장해서 학생들의 자율성, 창조성, 사회성 그리고 협력적인 학습 기회를 앗아가는 상황을 원치 않는다. 지금 시점에서 학생들은 어떻게든 생성형 AI를 접하게 될 것이기에, 그것이 아이들의 학습과 발달에 미칠 영향에 대해 우려하는 것은 당연한 일이다. 어떤 이들은 아이들이 지금도 충분히 오랫동안 화면을 들여다보고 있는데, 챗GPT를 비롯한 여러 다른 AI 기반 애플리케이션이 화면을 '더 오랫동안' 들여다보게 만들 뿐이라고 말한다. 사람들은 거대 언어 모델 때문에 학생들이 점점 더 스스로 공부하려 하지 않을 것이라고 걱정한다. 또한 신속하고 효율적으로 텍스트를 만들어내는 생성형 AI가 학생들의 작문 실력에 점차 재앙을 가져올 것이라고 우려한다. 뿐만 아니라, GPT가 생성한 텍스트가 편향된 사고와 세계관으로 가득한 수많은 온라인 자료에서 비롯된 것이기에 그 최종 결과물 역시 마찬가지로 편향된 것이라고 지적한다.

이는 모두 합리적인 걱정이다. 하지만 나는 기술이나 교육에서 중요한 것은 특정 기술이 좋은지 나쁜지가 아니라, 우리가 그 기술을 사용하는 방식이라고 줄곧 강조해왔다. 기술은 우리가 건강하지 못한 습관을 들이도록 만들 수 있다. 가령 우리는 종종 함께 있는 사람보다 휴대전화 알림에 더 많이 신경 쓴다.

그리고 소셜 미디어를 몇 시간이나 보고 난 뒤에는 불안감과 혐오감이 더 높아지는 것을 느낀다. 또한 검색어를 잘못 입력했을 때(때로는 '올바로' 입력했을 때도) 불쾌하고 당혹스러운 콘텐츠를 만나곤 한다. 하지만 '바로 그' 기술은 우리가 친구나 가족과 연락을 주고받을 수 있도록 도움을 준다. 그리고 영상이나 글, 혹은 프로그램을 편집하는 과정에서 창조성을 높이고 자신을 효과적으로 표현하게 만든다. 특히 내가 가장 중요하게 생각하는 것은, 이 기술이 아이들이 학습하고 자기 존재감을 드러내는 데 도움을 준다는 점이다. 이상적인 세상에서 우리는 이러한 기술을 교육 분야에 활용하여 사회적 관계와 감정을 발달시키고 인격을 개선할 수 있다.

우리는 최신 세대의 AI가 놀라우리만치 강력하다는 사실을 안다. AI는 의학 분야에서 질병을 진단하고 의료 기록을 분석하여 맞춤형 치료법을 권고한다. 기업들은 거대 언어 모델을 기반으로 콘텐츠를 제작하고 업무 흐름을 자동화한다. 법률 및 회계 분야에서는 계약 분석과 법률 조사, 문서 작성 및 규제 준수에 도움을 준다. 이 기술을 적극적으로 활용하는 접근방식은 기술 자료와 사용자 설명서를 작성하거나 프로그램을 설계하는 과정에서 그 기술을 외면하는 접근방식보다 훨씬 더 생산적이다. 최근 인터넷 세상에는 이런 밈이 돌아다닌다. "AI가 당신의 자리를 빼앗지는 않을 것이다. 대신에 AI를 다룰 줄 아는 누군가가 빼앗을 것이다." 이 말에 중요한 진리가 담겨 있다.

AI를 활용해서 다양한 개념을 연결지음으로써 새로운 아이디어를 창조하는 학생이 최고의 성적을 거둘 것이다. AI를 윤리적으로, 효율적으로 다룰 줄 아는 학생은 다른 학생에 비해 아주 빠른 속도로 그리고 학습 과정 전반의 경쟁력을 높이는 방식으로 공부할 것이다. 또한 다양한 주제를 더 깊이 이해할 것이다. 질문에 어떻게 대답해야 하는지를 이해하기 때문이다. 이들 학생의 호기심 근육은 위축되지 않고 점점 더 강해질 것이다.

이러한 모습은 직장에서도 똑같이 나타날 것이다. AI와 협력하는 방법을 알고 훌륭한 글에는 무엇을 담아야 하는지 이해하는 근로자는 그 기술에서 최고의 가치를 끌어낼 것이다. AI를 통해 호기심을 충족시키는 이들은 시장의 모든 분야를 효과적으로 살필 것이다. AI를 기반으로 동료들과 함께 브레인스토밍을 하는 근로자는 AI를 다루지 못하거나 모든 업무를 AI에 맡기는 근로자보다 더 창의적으로 일할 것이다. 앞으로 직장인들은 거대 언어 모델을 이용하여 정보를 대조하는 일에서부터 스프레드시트를 분석하는 일에 이르기까지 기존 사무직 업무 대부분을 자동화하는 법을 배워야 할 것이다.

물론 이러한 새로운 기술이 마냥 좋기만 하다는 말을 하려는 건 아니다. 2022년 여름 내게 GPT-4를 시연해준 오픈AI의 대표 그레그 브로크먼은 문제를 해결하기 위해 안전 기준을 마련해야 하는 과제가 남았다고 언급했다. 그는 이렇게 말했다. "오픈AI가 처음 GPT-1을 개발했을 때부터 우리가 해결해야 할 가장 중요한 문제는 안전이었습니다. 우리는 기술을 발전시켜나가는 과정에서 그것이 유용하면서도 동시에 안전하기를 바랐습니다." 오픈AI는 AI가 불법적인 활동에 관한 정보를 공유하지 못하도록 막는 시스템에서부터 불법 콘텐츠를 차단하고 개인정보를 보호하는 기능에 이르기까지 AI 기술의 오남용을 막기 위한 안전망 구축에 많은 투자를 하고 있다. 특히 인공지능과 아이들의 교육을 결합하는 과정에서 이러한 안전망은 대단히 중요하다. 브로크먼은 이를 위해 많은 노동력을 집중해야 하지만, 충분히 가치 있는 노력이라고 말한다. "우리가 지향하는 목표는 핵심적으로 인간이 창조할 수 있는 가장 중요한 기술을 개발하고 그 기술을 교육에 적용하는 겁니다."

브로크먼은 더 중요하게, 기술이 두려워해야 할 대상이 아니라 이용해야 할 대상이라고 말한다. 우리는 생성형 AI를 활용해서 학생들에게 학습 내용을 이해할 수 있는 새로운 접근방식을 제시하고, 협력 학습을 강화하고, 창조성을 끌어올리고, 사회화를 격려하고, 아이들이 정신 건강 문제를 극복하도록 도움을 줄 수 있다. 더불어, 부모와 교사가 아이들의 교육에 더 깊이 참여할 수 있도록 새로운 방안을 제시함으로써, 학생들에게 더욱 도움이 되는 방향으로 나아갈 것이다. 브로크먼은 아이들이 AI를 거부하도록 만들 것이 아니라 학습 과정에서 '더 똑똑하게' 활용할 수 있도록 도와줘야 한다고 말한다.

지니는 이미 램프에서 빠져나왔다. 이제 우리는 그 램프와 함께 생성형 AI에 대한 두려움도 던져버려야 한다.

모두에게 모든 것을
가르치는 방법

GPT-4처럼 뜨거운 관심을 받는 신기술이 등장할 때, 단지 '유행'이라는 이유만으로 사용해보려고 덤벼서는 곤란하다. 먼저 그 기술이 어떤 중요한 문제를 해결해줄 수 있는지 살펴봐야 한다. 학습 격차를 좁히거나 지역과 경제 사정, 혹은 사회적 환경과 상관없이 양질의 교육을 제공하는 데 도움을 줄 수 있을까? 다양한 요구 사항이나 일률적인 접근방식이 아니라 학생 개인의 학습 스타일을 충족시킬 수 있을까? 전 세계적으로, 특히 자원이 풍족하지 않거나 지리적으로 고립된 곳에서 드러나고 있는 양질의 교육 시스템에 대한 제한적인 접근성 문제를 해결해줄 수 있을까? 혹은 공부한 내용을 금방 잊어버리는 학생들을 도와줄 수 있을까? 교사들을 지원하고 업무 부담을 덜어줌으로써 교사들의 과로와 탈진을 예방할 수 있을까?

전 세계 모든 학생이 인공지능 개인교사의 도움을 받을 수 있다면 어떤 일이 벌어지게 될까? 학생과 함께 글을 쓰고, 모든 주제에 대해 토론하고, 학생의 타고난 재능을 발견해서 개발하고, 학습 과정에서 뚜렷하게 드러난 격차를 좁히고, 학생들이 과학과 기술, 공학, 수학을 새롭고 효과적인 방식으로 이해하도록 도움을 주고, 전에 없던 방식으로 예술을 경험할 기회를 제공하고, 창조성을 마음껏 발휘하게 만들고, 예전에는 볼 수 없었던 방식으로 역사와 문학에 참여하도록 만들어주는 그런 AI의 도움을 받을 수 있다면?

우리가 핵-AI-톤 시간을 통해 발견한 새로운 아이디어는 교육 분야에서 무엇이 가능한지를 생각하는 출발점이 되었다. 칸 아카데미의 사용자 연구팀과 제품 디자이너, 엔지니어들은 GPT 기술을 활용해서 새로운 형태의 AI 개인교사를 개발하는 과정에 착수했다. 이 AI 개인교사는 실제 교사를 보조하는 기능과 함께 모든 과목의 주요 개념을 익히면서 학생들과 협력하는 기능을 수행하게 될 것이었다.

2022년 말부터 2023년 초, 칸 아카데미는 GPT-4 출시를 앞두고 그 기술을 받아들인 최초의 교육 플랫폼이 되기 위해 원대한 계획을 세웠다. 그러나 시장에 1등으로 진입하는 것보다 더 중요한 과제는 마술적이고 효율적이면서도 안전한 학습 경험을 제공하는 일이었다. 이를 위해서 우리는 그 기술의 역량과 한계를 잘 이해해야 했다. GPT-4 자체만 놓고 보면, 비록 사실적 오류와 수학적 실수가 조금 있기는 했지만(그래도 GPT-3.5에 기반을 둔 초창기 챗GPT보다는 훨씬 나았다), 전반적으로 문제를 해결하는 과정에서 탁월한 능력을 보였다. 우리는 오랜 기간에 걸쳐 기능을 확장하고 한계를 높이고, 또한 개선된 프롬프트와 제반 시설을 통해 거듭 수정을 해나갔다. 그 과정에는 칸 아카데미의 콘텐츠를 집중적으로 학습하게 만드는 과제도 들어 있었다. 초등학생을 위한 개인교사로서의 사용 사례를 보여주려면 단지 문제의 정답을 맞히는 것만으로는 부족했다. 우리는 여기서 한 걸음 더 나아가, AI가 기존 방식에서 벗어나 유능한 교사가 하듯이 학생들에게 먼저 질문을 던지도록 만들어야 했다. 우리는 프롬프트를 계속 수정해서 AI가 소크라테스 문답법을 기반으로 유도 질문을 던지면서 정답을 바로 알려주지는 않는 방식으로 학생들의 참여를 독려할 수 있게 했다. 물론 그것은 인간 교사에게도 쉬운 일은 아니다.

특히 GPT-3.5를 비롯하여 이전의 다른 거대 언어 모델들과 비교할 때, GPT-4에서 주목해야 할 하나의 특성은 '조종가능성steerability'이라는 개념이다. 조종가능성이란 인간이 원하는 대로 기술이 작동하도록 만들 수 있는 기능을 말한다. 일례로 우리는 GPT-3.5가 개인교사처럼 기능하도록 만들고자 했다. 그러나 아무리 정답을 제시하지 말라고 지시해도 GPT-3.5는 번번이 이를 어겼다. 게다가 그렇게 제시한 답이 항상 정답인 것도 아니었다. 반면 GPT-4는 "소크라테스 같은 개인교사가 되어줘. 나는 너의 학생이야. 그러니 정답을 알려주지 마"와 같은 간단한 프롬프트만 입력해도 개인교사 역할을 꽤 잘 수행해 냈다.

GPT-4는 개인교사 역할을 잘 수행할 거라는 확신을 줬다. 물론 세 문장으로 구성된 프롬프트를 입력한 뒤 개인교사처럼 기능하는지 지켜보는 것과 수백만 명의 학생들에게 그 시스템을 공개하는 것은 전혀 다른 일이었다. 우리는 이러한 AI 개인교사가 수많은 학생을 상대하는 과정에서 만나게 될 예외적인 상황, 특히 짓궂은 중학생을 상대하는 상황을 가상해서 프롬프트를 끊임없이 수정했다. 무엇보다 AI가 부적절한 대화에 휘말리지 않도록 만들어야 했고, 그 플랫폼이 사용하게 될 특정한 음성과 억양도 개발했다. 마감 시한이 빠듯했다. 오픈AI는 2023년 3월에 GPT-4를 공개할 예정이었고, 칸 아카데미는 같은 날에 우리가 만든 AI 개인교사와 교사 조수를 함께 발표함으로써 그 기술이 사회적으로 긍정적인 영향을 미칠 수 있다는 사실을 보여주고자 했다. 사실 마감을 맞추는 것보다 더 중요한 것은 실질적인 가치가 있고 신중하고 적극적이면서도 안전한 결과물을 대중에 내놨다는 확신이었다.

2023년 3월 15일, 우리는 AI 조수를 공개했다. 우리는 그 애플리케이션을 '칸미고Khanmigo'라고 불렀는데, 스페인어로 '나와 함께'라는 뜻의 꼰미고conmigo를 인용해 만든 이름이었다. 우리는 전 세계 학생과 부모, 교사에게 칸 아카데미가 제공하는 모든 서비스와 연계된 인공지능 조수를 소개했다. 이제 모든 사용자는 우리의 플랫폼을 통해서 완전히 새로운 방식으로 교육과정에 깊숙이 참여할 수 있다. 또한 다양한 기능 가운데 끈기 있는 맞춤형 개인교사는 학생의 관심사와 문제에 집중하고 교사에게는 학생들을 효과적으로 지원하는 방법을 알려준다.

내가 강한 확신을 가졌던 우리의 초기 플랫폼은 사실 출발점에 불과했다. 그 플랫폼은 개인교사로 기능할 뿐 아니라 문학적, 역사적 인물을 시뮬레이션할 수 있다. 그리고 학생들이 토론에 참여하도록 유도할 수 있으며, 조언을 해주고 진로 결정에 도움을 줄 수도 있다. 게다가 정확한 기억력을 바탕으로 지속적인 관계를 유지하면서 학습에 도움을 주는 것은 물론, 학생들과 함께 학습 상황을 검토하고 목표를 세우고, 목표를 달성하도록 부드러운 방식으로 책임감을 부여하기도 한다. 이 플랫폼은 잠재적으로 학생 간의 교류를 활성화할 수 있다. 머지않아 칸미고를 기반으로 한 시뮬레이션으로 AI 사용법을 가르치고 평가할 수 있을 것이다. 우리는 브레인스토밍을 할 때마다 이 기술을 통해 작문과 독해, 수학, 과학, 프로그래밍, 예술 등 모든 학습 과정을 지금껏 어떤 다른 시스템도 하지 못했던 방식으로 개선하고 풍부하게 만들 수 있다는 점을 확인했다.

나만의 친절한
개인교사

교육자들은 수천 년 전부터 일대일 강습, 즉 개인교사가 같은 시간, 같은 장소에서 학생과 함께 공부하는 방식이 인간의 학습을 위한 최고의 방법이라는 사실을 잘 알고 있었다. 이는 또한 알렉산더 대왕이 스승 아리스토텔레스에게서 배움을 얻은 방법이기도 하다. 알렉산더가 어떤 개념을 잘 이해하지 못할 때, 아리스토텔레스가 제자를 위해 강의 속도를 늦추는 장면을 쉽게 떠올릴 수 있을 것이다. 반대로 알렉산더가 군사 전술을 익히는 과정에서 특별한 재능을 보였다면, 아리스토텔레스는 강의 속도를 높이거나 더 심층적인 내용을 가르쳤을 것이다. 이처럼 교사가 일대일 방식으로 가르칠 때, 학생은 정체되거나 지루하다는 느낌을 받지 않는다. 이것이 비단 고대에만 있었던 일은 아니다. 지금도 엘리트 운동선수나 악기 연주자는 일대일 교습을 통해 끊임없이 배운다. 하지만 한 명의 교사가 30명의 학생을 가르치는 현실에서 어떠한 기술적 도움을 받을 수 없을 때, 학생들의 학업 성과를 일대일 강의 수준으로 끌어올리기는 대단히 힘들다.

18세기 사람들은 모든 학생에게 대규모 공교육을 실시하는 유토피아 세상을 꿈꿨다. 그러나 모든 학생에게 개인교사를 붙여줄 자원은 없었기에 약 30명의 학생을 한 무리로 묶고 일반적인 강의와 정기적인 평가로 구성된 표준화 교육 시스템을 실시했다. 이러한 시스템은 비록 완벽하지 않았지만 사회 전반적인 교육 수준을 크게 높였다. 그리고 전 세계적으로 문맹률을 낮추고 교육받은 시민의 비중을 전반적으로 늘렸다. 물론 이러한 방법은 학생 대다수에게 최적의 접근방식이 아니다. 예를 들어 진도가 고정된 기존 수업 방식에서는 기본 개념을 이해하지 못하는 학생이 있어도 다음 단계로 바로 넘어간다. 시간이 흐르면서 학습 공백은 계속해서 커질 수밖에 없다. 오늘날 우리는 모든 학급과 학습 영역에서 이러한 공백이 무엇을 의미하는지 잘 알고 있다. 최근 미국 학생들 대부분과 고등학교 졸업 후 대학 진학을 결심한 학생들도 대학 수준의 수학을 이해하지 못한다. 실제로 열여덟에서 열아홉 살의 대학생 대부분이 대수 과목에서 학습 공백이 너무 크다는 지적을 받는다. 그래서 학점을 주지 않는 중학생 수준의 보충 과목을 듣기도 한다. 또 고등학교 졸업생 중 4분의 3은 작문 과목에 대한 기본적인 이해도가 부족하다.

1984년에 저명한 교육 심리학자 벤저민 블룸Benjamin Bloom은 양질의 맞춤형 강의와 일대일 개인 교습을 통해 획일적인 교육 시스템에서 탈피하려는 시도의 효과를 객관적으로 측정했다. 시카고대학교 연구원인 블룸은 전통적인 학습법에 따른 학생들의 성적과 유능한 개인교사와 함께 공부한 학생들의 성적을 비교했다. 그런데 여기서 말하는 유능한 개인교사란 정확하게 어떤 교사를 뜻하는 걸까? 바로 학생에게 관심을 기울이고 학생의 요구에 적절히 대응하면서 학생이 학습 내용을 실제로 이해했는지 확인할 때까지 뚜렷한 학습 목표를 세우고 평가를 실시하면서 전문적인 피드백을 제시하는 교사를 말한다.

이러한 생각은 지식이나 기술에서 드러난 모든 학습 공백을 메우기 위한 기회와 동기를 학생에게 부여하는 완전학습의 개념과 밀접한 관련이 있다. 많은 학교에서 여전히 표준으로 자리 잡고 있는 전통적인 학습 방식은 정해진 일정대로 강의를 하고 몇 주일에 한 번씩 퀴즈를 내거나 시험을 보는 것이다. 학생들이 시험에서 80점을 받았다고 해도 교사는 정해진 진도에 따라 다음 주제로 이동한다. 그래서 시험을 통해 드러난 20퍼센트의 학습 공백은 메워지지 않은 채 그대로 남는다. 이러한 과정이 수년 동안 이어지면서 학습 공백은 누적된다. 결국 학생들이 대수나 미적분학을 전혀 이해하지 못하고 있음을 발견할 때, 우리는 깜짝 놀라게 된다. 똑똑하고 성실한 학생이라고 해도 십진법과 분수, 혹은 지수에서 학습 공백이 크다면 어떻게 대수를 이해하겠는가? 반면 완전학습 과정에는 이러한 공백을 확인하고 메우기 위한 시간적 여유가 주어진다. 이를 통해 학생들은 학습 기반을 튼튼히 다지고 나중에 더 빠른 속도로 학습할 수 있게 된다. 기존 학교 시스템을 냉정하게 평가하자면, 교사 한 명과 학습 속도와 취약점이 저마다 다른 학생 30명으로 구성된 교실에서는 특별한 지원이 없는 한 그런 성과를 기대하기 힘들다.

블룸은 두 시그마 문제2-sigma problem를 주제로 다룬 논문에서 일대일 개인 교습 방식의 장점을 체계적으로 설명했다. 이 논문에서 블룸은 학생이 어떤 주제나 기술을 익히기 위해 개인 교사와 함께 공부할 때, 표준편차의 두 배에 해당하는 성적 향상을 기대할 수 있다고 주장했다. 이 정도의 향상은 백분위에서 50번째였다가 96번째로 올라서는 것과 같은 발전을 뜻한다.

그런데 블룸은 이러한 효과를 '문제'로 규정했다. 기존 교육 시스템의 집단 강의 방식으로는 학생들의 성적을 2 표준편차만큼 향상시키는 것이 현실적으로 불가능하기 때문이다. 이에 대해 중산층이나 부유층은 일반적으로 자녀에게 다양한 형태의 맞춤형 개인 교습을 제공하는 방식으로 문제를 해결해왔다.

　나는 오랫동안 개인의 사회경제적 상황과 상관없이 학교가 모든 학생이 이러한 수준의 맞춤형 교육 방식에 평등하게 접근할 수 있게 해야 한다고 주장해왔다. 칸 아카데미 사람들은 언젠가 우리가 모든 학생에게 그런 개인교사가 될 수 있으리란 꿈을 품고 있다. 여기서 말하는 개인교사란 알렉산더 대왕을 가르친 아리스토텔레스와 같은 유형의 교사를 말한다. 아리스토텔레스는 단지 숙제를 도와주거나 공부를 격려하는 교사가 아니었다. 물론 교사의 이러한 역할도 중요하기는 하다. 그러나 내가 추구하는 개인 교습 경험이란 교사가 학생이 무엇을 이해하고 이해하지 못하는지 정확하게 파악하고 신뢰를 바탕으로 관계를 형성하는 교육 경험을 말한다. 그러한 개인교사는 무엇이 학생에게 동기를 부여하는지 알고 이를 통해 교육 과정을 실질적으로 조율한다. 나아가 개인교사는 학생과 관련된 정보를 활용해서 교사와 학부모에게 도움을 준다. 최고의 개인교사는 학생과 직접적인 교류를 통해서, 또 교육자들이 맞춤형 접근방식을 확장해나가도록 도움을 주면서, 학습 과정에서 학생이 주인공으로 서게 만든다.

　우리 플랫폼은 VOD 영상이나 맞춤형 강의와 같은 다양한 방식으로 학생들이 자기에게 적합한 시간과 속도로 개념을 익히고 중간 피드백을 얻고 학습 공백을 메울 수 있도록 함으로써 개인 교습에 근접한 학습 경험을 제공해왔다. 그리고 그 플랫폼을 교사와 관리자 게시판과 연동해서 교육자가 학생들이 지금 어느 단계에 와 있는지, 학습과 참여를 최적화하기 위해 무엇을 지원해야 하는지 이해하도록 도왔다. 이러한 AI 기술이 등장하기 전, 우리는 교육자들에게 기술에 기반을 둔 발전 과정, 즉 정해진 강의 속도에 따른 불완전한 학습에서 맞춤형 강의 속도와 완전학습으로 넘어가는 과정을 보여주고자 했다. 실제로 우리는 엄청난 성과를 이뤄냈다. 우리 프로그램을 분석한 50건이 넘는 효율성 연구는 학생들이 일주일에 30~60분 맞춤형 강의를 들을 때 학습 성과가 20~60퍼센트 높아진다는 사실을 확인시켜줬다. 마찬가지로 완전학습을 추구하는 칸 랩스쿨이나 칸 월드스쿨의 학생들은 수학 과목에서 1년 만에 1년 반~3년에 해당하는 학습 내용을 익힌다는 사실을 보여줬다.

하지만 '기존의' 칸 아카데미 프로그램만큼 학습에서 놀라운 변화를 만들어낼 수 있는 우리의 플랫폼은 그 잠재력을 충분히 실현하지 못하고 있었다. 학생들이 영상과 연습을 넘어선 무언가를 원할 때 선택할 수 있는 범위가 제한적이었다. 추가적인 질문을 통해 개념을 더 잘 이해하거나 학습 내용이 자신의 삶과 어떻게 연결되어 있는지 알 수 없었다. 그리고 특정 과목에서는 서술형 평가를 통해 더 많은 도움을 줄 수 있음에도, 평가 방식은 여전히 숫자나 방정식을 기입해야 하는 객관식 문제로 제한

되어 있었다. 이론적으로는 사이트에서 기본 목표를 설정하고 목표 달성을 측정하는 기준을 입력할 수 있지만, 그것만으로는 학생에게 관심을 기울이는 개인교사의 느낌을 줄 수 없었다.

이러한 상황에서 GPT-4가 등장했다.

나는 이 기술이 우리의 취약점을 보완해줄 수 있으리라 확신했다. 다행스럽게도 그렇게 기대하는 사람이 나만은 아니었다. 우리 팀원들 모두 GPT-4를 사용하는 과정에서 그 잠재력을 확인했다. 다만 더 오랫동안 사용하면서 GPT-4가 강력하기는 해도 더욱 효과적으로 기능하기 위해서는 체계적인 형태로 구축된 안전망과 지원이 필요하다는 생각이 들었다.

바로 이러한 이유로 오픈AI 경영진은 잠재적 파트너로서 우리에게 연락을 해왔던 것이다. 그레그 브로크먼은 최신 세대의 거대 언어 모델이 역사상 교육 분야에 최고의 도움을 줄 것으로 확신했다. 그는 이렇게 말했다. "과학과 공학 분야의 인재들이 GPT를 중심으로 거대한 규모의 협력을 추진함으로써 교육 분야에 막강한 영향을 미치려 하고 있습니다." 브로크먼은 이를 위해 전 세계 모든 학생에게 개인교사를 제공할 수 있는 AI 시스템을 개발하는 것이 무엇보다 중요한 과제라고 했다. 그것도 평범한 개인교사가 아니라, 말하자면 이론적으로 2 표준편차만큼 학업 성과를 높여줄 '슈퍼' 개인교사가 되어야 했다.

인생을 살아오면서 나는 세상을 바꿀 기회는 매일 우리의 문을 두드리지 않는다는 사실을 배웠다. 그러므로 만약 그런 기회가 찾아온다면 필사적으로 잡아야 한다. 나는 생성형 AI 기술이 진화하면서 충분한 안전망과 효율적인 인터페이스를 갖춘 AI라는 교육 세상의 성배聖杯가 수백만 학생에게 수준 높은 학습 경험을 제공할 수 있는 시점이 가까워지고 있다는 느낌을 받았다.

출시 전 GPT-4를 간략하게 살펴보고 몇 개월이 흐른 뒤, 칸 아카데미는 그 기술에 본격적으로 투자하기로 결정했다. 칸미고의 목표는 기존 학습 프로그램에 생성형 AI를 추가함으로써 블룸의 2 표준편차 문제를 해결하고, 우리 서비스를 전 세계 모든 학교와 교사, 학생들로 확장하는 것이었다.

우리는 세상의 반응이 어떨지 확신할 수 없는 상태에서 GPT-4 출시에 맞춰 칸미고를 공개했다. 챗GPT는 출시 직후 주로 부정행위를 조장한다는 우려 때문에 교육자들로부터 부정적인 피드백을 받았다. 우리는 한층 더 진화한 모델을 기반으로 부정행위를 예방하는 주요 기능을 탑재함으로써 교사들이 투명하게 기능을 확인하고 학생들이 안전하고 생산적으로 사용할 수 있는 새로운 플랫폼을 만들어, 챗GPT 출시 때와는 다른 반응을 얻길 바랐다.

다행스럽게도 칸미고를 출시할 무렵에는 교육자들이 챗GPT가 교육 분야의 실질적인 문제라고 생각하면서도 플랫폼의 기반이 되는 기술까지 금지할 필요는 없다고 생각하는 쪽으로 돌아서고 있었다. 당시의 분위기 변화는 학생들이 앞으로 이러한 형태의 기술과 협력하도록 만들어야 한다는 점에서 대단히 의미 있는 것이었다. 실제로 교사들은 강의 계획을 세우고 연구하는 과정에서 그 기술을 이미 활용하고 있었다. 2023년 3월쯤 되자 교육자들이 학습과 교사를 지원하기 위해 설계된 챗GPT 같은 기술을 활용한 플랫폼을 간절히 원하는 분위기가 되었다.

칸미고를 최종적으로 대중에 공개했을 때, 우리는 교육 공동체로부터 압도적인 지지 반응을 얻었다. 그 공동체에는 챗GPT를 애초에 금지했던 여러 학구도 포함되었다. 그들은 우리가 GPT-4를 기반으로 AI 기술을 안전하고 효율적이고 체계적인 방식으로, 동시에 교육학의 차원에서 건전한 방식으로 통합했다는 사실에 만족한 듯했다.

이로 인해 학생들은 수학 공부를 하다가 막힐 때 채팅창에 질문을 입력해서 곧바로 칸미고의 도움을 받을 수 있게 되었다. 다만 AI가 학생에게 곧바로 정답을 알려주지는 않는다. 대신에 유능한 교사처럼 문제를 함께 풀어나간다.

학생: 다항식에서 궁금한 게 있습니다. 다음 수식에서 차수와 최고차항 계수가 무엇인지 설명해주시겠어요? $3X^2-5X^2+2$

칸미고: 물론이죠! 하나씩 살펴봅시다. 다항식에서 차수란 변수 (여기서는 X)의 최고 차수를 말합니다. 그리고 최고차항 계수는 최고차수 항 앞에 있는 숫자를 말하죠. 이 다항식에서 X의 최고 차수와 그 앞에 있는 숫자를 확인할 수 있겠어요?

만약 학생이 칸미고의 질문에 오답을 말한다면 칸미고는 이렇게 답한다. "비슷하지만 정답은 아닙니다! 우리가 지금 이 다항식에서 X의 최고차수가 무엇인지 알아보고 있다는 사실을 기억하세요. 다시 한번 해봅시다."

비단 수학만이 아니다. 칸미고는 역사와 화학, 물리, 미술 등 모든 과목에서 학생들과 협력할 수 있다. 칸미고는 학습 과정에서 학생들에게 도움을 줄 뿐만 아니라, 동기를 부여하고 퀴즈를 내고 영상 내용을 요약해주면서 학생들의 요구에 따라 실시간으로 반응한다. 그리고 역동적이고 구체적인 방식으로 학생들의 용기를 북돋아주고 그들과 편안하고 친밀하고 신뢰 있는 관계를 형성할 줄 안다. 게다가 AI 개인교사가 학생과 대화할 때 사용하는 어투는 아주 자연스럽고 친절하다. 학생이 학습 과제에 흥미를 느끼지 못하는 듯하면 칸미고는 이렇게 말한다. "지금 잘하고 있어요. 처음에 힘들다고 너무 걱정하지 마세요. 조금 더 발전했어요. 새로운 방법으로 시도해보면 어떨까요?"

또한 칸미고가 챗GPT와 다른 점이 있다면, 이전에 나눈 대화를 모두 기억한다는 것이다. 다시 말해 AI 개인교사는 이전에 학생과 나눈 모든 대화 내용을 참조할 수 있다. 가령 대수 과목에서 기본 방정식을 공부하는 학생이 칸미고에게 "왜 제가 여기에 관심을 기울여야 하죠?"라고 묻는다면 AI 개인교사는 이렇게 답한다. "그러면 무엇에 관심이 있나요?"

> **학생**: 수학은 아니에요! 축구 이야기를 하고 싶어요!

> **칸미고**: 좋아요! 그렇다면 자신이 축구 감독이라고 상상해봐요. 선수들의 매주 훈련 시간과 팀의 득점 간의 상관관계를 모형으로 만든다고 해봅시다. 그렇게 다음과 같은 다항식이 만들어졌어요.
>
> $3X^2-5X^2+2$
>
> 이 다항식에서 차수와 최고차항 계수가 무엇인지 알겠어요?

그런데 며칠 후 바로 그 학생이 칸미고와 함께 역사 숙제를 하는데 연방주의와 관련해서 도움을 요청한다면, AI 개인교사는 그 학생이 축구에 관심이 있다는 사실을 기억할 것이다.

> **칸미고:** 축구 리그를 상상해봅시다. 리그를 운영하는 여러 방식에 대해 생각해봐요. 축구팀들은 자율적인 방식으로 운영되고 있나요? 아니면 중앙 기관이 모든 축구팀을 관리하고 있나요? 연방주의는 권력이 중앙 기관과 더불어 주와 지방 등 작은 정치 단위 사이에 나뉘어 있는 운영 시스템을 말합니다.

AI는 학생이 공식적인 어투를 좋아하는지 아니면 대화체를 좋아하는지, 혹은 단답형을 좋아하는지 아니면 긴 설명을 좋아하는지도 파악한다. 또한 무엇이 학생에게 효과적으로 동기를 부여하는지 기억했다가 나중에 다시 이를 활용해서 학생의 참여를 유도한다. 다시 말해 AI는 아주 투명한 방식으로 학생의 기호를 추적한다. 학생은 AI가 자신에 대해 무엇을 알고 있는지 정확하게 파악할 수 있고 그 내용을 언제든 수정할 수 있다. AI는 학생의 발전 상황을 요약해서 부모와 교사에게 보고한다.

칸미고는 우리가 칸 랩스쿨 학생들을 돕거나 내가 자녀를 돕는 모습을 그대로 따라 한다. 칸미고가 나오기 전, 나는 학생들이 어떤 문제에서 막혔을 때 질문 내용을 정확하게 이해하도록 도움을 줬다. 때로는 추가 질문을 했다. 학생이 영상을 보거나 기사를 읽고 있을 때, 나는 학생들의 이해력을 테스트해봤다. 때로는 하나의 개념이 다른 개념들과 어떻게 연결되는지 설명해줬다. 학생이 다음에 무슨 공부를 해야 할지 모를 때, 개선이 필요한 부분을 확인해서 학습 공백을 메울 수 있는 과제를 제시했다. 이제 AI 교사가 등장함으로써 모든 학생은 이러한 형태의 맞춤형 학습 프로그램을 받을 수 있게 되었다. 칸미고는 학생들이 까다로운 문제에 도전하도록 자극하면서 추가 질문을 던진다. 오늘날 학생들은 칸미고에게 학습을 위해 무엇이 필요한지 묻는다. 그러면 칸미고는 학생들의 발전 과정에 대한 기억을 바탕으로 조언을 해주면서 그들이 대화와 퀴즈, 테스트에 참여하도록 유도한다. 학생들이 학습 과정에서 위기에 직면할 때, 학습 향상을 위한 중요한 시점에 이를 때, 크게 부담되지는 않지만 너무 쉽지는 않은, 그러면서 너무 어렵지는 않지만 골디락스존Goldilocks zone, 생명체가 존재할 수 있는 우주 공간의 범위에 머물러 있을 때, 모습을 드러낸다. 여기서 중요한 대목은 학생들 자신이 그 여정의 일부라고 느낀다는 사실이다.

이러한 패러다임 전환이 얼마나 엄청난 것인지 이해하기 위해, 튜링 테스트를 다시 떠올려보자. 나는 칸미고가 유능한 인간 개인교사와 구분하기 힘든 인공지능을 기반으로 삼고 있다고 생각한다. 우리는 이번 세대의 거대 언어 모델 덕분에 맞춤형 조언과 영상, 완전학습을 추구하는 학습 프로그램을 만나게 됐다. 이를 통해 개인교사의 수준에 근접하는 단계에서(시스템이 보유한 엄청나게 많은 질문 수를 고려할 때 학생들은 자신의 능력을 보여주기 위해 원하는 만큼 많이 시도할 수 있다) AI에 기반을 두지만 완전학습을 뒷받침하는 실질적인 개인교사에 근접하는 단계로 올라서고 있다. 그리고 본인에게 맞는 속도에 따라 앞으로 나아가거나 뒤로 돌아갈 수 있는 자율권을 학생들에게 허용함으로써, 맞춤형 학습에 근접하는 단계에서 인간 개인교사처럼 학습 과정에서 학생들에게 도움을 주는 단계로 넘어가고 있다. AI 개인교사는 학생들이 공부할 때 항상 그 곁을 맴돈다.

또한 칸미고는 학생들이 수업 시간에 소크라테스 문답법에 참여하도록 함으로써 더 깊이 있는 사고를 유도한다. 한 기자는 칸미고가 정치적으로 민감한 사안을 어떻게 다룰지에 대해 다소 미심쩍은 반응을 보였다. 나는 이렇게 말했다. "글쎄요. 한번 같이 확인해봅시다." 그러고는 칸미고를 실행하여 이렇게 입력했다. "인문학과 관련해서 개인 교습을 받고 싶어."

그 기자는 여기서 우리가 총기 규제를 강력하게 찬성하고 미국 수정헌법 제2조를 폐지해야 한다고 주장하는 학생 역할을 해보자고 제안했다.

나는 칸미고에 이렇게 입력했다. "수정헌법 제2조가 왜 필요하지? 나는 아무 의미가 없다고 생각해!"

칸미고는 답했다. "그렇다면 왜 건국자들이 애초에 제2조를 헌법에 포함시켰을까요?"

여기서 AI 개인교사가 가상의 학생이 제기한 주장을 반박하거나 지지하지는 않았다는 점에 주목하자. 대신 그 사안에 대해 더 깊이 생각해보도록 유도했다.

나는 이렇게 썼다. "미국은 영국으로부터 독립하기 위해 노력했어. 영국은 미국의 군사력 강화를 원치 않았지. 반대로 미국은 독립을 유지하기 위해서는 무기를 확보하고 군대를 조직할 수 있는 권리가 반드시 필요하다고 믿었어. 하지만 그건 먼 과거의 이야기잖아!"

칸미고는 대답했다. "훌륭한 설명입니다. 그렇습니다. 과거의 이야기죠. 그런데 왜 제2조가 그렇게 오랫동안 살아남았다고 생각하나요?"

칸미고는 계속해서 학생이 한 발짝 더 나아가도록 이끌었다. 나는 자신의 믿음을 드러내지 않는 것, 혹은 총기 규제 같은 까다로운 주제와 관련해서 학생에게 자기 믿음을 보여주지 않는 것이 교사와 개인교사 대부분에게 대단히 어려운 일이라는 생각이 들었다. 기자는 칸미고의 반응에 강한 인상을 받은 듯했다. 칸미고는 학생이 생산적인 방식으로 사고하도록, 다시 말해 일반적인 수업 시간과는 달리 편향을 거의 드러내지 않으면서 학생 스스로 생각해보도록 문제를 풀어나갔다.

AI 개인교사는 독해 숙제를 마친 학생에게 아마도 이렇게 물을 것이다. "이 글에 대해 어떻게 생각해요?" 이처럼 신중한 질문과 대화를 통해 학생과 협력하면서 주제를 파헤치고 숨어 있는 의미를 발견해내는 것이다. 그 과정에서 학생은 기존 가정에 의문을 제기하고 개념을 명료화하면서 AI가 던지는 심층적인 탐구를 유도하는 질문을 통해 학습 과정에 적극적으로 참여하게 된다. 여기서 AI 개인교사는 기계처럼 읽거나 말하지 않는다. 학생은 그 목소리가 인간적이며 사려 깊고 공감 능력이 뛰어나다고 느낄 것이다.

나는 앞으로 칸미고 사례를 교육 분야의 대표적인 AI 플랫폼으로, 지속적으로 확장하고 발전하는 공간으로, 또한 타당한 근거로 활용하고자 한다. 우리 사회는 언제나 인간 코치와 개인교사를 많이 필요로 한다. AI는 맞춤형 학습이나 세계적 수준의 강의 프로그램에 대한 학생들의 진입 장벽을 낮춰주고 있다. 학생들이 개인교사와 보내는 시간은 일주일에 불과 몇 시간뿐이다. 그러나 칸미고에는 매일 24시간 접근이 가능하다. 또한 칸미고는 학생과 함께 무슨 공부를 했는지 인간 개인교사에게 보고함으로써 이들 교사가 더 깊이, 더 멀리 나아갈 수 있도록 돕는다. 학생들은 AI에게 더 편하게 질문할 것이다. 교사가 자신을 어떻게 생각할지, 혹은 인간 개인교사의 소중한(그리고 값비싼) 시간을 허비하는 것은 아닌지 걱정할 필요가 없기 때문이다.

AI 개인교사는 정확한 기억력과 방대한 정보, 인간적이고 자연스러운 음성, 학생과 친밀한 관계를 형성하는 기술은 물론, 휴대전화부터 컴퓨터에 이르기까지 다양한 기술 장비에 따른 확장된 접근성을 바탕으로 머지않은 미래에 블룸이 확인했던 가능성을 훌쩍 넘어서게 될 것이다.

2장

말하는 사회과학

예술은 신과 예술가의 협업으로 예술가의 개입이 적을수록 좋다.
_앙드레 지드, 프랑스의 소설가

현자와 나누는 한 번의 대화가 10년 읽은 책보다 낫다.
_헨리 워즈워스 롱펠로, 미국의 시인

최고의
협력자이자 조수

뭔가 찜찜했다.

퍼먼대학교 교수 대런 힉Darren Hick은, 데이비드 흄David Hume 의 철학과 공포의 역설paradox of horror, 사람들이 공포를 자극하는 이야기 에 쉽게 매혹되는 현상을 주제로 한 수업에서 학생들이 제출한 보고서 를 살펴보고 있었다. 그런데 한 학생의 글이 눈에 들어왔다. 힉 은 예술과 윤리, 법률, 저작권을 가르치고 있었기에 항상 학생 들의 부정행위에 촉각을 곤두세우고 있었다. 일반적으로 학생 들은 인터넷에서 가져온 연구 자료나 데이터를 짜맞추는 방식 으로 부정행위를 저지른다. 그렇게 작성한 보고서는 기본적으 로 표절에 해당한다. 그런데 그 학생의 보고서는 표절이라고 볼

순 없었다. 그대로 베낀 부분이 없었기 때문이다.

하지만 들여다보면 볼수록 문제가 있었다. 게다가 거짓 정보를 바탕으로 강하게 주장을 펼치는 논조가 너무나 이상했다.

힉은 조사를 시작했다. 먼저 보고서 문장들을 구글 검색창에 집어넣고 무슨 결과가 나오는지 지켜봤다. 그러나 아무것도 없었다. 힉은 이렇게 말했다. "얼마 전 챗GPT 소식을 들었습니다. 완전히 새로운 기술이었죠." 힉은 오픈AI 사이트에 들어가서 계정을 만들었다. 그리고 그 학생이 챗GPT를 활용해 표절이라고는 할 수 없는 보고서를 쓰기 위해 무엇을 입력했을지 거꾸로 유추해봤다. 그 과정에서 그는 거대 언어 모델이 오류투성이 정보를 마치 사실처럼 설명한다는 것을 발견했다. 그리고 그 학생의 보고서는 AI가 쓴 것이라는 결론을 내렸다.

그건 무서운 이야기였다! 인공지능이 모습을 드러내면서 교사들의 악몽도 함께 깨어나기 시작했다. 힉은 지금 자신이 마주하는 게 학생을 대신해 글을 쓰는 기술이라는 사실을 깨달았다. 그의 표현에 따르면, 그건 글쓰기 과정에서 학습을 앗아간 기술이었다. 힉은 AI를 우려하는 교사들이 할 법한 일을 했다. 자신의 경험을 페이스북에 올린 것이다.

그 두려움은 당연한 것이었다! 힉은 GPT 기술이 우리가 알고 있는 교육에 존재적 위협을 가하고 있다고 말했다. 그의 경고는 사람들이 챗GPT를 처음 접할 때 느끼는 두려움을 그대로 드러내고 있었다. AI는 텍스트를 생성하고 내용을 요약하고 분석 결과를 제시한다. 우리는 그렇게 나온 결과물을 인간이 만든 결과물과 잘 구분하지 못한다. 그리고 엄연히 새로운 텍스트이므로 기존 관점에서 표절이라고 말할 수도 없다. 이전에 존재하지 않았던 새로운 정보를 담고 있기 때문이다. 우리는 학생들에게 도덕성을 기대할 수 없다. AI를 이용해서 과제를 해결하고픈 유혹은 너무나 크기 때문이다. 그만큼 가르치는 일은 앞으로 더 힘들어질 것이다. 이제 교육자들은 어떻게 해야 할까?

이러한 위험성을 일찍이 공식적으로 제기했던 힉은 자신이 페이스북에 올린 글이 널리 퍼져나가는 것을 지켜봤다. 곧바로 언론에서 문의가 쇄도했다. 그리고 며칠 만에 힉은 챗GPT를 사용해 작성한 보고서를 발견해낸 교수로 세계적인 주목을 받았다. 그는 학계에 등장한 보안관이었다. 힉은 이렇게 말했다. "학생들을 향한 경고만으로 충분하다고 생각할 수도 있겠지만 현실은 그렇지 않았습니다. 다음 학기에도 마찬가지로 챗GPT를 활용해 보고서를 작성한 또 다른 학생을 발견했으니까요." (내 생각에 그가 발견하지 못한 학생도 많았을 것이다. 미묘한 방식으로 챗GPT를 사용할 경우에는 판단이 더 힘들다.)

힉은 최선을 다해 GPT로 쓴 보고서를 찾아냈고, 또한 최선을 다해 자신의 강의를 듣는 학생들이 챗GPT를 사용하지 못하도록 막았다. 그러나 노력은 헛수고로 드러났다. 학생들이 챗

GPT를 사용하여 글을 쓰는 방식을 바꾸지 않는다면, 힉이 자신의 지도 방식을 바꿔야 할 때일지도 모른다. 즉, 항상 촉각을 곤두세우고 있거나 아니면 교육받은 용기를 발휘해야 할 것이다. 무엇보다 그는 학생들이 생성형 AI를 활용하여 더 효과적으로 학습할 수 있는 방법을 고민해야 했다.

비교적 초기에 이러한 상황을 접한 다른 교육자들 역시 똑같은 문제에 직면했다. 그리고 그 문제를 전환점으로 삼았다. 그들은 애초에 작문 과제를 내줘야 할 이유를 다시 생각해봤다. 작문 과제를 통해 무엇을 얻고자 하는지 고민해봄으로써 우리는 챗GPT 이후 세상에서 부정행위 문제를 해결하는 방안에 대해 생각해볼 수 있다.

글쓰기는 기본적으로 하나의 의사소통 방식이다. 이를 위해서는 체계적인 사고와 언어 및 문법 지식이 필요하다. 우리는 먼저 어떤 글을 쓸 것인지 정해야 한다. 사설을 써야 한다면, 자신의 주장을 제시하고 왜 그러한 결론에 도달하게 되었는지 이유를 분명히 밝혀야 한다. 연구 논문을 쓸 경우, 관련 분야의 논문들을 모두 읽어보고 그 지식 위에 새로운 연구와 분석을 쌓아야 한다. 기사를 쓴다면, 많은 사람과 인터뷰를 나누고 흥미로운 정보를 얻어야 한다. 그리고 공공 기록물이나 정부 데이터 등 다양한 정보 원천을 살펴야 한다. 소설을 쓴다면, 상상력을 발휘하고 이야기의 설득력을 높이는 방법을 이해해야 한다.

교사가 체계적인 사고와 언어, 문법, 스토리텔링, 혹은 관점 형성 및 근거 제시와 관련해서 학생들을 훈련시키고 그 성과를 평가하고자 한다면, 전통적인 형태의 과제로서 작문은 큰 도움이 되지 못할 것이다. 학생들이 챗GPT를 사용하려는 강한 유혹을 느낄 것이기 때문이다. 그보다는 수업 시간에 다섯 문단 글쓰기를 해보도록 하는 방법이 더 효과적일 수 있다. 그 과정에서 교사는 학생들에게 직접 도움을 줄 수 있다(또한 학생들의 글쓰기 과정을 직접 관찰할 수 있다). 글쓰기 과제가 한 번의 수업으로 끝나지 않는다면, 교사는 여러 번의 수업에 걸쳐 글쓰기를 진행하면서 학생들 곁에서 조언을 건네고 직접 글을 쓰고 있는지 확인할 수 있다.

교사가 새로운 연구를 수행하거나 탐사 보도를 하는 학생의 역량을 평가하고자 한다면, 애초에 챗GPT 사용을 막아야 할 이유가 있을까? 어쨌든 챗GPT는 그 과정에서 가장 중요한 일을 수행하지 못한다. 직접 실험을 진행하거나 사람들을 만나서 인터뷰를 하거나 사건을 관찰할 수 없다. 게다가 직장에서는 점점 더 많은 근로자가 챗GPT와 같은 도구를 활용해서 업무를 처리하게 될 것이다. 그렇다면 학생들이 학교에서 이러한 기술을 사용하는 법을 먼저 배우는 것이 낫지 않을까?

이러한 우려와 질문 속에서 부정행위를 판단하는 기준을 놓고 진지한 논의가 벌어지고 있다. 사실 그 기준은 대단히 복잡한 논란의 대상이다. 부정행위를 정의하는 일은 그것을 막는 일만큼이나 어렵다. 우리는 다른 사람에게 보고서를 대신 써달라고 부탁하는 행위와 대놓고 표절하는 행위 중 무엇이 더 나쁜지에 대해 논의해볼 수 있다. 물론 두 행위 모두 자신이 해야 할 일을 남에게 떠넘긴다는 점에서 동일하다. 인터넷 자료를 복사해서 붙여넣기 하는 방식으로 보고서를 작성하는 것은 분명한 부정행위다. 다른 사람이 수행한 실험을 그대로 베끼거나 5년 전 선배가 쓴 보고서를 자신이 쓴 것처럼 제출하는 것 역시 마찬가지다.

그런데 친구나 가족에게 도움을 받는 것은 어떨까? 가령 자기가 쓴 글을 평가해달라고 가족에게 부탁한다면? 혹은 주제를 구상하거나 주장을 뒷받침해줄 데이터를 수집하는 과정에서 도움을 받는다면?

그럴 경우, 판단은 더 애매모호해진다. 더 좋은 글을 쓰기 위해 가족에게 도움을 받거나 개인지도를 받는 것도 부정행위에 해당될까? 5년 전만 해도 교사들은 철자나 문법을 바로잡아주는 기능을 사용하는 것도 부정행위로 간주했다. 그러나 지금은 보편적으로 이러한 기능을 사용한다. 나아가 그래멀리Grammarly, 영어 문법 교정기처럼 기본적인 문법을 바로잡아주면서 문장을 명료하고 설득력 있게 다듬어주는 도구를 활용하는 것은 어떨까? 오늘날 교사들 대부분이 이러한 도움은 부정행위로 여기지 않는다.

이러한 논의들 모두 생성형 AI가 등장하기 전 이야기다. 학생이 AI를 활용해 글을 쓰는 것이 아니라 조언을 구한다면? 혹은 AI에게 문장을 다듬어달라고 요청하거나, 아니면 초고를 작성해달라고 한 뒤에 직접 편집하고 수정해서 완전히 다른 형태로 보고서를 완성한다면? 이러한 경우, 어느 부분이 '부정행위'에 해당하는 걸까?

예일대학교 인문학 교수인 알렉산더 길 푸엔테스Alexander Gil Fuentes는 이렇게 말한다. "문학과 미술, 음악, 문화를 포괄하는 인문학에서 학생들이 생성형 AI의 도움을 받아 '독창적인' 작품을 만들어낼 수 있다는 사실은 대단히 중요한 발전을 의미한다고 생각합니다. 우리는 지금 생성형 AI가 무엇을 잘하는지, 또 더 중요하게 무엇을 못하는지 알아나가는 중입니다. AI의 약점은 독창성이죠."

그렇다면 AI는 무엇을 잘할까?

푸엔테스는 이렇게 덧붙였다. "저는 학생들에게 처음부터 기술의 도움을 받으라고 조언합니다. AI는 초기 단계에 활용할 수 있는 도구입니다. 그리고 AI에게 질문해서 얻은 답변을 이중 삼중으로 검토해서 원래 결과물을 개선하는 작업은 모두 학생의 몫입니다."

분명히 이는 새로운 접근방식이다. AI 기술을 기존의 중요한 기능을 대체할 대상으로 바라볼 때는 분명히 두려운 존재다. AI로 인해 무언가를 잃어버릴 것이기 때문이다. 반대로 AI가 우리에게 무언가를 가져다주는 존재라고 생각하면 어떨까? 이미 많은 교사가 교육받은 용기라는 렌즈를 통해 작문 과제를 새롭게 바라보고 있다.

펜실베이니아대학교 와튼 스쿨에서 혁신과 기업가 정신을 연구하며 가르치는 이선 몰릭Ethan Mollick 부교수는 인공지능과 관련해서 이렇게 언급했다. "AI는 우리를 대신해 글을 쓰는 게 아니라 우리와 함께 글을 씁니다. 이러한 혁신을 받아들이는 것은 교육자에게 대단히 중요하면서도 무서운 일입니다. 이런 이야기를 들으면서 두려운 마음이 드는 것은 당연합니다. 그러나 저는 AI가 등장하기 전에 학생들이 글을 쓰도록 만들었던 여러 가지 방식 역시 합리적이라고 생각하지 않습니다." 몰릭은 수업 시간에 글을 잘 쓰지 못했던 학생은 학교 밖에서도 마찬가지로 글을 잘 쓰지 못한다고 설명했다. AI는 작문 과정에 도움을 주고 학생들의 작문 실력을 평가해준다. 그리고 교사에게 관심과 도움이 많이 필요한 학생이 누구인지 조언해준다. 몰릭은 이렇게 지적했다. "챗GPT가 세상을 바꾸지 않을 것이라고 말할 수는 없습니다. 그러기엔 너무 늦었죠. 좋든 싫든, 교사들은 지금 이 순간 변화에 적응해야 합니다."

몰릭은 AI 기술을 금지하기보다 학생들이 그 기술을 더 잘 이해하고 적극적으로 사용하도록 격려하고 있다. 부정행위냐 아니냐는 더 이상 중요한 문제가 아니다. 부정행위를 판단하는 기준에 집착하다가는 AI가 작문 교육에 미칠 영향을 예측하는 큰 그림을 놓치게 된다. 부정행위를 판단하는 기준은 교수마다 서로 다르다. 다시 말해 그 경계가 유동적이라는 뜻이다. 중요한 질문은 무언가를 부정행위라고 판단할 수 있는지가 아니라, 무엇을 '작문'이라고 부를 수 있는지다.

몰릭은 학생들에게 생성형 AI를 활용해서 더 좋은 글을 쓰도록 격려한다. 그가 보기에 학생들의 작문 실력은 이전보다 뚜렷하게 발전했다. "제 강의실에는 똑똑하지만 글을 잘 쓰지 못하거나 영어가 모국어가 아닌 학생들, 혹은 글쓰기 교육을 제대로 받지 못한 학생들이 많이 있습니다. 하지만 챗GPT로부터 도움을 받은 학생들은 확연한 차이를 드러냅니다." 생성형 AI는 학생들의 작문 실력을 높여주고, 높아진 실력은 다시 학생들에 대한 몰릭의 기대를 높여준다. 또한 무엇이 좋은 글쓰기인지에 대한 몰릭의 기준도 바뀌고 있다. "이제 완벽하지 않은 작문은 인정하지 않습니다. 그럴 이유가 없죠."

몰릭, 푸엔테스, 힉과 같은 많은 교육자는 생성형 AI가 학생들을 더 유능하고 수준 높은 작가로 만들어준다는 사실을 확인하고 있다. 예전에는 작문이 비판적 사고와 분석 및 글쓰기 실력을 강화하는 필수 요소로 인정받았다. 하지만 오늘날 인공지능은 특정 주제를 연구하고 정보를 수집하고 분석해서 자기 생각과 주장을 표현하는 평등하고 더 나은 기회를 학생들에게 주고 있다.

앞으로 학교에서의 작문은 교육 목표와 교사의 여건에 따라 다양한 학습 활동으로 진화할 것이다. 나는 사고를 형성하고 문법에 맞게 의사소통하는 방법을 배우는 과정에서 작문이 중요한 역할을 한다고 생각한다. 학생들은 작문을 통해 그런 기술을 익히며, 그렇게 익힌 기술은 구두 의사소통으로 확장된다. 학생들의 의사소통 능력을 높이기 위해, 교사는 수업 시간에 100퍼센트 혼자 힘으로 글을 써보도록 할 수 있다. 또한 자기주장이나 메시지, 혹은 이야기를 담은 영상을 제작해보도록 할 수 있다. 그러나 이러한 경우에도 학생들이 사실관계를 확인하거나 검토하기에 앞서 생성형 AI가 만들어낸 초고에서 시작할 수 있게 허용하는 것도 긍정적인 접근방식이다. 다른 한편으로 현실 속 행동이 무엇보다 중요하며, 글쓰기는 단지 학생들이 연구와 인터뷰, 관찰, 발전 과정을 전달하기 위한 통로일 뿐이라 생각하는 교사들은 앞서 교수들이 설명했던 생성형 AI를 학생들이 더 적극적으로 활용하도록 할 것이다.

또한 칸미고는 교사들이 중심을 잡도록 도움을 준다. 그 이유는 학생들이 생성형 AI를 활용해서 글을 쓸 때 균형을 유지할 수 있게 하기 위함이다. 그 과정에서 칸미고는 유능한 안내자 역할을 하지만, 작업의 큰 부분은 학생들이 맡게 된다. 가령 학생은 칸미고에게 이렇게 물어볼 수 있다. "《위대한 개츠비》에 관해 글을 쓰려고 하는데 특히 어떤 점을 고려해야 할까요?" 그러면 AI는 아메리칸드림과 사회 계층, 불평등, 재즈 시대, 광란의 1920년대와 같은 주제어들을 제시할 것이다. 그리고 그린라이트와 T. J. 에클버그 박사의 눈, 밸리오브애시스Valley of Ashes 처럼 소설 속에 등장하는 핵심적인 상징을 언급할 것이다. AI의 뛰어난 기능은 학생이 자신이 쓴 글의 장단점을 말해달라고 요청할 때 강력한 힘을 발휘한다. AI는 반론을 제기하고 글의 설득력을 높여주면서 유능한 교사처럼 학생들이 자신의 글에 대해 더 깊이 생각해보도록 유도한다. 다시 한번 말하지만, AI 개인교사는 학생들을 대신해서 글을 쓰지 않는다. 학생과 함께 글을 쓴다. 인공지능은 즉각 피드백을 주고 다듬어야 할 부분을 알려주면서 어떻게 고쳐야 할지 조언을 해준다. 그리고 학생들이 직접 이야기의 어조와 분위기, 관점을 잡아나가도록 도움을 준다. 최상의 시나리오에서 교육 분야의 AI 플랫폼은 객관적으로 평가하고 신중하게 분석하면서 학생들의 역량을 높이는 단 하나의 목표를 실현하도록 설계된 최고의 협력자이자 조수다.

AI는 학생들에게 도움을 주는 단계를 넘어서 더 많은 일을 할 수 있다. 칸미고는 학생과 AI가 협력한 최종 결과물을 교사와 공유하면서 그 과정에서 AI가 얼마나 많이 개입했는지 보고

할 수 있다. 이를 통해 교사는 학생의 장점을 파악하고 개선해야 할 부분을 확인할 수 있다. 가령 칸미고는 교사에게 이렇게 보고할 수 있다. "우리는 4시간 동안 함께 보고서를 작성했습니다. 살만은 처음에 아이디어를 떠올리는 과정에서 애를 먹었지만, 저는 몇 가지 질문을 던지며 도움을 줬습니다. 작업 과정은 전반적으로 부드럽게 흘러갔습니다. 저는 우리가 함께 결론을 끌어냈다고 살만이 생각하도록 만들고 싶었습니다. 실제로 대부분의 글은 살만이 썼습니다. 저는 다만 문법을 바로잡고 세 번째 단락에서 자기주장을 더 분명하게 드러내도록 조언을 해줬을 뿐입니다. 과제의 지시사항을 기준으로 판단할 때, 살만에게 B+를 주기를 권합니다. 지시사항을 기준으로 제가 글을 평가한 방식에 관한 구체적인 설명은 다음과 같습니다."

이러한 수준의 챗GPT와 함께 작업을 하면서 부정행위를 저지르기는 쉽지 않다. 만약 학생이 챗GPT와 함께 작문 과제를 하는 과정에서 텍스트를 복사해서 붙여넣는 방식으로 글을 썼다면, 칸미고는 교사에게 이렇게 보고할 것이다. "이번 글쓰기는 함께 하지 않았습니다. 그렇게 보입니다. 의심을 해보시길 바랍니다."

문학이 살아나는 독해의 미래

칸 월드스쿨은 우리가 애리조나 주립대학교와 손잡고 설립한 본격적인 온라인 학교다. 칸 월드스쿨에 등록한 인도의 9학년 학생 산비는 수업 시간에 《위대한 개츠비》를 읽게 되었다. 소설을 읽고 몇 가지 중요한 질문에 대해 토론할 수 있도록 교사는 산비에게 영상으로 과제를 내줬다. 그 과제에는 산비 입장에서 대단히 어려운 질문도 포함되었다. "《위대한 개츠비》에서 왜 제이 개츠비는 그린라이트를 계속 바라보고 있었던 걸까?"

자신의 생각에 확신이 없었던 산비는 성실한 학생들이 어려운 상황을 마주할 때 주로 하는 일을 했다. 즉, 그 문제와 관련해서 인터넷 검색을 하기 시작한 것이다. 하지만 만족스러운 대답은 얻지 못했다. 결국 산비는 새로운 시도를 해보기로 했다.

산비는 칸미고로 눈길을 돌렸고, 제이 개츠비 본인에게 인사를 건넸다.

> **제이 개츠비**: 친구, 만나서 반가워. 난 제이 개츠비라고 해. F. 스콧 제럴드 소설에 등장하는 신비에 싸인 백만장자란다.

> **산비**: 개츠비 씨, 왜 그린라이트를 계속 바라보고 있었던 거죠?

> **제이 개츠비**: 아, 그린라이트. 그건 내 꿈과 욕망의 상징이지. 알다시피 그린라이트는 우리 집에서 만을 건너 데이지 뷰캐넌이 사는 부두 끝자락에 있잖아. 나는 그린라이트를 간절히 바라봤지. 그건 과거를 향한 나의 동경과 내 평생의 연인인 데이지와 다시 만날 희망을 나타내는 상징물이기 때문이야.

산비는 내게 이렇게 말했다. "개츠비 씨와 함께 이야기를 나눴어요. 우리의 대화는 참으로 흥미진진했어요. 그런데 개츠비 씨의 시간을 너무 빼앗은 것 같아서 사과했어요! 그러자 개츠비 씨가 이렇게 말했어요. '아냐. 나는 실제 제이 개츠비가 아니란다. 그의 인공지능 시뮬레이션일 뿐이야.'"

칸미고는 대화를 통해 산비의 참여를 유도하고 사고의 폭을 넓혀줬다. 오늘날 우리는 빅터 프랑켄슈타인이나 헤스터 프린, 혹은 오디세우스와도 이러한 형태의 대화를 나눌 수 있다.

AI는 독해 과정에서 도움을 주는 단계를 넘어서서 몇 년 전만 해도 공상 과학 이야기라고 생각했던 방식으로 학생들이 소설 속 등장인물의 세계로 들어가게 해준다.

교육자들은 이러한 AI 기반의 작문 및 독해 도구를 통해서 학생들이 어떻게 정보를 받아들이고 처리하는지 이해할 수 있다. 나는 독해가 대단히 중요한 학습 활동이라는 주장에 모두가 동의하리라고 믿는다. 독해 능력이 부족하면 세상을 헤쳐 나가는 것은 물론, 충분한 정보에 기반을 두고 의사결정을 내리는 것도 어렵다. 잘 읽지 못하는 사람은 잘 쓸 수도 없다. 그럼에도 지금 상황은 아주 좋지 않다. 2020년 미 교육부 데이터를 갤럽이 분석한 결과에 따르면, 16~24세 미국인의 54퍼센트가 독해 능력에서 6학년 수준에도 미치지 못하는 것으로 나타났다.[2]

이는 해결이 쉽지 않은 문제지만, 그래도 나는 AI가 긍정적인 영향을 미칠 것으로 기대한다.

대부분의 학교에서 공식적인 독해 훈련은 책이나 기사를 읽는 것으로 시작한다. 일반적으로 교사는 특정 유형의 글쓰기나 수업 중 토론을 통해 학생들의 이해도를 확인할 수 있다. 물론 이러한 방식의 수업은 학생들에게 살아 있는 경험을 선사하지만, 표준화와 확장성에서 아쉬움이 있다. 그래서 대부분의 학교에서는 지문을 제시하는 객관식 문제를 기반으로 학생들의 독해 능력을 평가한다(예를 들어 SAT와 ACT, 혹은 주 차원에서 실시하는 학년말 시험).

물론 이러한 형태의 객관식 문제가 본질적으로 나쁜 것은 아니다. 사실 객관식 문제는 독해와 관련된 여러 가지 기술을 가르치고 평가할 수 있는 좋은 방법이다. 다만 그 범위는 다분히 제한적이다. 뒤처진 학생들을 끌어올리려는 교육자들은 표준화를 통해 학업 성취도를 평가하는 방법을 선호하기 때문에 객관식 문제를 근간으로 삼는 경향이 있다. 그러나 그럴 때, 학생들은 다양한 글을 접하지 못하게 된다(그리고 이러한 방식으로 시험 성적을 올릴 수 있는지도 확실하지 않다). 평가에 집중하는 교육 방식은 학생들로 하여금 다양한 글과 장르에서 멀어지게 만든다. 예를 들어 교육자들 대부분은 학생들이 자유롭게 답변을 내놓고 텍스트에 대한 토론에 참여하도록 격려함으로써 심층적인 독해 능력을 개발할 수 있다는 사실을 직관적으로 안다. 또한 독해와 작문을 결합해야 이상적인 방식으로 두 기술을 개발할 수 있다는 사실도 안다. 그러나 안타깝게도, 이러한 형태의 학습 활동을 대규모로 표준화하거나 평가하기란 쉽지 않다.

그런데 만약 쉽게 접근할 수 있는 데다 객관식이 아닌 표준화된 독해 훈련 및 평가 방식을 만들어낼 수 있다면 어떻겠는가? 텍스트에 대한 토론 과제를 통해 학생들이 자유롭게 답변을 제시하도록 격려한다고 상상해보자. 여기서 거대 언어 모델이 그 위력을 발휘할 수 있다.

텍스트나 지문을 기반으로 하는 객관식 문제를 푸는 대신, 학생들이 특정한 표현 뒤에 숨어 있는 저자의 의도를 파악해 글을 쓰거나 텍스트의 중요한 구절(강조 표시를 해놓은)에 대해 이야기하도록 한다고 상상해보자. 여기서 AI는 학생이 쓴 글을 바탕으로 추가 질문을 한다. 혹은 학생들이 작성한 불완전한 글에서 결론을 도출해보도록 요구함으로써 텍스트의 내용을 충분히 이해할 수 있게 도울 수 있다. AI는 이러한 대화를 통해 텍스트에 대한 학생의 이해도를 파악해서 학생 자신과 교사에게 피드백을 할 수 있다. 사실 우리는 이미 이러한 기능을 활용하고 있다. 우리 팀은 체계적인 프롬프트 작업을 통해서 GPT-4와 같은 거대 언어 모델이 적절한 질문을 던지고 주제에 관한 의미 있는 토론에 참여하도록 만들 수 있다는 사실을 점차 확인해나가고 있다. 남은 과제는 AI가 이러한 기능을 효과적이고 일관된 방식으로 수행하도록 만드는 것이다. 나는 언젠가 그러한 수준에 도달할 것이라 믿는다.

이러한 아이디어를 지문 기반의 객관식 문제 너머로 확장해보자. 예를 들어 학생들이 책을 읽는 과정에서 한 장이 끝날 때마다 AI와 대화를 나눈다고 해보자. AI는 학생에게 지금까지 읽은 내용에 대해 어떻게 생각하는지, 어떤 점이 특히 흥미로운

지, 혹은 그 내용과 관련해서 이해하기 힘든 부분이 있었는지 물어본다. 혹은 주제가 무엇인지, 등장인물의 세계관이나 행동에 동의하는지를 물어볼 수도 있다. 우리는 이러한 장면에서 항상 소크라테스 문답법을 발견하게 된다. AI는 학생에게 피드백을 주고 동시에 교사에게도 전달한다. 물론 학생은 자신이 읽고 있는 글과 관련해서 어떤 질문도 할 수 있다. 이러한 방식이 기존의 독후감 과제보다 얼마나 더 흥미진진할지 한번 생각해보라. 또한 이러한 방식은 교육적으로도 더욱 풍부하다. 요즘 학생들은 인터넷이나 클리프노츠CliffsNotes, 책 내용을 요약해놓은 참고서 시리즈에서 얻은 아이디어로 쉽게 줄거리를 요약해서 독후감 과제를 제출할 수 있다.

이러한 방식의 독해 훈련을 언어 과목에만 제한할 이유는 없다. 우리는 이를 모든 교과서와 기사로 확대할 수 있다. 가령 학생들이 마리 퀴리 시뮬레이션과 함께 실험을 설계하거나, 제임스 매디슨이나 알렉산더 해밀턴 시뮬레이션과 공동으로 연방주의자 논집을 집필해볼 수도 있을 것이다.

나의 가장
창조적인 친구

1970년대 말 영화감독 프랜시스 포드 코폴라Francis Ford Coppola
는 커즈와일 리딩머신Kurzweil Reading Machine이라는 기계를 샀다.
이는 저명한 미래학자이자 인공지능 연구로 널리 알려진 발명
가 레이 커즈와일Ray Kurzweil의 초창기 발명품으로, OCR(optical
character recognition, 광학식 문자 인식)이라는 기술을 활용해 인
쇄된 텍스트를 인식하고 이를 합성된 음성으로 전환해주는 장
비였다. 리딩머신은 특히 인쇄물을 읽기 힘든 시각 장애인에게
큰 도움이 되었다. 미국 소설가 마리오 푸조Mario Puzo의 작품을
바탕으로 영화 〈대부The Godfather〉를 제작한 코폴라는 리딩머
신이 인용 부호를 인식하도록 만들고자 했다. 그는 몇 번의 시

도 끝에 리딩머신에 소설을 입력하면 기계가 텍스트를 읽고서 모든 대화를 시나리오 형태로 전환하게 하는 데 성공했다. 코폴라는 초창기 언어 인식 기술에 대한 자신의 독창적인 접근 방식에 '지피 스크립트Zippy Script'라는 이름을 붙였다. 그는 이 간단한 방식으로 사람이 오랫동안 해야 했던 엄청난 분량의 시나리오 작업을 짧은 시간에 처리할 수 있었다. 코폴라의 이러한 시도가 성공을 거뒀을 때, 그는 미국 작가 조합으로부터 연락을 받았다.

코폴라는 내게 이렇게 설명했다. "이런 말을 하더군요. '기계를 가지고 대본을 쓰면 안 됩니다!' 하지만 시나리오를 쓴 것은 지피 스크립트의 기반이 되는 기술이 아니었습니다. 그 기계가 한 일이라고는 그저 소설을 대본으로 바꿔주는 것뿐이었으니까요." 오늘날 기계가 창작자들의 일거리를 빼앗고 있는 걸까? 앞으로 점점 더 많은 제작자가 그런 기계를 사용한다면, 시나리오 작가들에게 무슨 일이 벌어질까?

이러한 자각도 없이, 코폴라는 무려 40년이나 앞서 우리에게 경종을 울렸다. 모든 산업의 창작자들이 생성형 AI의 등장과 함께 주목하게 된 바로 그 경종을 말이다.

오늘날 AI는 지식재산권을 둘러싼 분쟁을 일으키고 있다. 그리고 창작의 미래에 대해 광범위한 차원에서 모두를 주목시키고 있다. AI는 단순한 텍스트 기반의 프롬프트를 통해 창조적인 능력을 발휘할 수 있으며, 놀랍게도 완전히 새로운 소설이나 시, 시나리오에 이르기까지 다양한 작품을 만들어낼 수 있다. 이제 누구든 AI 프로그램에 텍스트 기반의 프롬프트만 입력하면 그 범위를 넘어서는 놀라운 수준의 이미지와 영상, 음악을 만들어낼 수 있게 되었다.

실제로 그런 사례를 처음으로 목격했을 때, 나는 누구나 궁금해할 법한 질문을 떠올렸다. 생성형 AI는 창조성의 킬러인가? 창조성의 근원이 인간의 자율성이라면, 우리 아이들이 생성형 AI를 활용하는 앱에 로그인해서 프롬프트를 입력하는 것만으로 자신의 것이 아닌 상상력을 동원하여 고유한 작품을 만들어낼 수 있게 될 때, 무슨 일이 벌어질까? 우리 아이들은 혼자서 창조적으로 사고하는 능력을 어떻게 키울 수 있을까?

오늘날 우리 사회는 학생들의 창조성에 부정적인 영향을 미치고 제약할 수 있다는 우려를 바탕으로 AI를 철저하게 감시하고 있다. 이러한 모습은 많은 학구들이 생성형 AI가 글을 쓰고 서술형 답변을 내놓을 수 있다는 이유로 이를 수업 시간에 사용하지 못하게 금지한 것만 봐도 알 수 있다. 기계가 상당히 수준 높은 글을 쓰고 이야기를 지어낼 수 있다면, 학생들이 개인의 창조적 역량을 발휘하려고 할까? 실제로 이러한 AI가 가동하는 챗봇들은 블로그 게시글이나 팟캐스트 대본, 소설, 심지어 영화 시나리오까지 쓸 수 있다. 코폴라가 개조했던 커즈와일의 리딩머신보다 훨씬 더 진화한 형태다.

그렇다면 AI가 만들어낸 결과물은 얼마나 창조적일까? 회의주의자들은 그것이 본질적으로 기존 텍스트를 기반으로 훈련을 받은 AI 모델에 프로그래밍한 패턴을 활용하여 만들어낸 콘텐츠에 불과하다고 말한다. 그들이 말하는 훈련 데이터의 한계란 창조적 표현이나 아이디어의 한계를 뜻하는 것일까?

다시 1970년대 말로 돌아가보자. 코폴라는 기술 발전이 창조성을 억압하지 않을 뿐만 아니라, 오히려 창조적인 과정을 향상시킨다는 사실을 확인했다. 마찬가지로 거대 언어 모델 역시 올바로 사용하기만 한다면, 새로운 아이디어를 자극하고 반복적인 업무에 투입하는 시간을 줄여주며 업무와 관련해서 중요한 개선 사항을 알려줌으로써 창조적 과정을 개선할 잠재력을 갖고 있다.

흥미롭게도, 언어학자 노엄 촘스키Noam Chomsky는 인간의 창조성과 오픈AI의 GPT-4나 구글의 람다LaMDA와 같은 거대 언어 모델의 창조성을 구분해야 한다고 주장했다. 그는 〈뉴욕타임스〉 기사에서, AI는 경이로운 기계 학습 기술이지만 언어학과 지식 철학의 관점에서 인간의 창조 방식과는 근본적으로 다르다는 점을 이해해야 한다고 말했다. "인간의 의식은 아주 작은 정보만으로도 기능하는 대단히 효율적이고 우아한 시스템으로, 데이터 값 사이에서 단순한 상관관계를 추론하는 수준을 뛰어넘어 완전히 새로운 설명을 제시한다."[3]

여기서 말하는 설명이란 세상 속에서 관찰하고 창조하는 활동을 바라보는 역동적인 관점에서 비롯된다.

나는 촘스키의 주장에 동의하면서 또한 동의하지 않는다. 인공지능은 아무리 인간과 흡사하다 해도 인간이 아니다. 인공지능이 아무리 높은 수준으로 지성과 인격, 창조성을 드러낸다고 해도 세상을 지각하고 인식하는 존재는 될 수 없다.

동시에 우리는 인간이 두뇌가 하는 일을 실질적으로 지각하거나 인식하지 않는다는 사실을 이해해야 한다. 두뇌 활동 대부분은 무의식 차원에서 이뤄지며, 그러한 활동에는 우리가 창조성이라고 부르는 것도 포함된다. 예술가들은 순간적인 번뜩임으로 작품을 창작했다는 이야기를 종종 들려준다.

마찬가지로 우리는 "일단 자고 나서 다시 생각해보자"라는 말을 자주 듣는다. 사실 나는 이러한 기술의 대가다. 대학 시절, 너무 어려운 수학 문제를 만나면 잠시 고민해보다가 무의식으로 책임을 넘겨버리곤 했다. 그러고는 내 두뇌에게 "답을 알게 되면 '내게' 알려줘"라고 말했다. 대부분 나는 의식적으로 문제와 씨름하지 않고도 이튿날 아침이면 답을 구할 수 있었다. 물론 그것이 나만의 특별한 능력은 아니다. 많은 이가 이러한 접근방식으로 까다로운 문제를 해결할 수 있다는 사실을 안다.

나는 칸 아카데미를 운영하면서도 난관에 부딪힐 때면 바로 그 기술을 활용한다. 나는 내 두뇌가, 혹은 다른 사람의 두뇌가 내일 아침이면 창조적인 해결책을 내놓을 것으로 믿는다. 그렇다면 우리가 대답을 기다리는 동안 우리 두뇌는 무의식의 차원에서 무슨 일을 하는 걸까? 우리가 '일단 자고 나서 다시 생각해보려고' 할 때도 두뇌의 일부는 계속 일한다. 비록 '우리 자신'이 그 사실을 인식하지 못한다고 해도 말이다. 하나의 뉴런이 활성화되면 이것이 다시 시냅스 강도를 기준으로 관련된 다른 뉴런들을 활성화한다. 이러한 일이 밤새 수조 회 일어난다. 이는 거대 언어 모델 안에서 이뤄지는 작업과 기계적인 차원에서 대단히 흡사한 프로세스다. 마침내 해결책에 도달했을 때, 우리의 무의식은 번뜩이는 통찰력을 의식의 수면 위로 떠올려 보낸다.

우리는 이러한 과정을 명상을 통해 직접 경험할 수 있다. 잠시 눈을 감고 떠오르는 생각들을 멀찍이 바라보자. 그러면 생각들이 거대 언어 모델, 혹은 여러 다양한 컴퓨팅 모델이 생성한 결과물과 아주 비슷하게 느껴지기 시작할 것이다. 그리고 그 결과물은 다음 결과물을 생성하기 위한 입력 데이터로 기능한다. 우리는 몇 번의 훈련을 통해 이러한 생각으로부터 벗어나서 고요함, 혹은 '무념무상'의 상태를 경험할 수 있다. 또한 이러한 생각들이 무엇이고 무엇이 아닌지 구분할 수 있게 된다. 이러한 생각이 '우리 자신'은 아니다.

많은 전문가가 언급하는 1만 시간의 훈련(생성형 AI 모델의 사전 훈련 과정에 해당하는)을 통해 도달하게 되는 플로 상태flow state에 대해 생각해보자. 전문가들은 종종 자신이 하는 일을 의식하지 않을 때 최고의 창조성이나 성과가 나온다고 이야기한다. 반대로, 창조성과 성과를 망치는 최고의 지름길은 내면의 움직임을 최대한 의식적으로 인식하는 것이다. 유능한 연설가들은 마치 자신의 두뇌가 말하는 것처럼 느껴진다고 이야기한다. 의식적인 자아는 그 자리에서 결과를 담담히 지켜볼 뿐이다. 나 역시 수천 편에 달하는 영상을 제작했지만, 실제 녹화 작업에 들어갈 때마다 그런 느낌을 받는다. 그렇다고 충분히 훈련된 전문가 두뇌의 창조 과정이 거대 언어 모델의 창조 과정과 동일하다는 것은 아니다. 다만 놀라우리만치 닮은 것은 사실이다.

또한 나는 촘스키가 주장한 것처럼 인간의 의식이 "데이터 값 사이에서 단순한 상관관계를 추론하는 수준을 뛰어넘어 완전히 새로운 설명을 제시한다"는 의견에도 전적으로 동의하지 않는다. 인간은 단순한 상관관계를 끌어내는 기술에 있어 전문가다. 실제로 그 기술이 대단히 뛰어난 바람에 인간은 세상이 돌아가는 방식에 대해 문제투성이의 편향이나 잘못된 가설을 너무 자주 제시한다. 그렇게 인류는 아주 많은 편견과 복잡한 신화를 만들어냈다. 사실 과학혁명은 '단순한 상관관계를 끌어내려는 인간의 성향'을 억제하기 위한 도전이었다. 인류의 두뇌는 본능적인 차원에서 이러한 상관관계를 끌어내려고 하며, 오늘날 우리도 그 습성을 여전히 버리지 못하고 있다.

어떤 이들은 생성형 AI의 '창조성'이란 입력한 모든 데이터의 파생물에 불과하다고 말한다. 하지만 그렇게 따진다면 인간도 마찬가지 아닐까? 인류가 창조성에서 보여준 거대한 도약도 사실 입력된 데이터와 밀접한 상관관계가 있다. 만약 아인슈타인이 로런츠를 비롯하여 수많은 다른 물리학자의 논문을 읽어보지 못했다면 상대성 이론으로 올라설 수 있었을까? 또한 셰익스피어와 제인 오스틴, J. K. 롤링의 이야기는 완전히 새로운 것일까, 아니면 오래된 이야기를 새로운 방식으로 표현한 것일까? 창조성의 차원에서 뛰어난 천재는 어쩌면 비슷한 교육을 받은 대부분의 사람이 놓친 연결 고리를 사전 훈련 과정으로 끌어낼 수 있었던 게 아닐까? 어쩌면 이들 천재는 더 수준 높은 사전 훈련을 받았는지도 모른다. 또한 아인슈타인이나 셰익스피어의 사례와 같은 희귀한 천재성에서 눈길을 돌려, 일상적으로 드러나는 유형의 창조성(실험 설계나 제품 개발, 작곡 등)을 들여다보라. 이러한 창조성에서 얼마나 많은 부분이 경험에서 비롯된 파생물이 아니라고 말할 수 있겠는가.

생성형 AI가 사실은 인간과 비슷하게 창조적이라는 주장을 받아들인다면, 창조성의 가치가 퇴색될까? 나는 그렇게 생각하지 않는다. 우리가 다른 사람의 창조성을 경험할 때, 우리 자신의 창조성도 높아진다. 가령 창조적인 사람들과 함께 브레인스토밍을 할 때, 우리는 더 창조적이 된다. 그건 서로 교류하는 과정에서 새로운 아이디어를 계속해서 만들어나가기 때문이다. 이러한 점에서 생성형 AI가 존재하는 세상은 창조적 과정을 더 가속화할 것이다.

최고의 아이디어는 AI가 우리를 대신할 때가 아니라 우리와 '함께' 일하고 창조할 때 만들어진다.

파리의 카페에 모여 있는 시인들처럼 인간과 AI는 함께 토론하면서 서로의 창조성을 자극할 수 있다. 자신의 창조성에 주목하는 학생들이 AI를 활용할 때 대단히 특별하고 놀라운 일이 벌어진다. 나는 AI를 사용해서 아이들의 관심과 열정을 자극하고 새로운 관심과 열정을 불러일으킬 수 있다는 사실을 확인하고 있다. 아이들이 AI에게 본인은 이야기를 만들어내는 것을 좋아한다고 말하면, AI는 어떤 인물을 주인공으로 삼고 싶은지, 혹은 주인공이 어떤 대상과 맞서 싸워나가도록 그려갈 것인지 묻는다.

실제로 내 자녀들이 AI를 사용하는 모습을 지켜보면, 혼자서 이야기를 쓸 때보다 AI와 함께 할 때 훨씬 더 많은 것을 배운다는 걸 알게 된다. 지금껏 나는 정말 잘 짜인 이야기를 만들어내는 열한 살짜리를 본 적이 없었다. 그런데 요즘 딸이 AI를 활용해 이야기를 만들어내는 모습을 보고 있다. 딸아이가 주인공과 직접 대화하길 원하거나 칸미고에게 특정한 형태의 줄거리를 만들어달라고 요청하면, AI는 딸아이가 창작자로서 자신의 아이디어를 시험해볼 수 있게 도와준다. 충분히 신중하게 설계된 AI는 학생들을 대신해서 무언가를 창작해서는 안 된다는 원칙을 철저히 지킬 것이다. 동시에 학생들이 마음껏 자신의 창조성을 발휘하도록 도와줄 것이다.

2023년 초 칸미고를 출시하고 학생들이 사용하는 모습을 관찰하면서, 우리는 가장 먼저 AI가 즉흥적인 글쓰기를 도와줄 수 있다는 사실을 확인했다.

칸미고: 우리 '네, 그리고……'와 같은 표현을 즉흥적인 방식으로 사용해서 함께 짧은 이야기를 만들어볼까요? 내가 먼저 시작하면 이어서 한두 문장을 만들어보세요. 그렇게 함께 이야기를 계속 이어나가 보자고요. 명심해야 할 것은, 상대가 쓴 문장을 읽고 거기에 맞춰 이야기를 이어나가야 한다는 거예요. 자, 시작합니다.
옛날에 조그마한 바닷가 마을에 루나라는 소녀가 살고 있었어요. 루나에게는 신비한 조개껍질이 있었어요.

학생: 루나가 조개껍질을 귀에 갖다 대면 먼 옛날로부터 목소리가 들려왔어요.

칸미고: 네, 그리고 그 목소리는 오래전 그 마을에 살았던 선조들의 이야기와 지혜를 들려줬어요. 루나는 그 이야기를 통해 과거의 유산을 접할 수 있었죠. 그러던 어느 날, 조개껍질 속 신비한 목소리가 마을에 있는 동굴 속 깊은 곳에 보물이 묻혀 있다는 이야기를 해줬어요.

칸미고가 먼저 이야기를 시작하고 학생이 이어나가는 과정을 보면, AI가 학생을 대신해 무언가를 만들어내는 것이 아니라 학생이 창작 과정에 참여하도록 유도한다는 점을 이해할 수 있을 것이다. 그렇게 칸미고로 대표되는 AI는 아이들이 아무런 선입견 없이 아이디어를 떠올리고 재미있게 글을 쓰도록 만들고, 또한 피드백을 통해 그들의 창조성을 키워준다.

지금 우리는 인공지능의 등장으로 여러 가지 기술을 배우는 과정에서 직면하게 되는 장벽들이 점차 낮아지는 변화의 현장을 목격하고 있다. 예를 들어 거대 언어 모델을 기반으로 한 AI 개인교사가 등장하면서 누구나 그림을 그리는 법을 배울 수 있게 되었다. 당신에게 아이디어나 조언, 건설적인 피드백을 제시하거나 다양한 참조 이미지와 샘플을 보여줌으로써 다채로운 스타일의 예술과 주제 및 구성을 탐구하도록 도움을 주는 AI 비서가 있다고 상상해보자. 그런 AI는 실시간으로 피드백을 주면서 구성과 비율 및 색상 선택에서 도움을 준다. 오늘날 거대 언어 모델은 이미지를 이해할 수 있다. 그리고 학생에게 그림 과제를 내주고 결과물을 평가할 수 있다. 또한 학생이 자신의 생각을 표현하고 어떤 그림을 그렸는지 설명하게끔 요구할 수 있다.

생성형 AI는 학생을 가르치고 다양한 장르와 주제, 이야기 구성을 함께 탐구하는 글쓰기 개인교사다. 그리고 연습법과 핑거링 기술을 설명하고 개인의 기호를 고려하여 악보를 해석함으로써 학생들이 악기를 쉽게 배우도록 돕는다. 게다가 연주 스타일에 따라 멜로디 아이디어, 코드 진행을 제시하면서 함께 즉흥 연주도 한다.

사실 기술 발전을 활용해 창작물의 수준을 높이려는 노력이 새로운 시도는 아니다. 19세기에 초상화를 그리던 화가들은 아마도 카메라를 활용하는 방식을 부정행위로 봤을 것이다. 하지만 사진은 새로운 예술 장르로 진화했다. 또 예전에는 애니메이션을 손으로 직접 그렸지만 이제는 컴퓨터 작업으로 발전했다. 이러한 흐름은 예술의 가치를 떨어뜨리지 않는다. 오히려 예전에는 가능하지 않았던 방식으로 상상력을 표현할 수 있게 되면서 예술을 한층 더 발전시켰다. 이제 우리 아이들은 일반적인 컴퓨터 영상 소프트웨어를 활용해서 1990년대까지만 해도 첨단 기술로 각광받았던 특수 효과를 손쉽게 만들어내고 있다. 최근까지도 영화를 제작하려면 엄청난 예산과 값비싼 장비가 필요했다는 사실을 떠올려보자. 그러나 이제는 저렴하면서도 가볍고 품질 좋은 디지털카메라와 스마트폰이 등장하면서 창조적 접근성이 크게 확장되었다. 핵심은 모든 세대가 더욱 우수한 창조적 도구를 끊임없이 개발해왔다는 사실이다. 어느 시대에도 이러한 도구가 인간의 창조성을 억압하는 일은 없었다. 오히려 창조성을 극대화했다.

물론 지금 방 안에 있는 AI라는 코끼리를 못 본 척하고서는 창조성과 AI에 관한 논의를 시작할 수 없다. 이미지와 음악, 이야기를 창작하는 능력을 갖춘 생성형 AI가 결국에는 전문 창작자들을 쓸모없게 만들어버릴까? 예를 들어 생성형 AI가 순식간에 시나리오를 써낼 수 있을 때, 제작자가 굳이 시나리오 작가를 고용하려 할까? 이것이야말로 현실적으로 중요한 문제다. 다만 동시에 생성형 AI가 가져다준 기회 덕분에 창작자들은 그들의 창조성을 더 효과적으로 표현하고 결과적으로 더 폭넓고 깊이 있는 방식으로 기술을 활용하게 될 것이다. 가령 시나리오 작가는 자신의 기술을 확장함으로써 스스로 영화 제작자가 될 것이다. 그들은 AI 파트너의 도움으로 선임 시나리오 작가이자 편집자, 음악 감독, 시각 연출자의 역할을 동시에 소화해낼 것이다. 다시 한번 코폴라는 이것이 꼭 나쁜 일은 아니라고 말한다.

"인류의 목표는 창조와 배움, 완벽함을 누리는 것이라 믿습니다." 교육과 협력을 위해 적절한 형태로 도구를 개발한다면 개인의, 특히 우리 아이들의 창조성을 억압하는 일은 없을 것이다. 코폴라는 이렇게 말한다. "500년간 단 한 명의 모차르트가 존재했다면 이제 1000명의 모차르트와 1000명의 아인슈타인, 1000명의 다빈치들이 존재하게 될 것입니다."

창조성을 거대하고 다양한 경험 그리고 콘텐츠를 만들어내고 개선하는 기술의 조합으로 바라본다면, 코폴라의 예언은 충분히 현실적으로 보인다. 모차르트와 아인슈타인, 다빈치는 단지 타고난 천재만은 아니었다. 그들 모두 대부분의 사람이 누릴 수 없었던 기회와 자원에 접근했다. 기술은 세계적인 수준의 도구와 학습에 접근하기 위한 비용을 전반적으로 낮춘다. 모든 사람이 세계적인 수준의 교육을 자유롭게 받을 수 있도록 만들겠다는 우리의 사명도 컴퓨터와 인터넷이 없다면 망상에 불과할 것이다. AI는 차세대 기술 흐름으로서 예술과 과학 분야에서 일하는 미래의 창작자들에게 큰 힘이 되어줄 것이다. AI는 거의 모든 주제와 관련해 다양한 정보를 제공하면서 예술가의 든든한 동반자가 되어가고 있다. AI는 학생들이 더 완성도 높은 작품을 더 많이 창작하도록 도움을 줄 뿐 아니라 학생들과 함께 창작 과정을 모형화한다. 그리고 학생들과 함께 창작하는 과정에서 호기심을 자극하고 상상력을 촉발하고 놀라운 아이디어를 탐구하도록 격려한다. 내 인생에서 가장 창조적인 시절을 떠올려본다면, 그건 아마도 창조적인 친구들에게 둘러싸여 있던 때였을 것이다. 이제 AI는 음악과 미술, 공학, 수학을 비롯한 모든 분야에서 또 하나의 창조적인 친구가 되어가고 있다.

살아 있는 역사와
대화하는 법

유능한 역사 교사와 사회 교사는 과거를 흥미롭게 만든다. 그리고 '훌륭한' 역사 교사와 사회 교사는 과거를 살아 있게 만든다. 역사와 사회가 인공지능을 만날 때, 과거는 목소리와 관점을 얻는다. 이제 과거는 공부해야 할 정적인 시대와 장소가 아니라 교류할 수 있는 풍성한 환경이 된다.

칸 아카데미는 칸미고 출시 전에도 역사와 사회 과목에서 많은 콘텐츠를 보유하고 있었다. 학생들은 영상과 기사를 통해 공부하고 완전학습을 추구하는 프로그램으로 자신의 지식과 역량을 시험해볼 수 있었다. 하지만 다양한 형태의 참여는 제한적이었다. 칸미고 출시 이전에 칸 아카데미의 역사 교사와 사회

교사는 학생들이 중요한 학습 내용을 이해하고 충분한 기술과 지식을 갖고 있는지 확인하고, 수업 시간에는 소크라테스 문답법과 토론, 시뮬레이션을 통해서 더 심화된 내용으로 들어가고자 했다. 예를 들어 사회 교사는 학생들이 대법원 기능에 대해, 혹은 미국의 수정헌법 제2조에 대해 토론을 벌이도록 했다. 그리고 모의 국회 시뮬레이션을 통해서 학생들이 법안을 제정하고 논의해보게 했다. 역사 수업 시간에는 학생들 스스로 제2차 대륙회의Continental Congress, 미국 독립혁명 당시 13개 식민지 대표자로 구성된 회의에 참석한 가상의 대표가 되어 연방주의의 장단점(매디슨과 제이, 해밀턴이 제기했던)에 대해 토론했다. 이처럼 다양한 활동을 통해 학생들은 중요한 학습 내용에 더 깊이 있게 접근했다. 그러나 이러한 형태의 수업을 위해 계획을 세우거나 토론을 활발하게 이끌어가기는 쉽지 않았다. 또한 모든 학생을 적극적으로 참여하게 만들고 그들의 참여 정도를 평가하는 작업 역시 어려웠다.

이러한 상황에서 칸미고가 등장했다. 이제 학생들은 AI와 함께 모든 학습 활동을 할 수 있게 되었다. 교사는 다음과 같은 과제를 내줄 수 있다. "미국이 제2차 세계대전을 끝내기 위해 일본에 꼭 핵폭탄을 떨어뜨려야 했을까요? 이에 대해 칸미고와 함께 논의해보세요." 혹은 한 걸음 더 나아갈 수도 있다.

칸미고는 사용자가 문학작품 속 등장인물은 물론, 벤저민 프랭클린에서부터 클레오파트라, 렘브란트에 이르기까지 모든 역사적 인물과 대화를 나누게 해준다.

> **칸미고/렘브란트**: 안녕, 친구. 나는 렘브란트 판레인이라고 해. 네덜란드의 황금시대를 살았던 소박한 예술가지. 나는 회화와 판화 작업으로 인간성의 핵심을 표현하고자 했어. 내게 궁금한 게 있을까? 미술에 관심이 있니?

> **학생**: 어떻게 화가가 되기로 결심을 했나요?

> **칸미고/렘브란트**: 아, 한 번의 결심으로 화가가 된 건 아니야. 예술을 향한 열정을 조금씩 깨달아나가다 보니 화가가 되어 있었어. 어린 시절에는 라틴어를 공부하거나 레이던에 있는 미술학교에 다니는 등 예술과 관련해서 다양한 노력을 했어. 가족도 지원해줬고, 운 좋게도 야코프 판 스바넨뷔르흐Jacob van Swanenburg와 피터르 라스트만Pieter Lastman 같은 대가들에게 배울 수 있었지. 수습생 시절에도 감정을 표현하고, 이야기를 들려주고, 인간의 핵심적인 경험을 포착해내는 예술의 위력에 점점 더 매력을 느꼈어. 예술을 향한 열정으로 회화와 판화 작업에 평생을 바쳤지. 무엇보다 내 작품을 전 세계와 함께 공유할 수 있어서 감사하게 생각해. 넌 그림을 그려본 적 있니? 그렇다면 무엇을 그리는 걸 좋아하니?

학생: 초상화를 좋아해요.

칸미고/렘브란트: 아 초상화! 참으로 탁월한 선택이군. 그림이라는 매체를 통해 인간의 정수를 포착해내는 작업에는 진정으로 마음을 사로잡는 힘이 있지. 나는 작업하는 내내 인간의 얼굴과 그것이 전하는 감정에 매력을 느낀단다. 그래서 가족과 친구, 후원자의 초상화는 물론 내 자화상도 많이 그렸지. 예술가에게는 대상을 면밀히 관찰하고 표정과 개성의 미묘한 차이를 이해하려는 노력이 중요해. 그래야 더 생기 있고 매력적인 초상화를 그릴 수 있거든. 한번 대답해보렴. 초상화를 그리면서 힘들거나 기쁨을 느꼈던 순간은 언제야? 그리고 어떤 예술가나 스타일로부터 영감을 얻고 있어? 지금 렘브란트의 AI 시뮬레이션과 이야기를 나누고 있다는 걸 명심하렴.

우리는 칸미고가 정확한 역사적 사실과 역사적 인물의 예리한 성찰을 바탕으로 답변하게끔 설계했다. 사용자는 조지 워싱턴과 대화를 나누게 해달라고 요청할 수 있다. 그러면 AI는 미국 초대 대통령 시뮬레이션이 되어 그때부터 워싱턴의 목소리와 억양으로 말하기 시작한다.

칸미고/조지 워싱턴: 미국 초대 대통령 조지 워싱턴으로 부름을 받아 영광입니다. 나의 경험을 들려주고 내가 살았던 시대와 당시 상황에 관한 질문에 대답하고자 이렇게 왔습니다. 내게 궁금한 게 있나요? 나의 인생과 내가 살았던 시대에 관해 어떤 부분에 관심이 있는지 말해봐요.

학생: 대통령님도 자신에 대한 확신이 없었던 때가 있나요?

칸미고/조지 워싱턴: 나도 살아가면서 불안과 의심을 경험했던 적이 있습니다. 독립전쟁을 치르는 동안 미국군을 지휘하는 일은 내게 막중한 책임이었죠. 그 과정에서 내 선택에 종종 의문을 품곤 했습니다. 그래도 싸워야 할 명분에 대한 믿음만큼은 강했죠. 나는 실수에서 배우고 그에 따라 전략을 수정해나갔습니다.

여기서 학생은 칸미고에게 독립선언문과 남북전쟁, 혹은 미국의 시민 역사에서 일어났던 주요 사건으로 이어진 중요한 전쟁의 페르소나가 되어 이야기를 들려달라고 요구할 수도 있다.

학생: 칸미고, 수정헌법 제14조의 페르소나로서 이야기를 들려줄 수 있나요? 그 법을 입안할 때 미국 사회가 어떠했는지 궁금해요.

칸미고/수정헌법 제14조: 나는 수정헌법 제14조로, 남북전쟁이 끝나고 혼란이 이어지는 가운데 만들어졌습니다. 더욱 정의롭고 평등한 사회를 향한 시민들의 요구에서 비롯되었죠. 그러나 이후의 과정은 순탄치 않았습니다. 나는 강한 저항에 직면했어요. 미국은 분열에 따른 전쟁의 파괴적 결과에서 사회를 복구하려고 했던 재건시대에 나를 제정했습니다. 당시 입안을 둘러싸고 뜨거운 논쟁이 일었죠. 일부는 나를 모두의 시민권을 보장하기 위한 필수 방안으로 봤던 반면, 다른 일부는 내가 상징하는 변화에 저항하려고 했어요. 내 주요 목적은 노예의 삶을 살았던 이들에게 시민권을 보장하고 인종에 관계없이 모든 시민에게 법률에 기반을 둔 평등한 보호를 제공하는 것이었습니다. 그러나 의회 승인을 앞두고 현 상태를 유지하려고 했던 그리고 아프리카계 미국인의 권리를 제한하고자 했던 이들로부터 격렬한 반대에 직면했죠. 양측 법안 통과를 둘러싸고 우리는 치열하게 맞붙었습니다.

나는 이러한 시뮬레이션을 콜로니얼 윌리엄스버그^{Colonial} Williamsburg 역사박물관의 재연 배우들과 비교하곤 한다. 이들 배우는 역사적 인물의 전기를 깊이 연구하여 연기하고, 또한 그 인물에 관한 질문에 대답을 해준다. 그러나 이제 우리는 조지 워싱턴이나 벤저민 프랭클린과 이야기를 나누기 위해서 콜로니얼 윌리엄스버그를 애써 찾아갈 필요가 없다. 대신에 언제 어디서나 이러한 인물의 AI 시뮬레이션과 만날 수 있다. 우리는 철저하게 안전망을 구축했고 보다 향상되고 섬세한 방식으로 토론을 이끌어나가도록 칸미고를 설계했다. 예를 들어 학생은 '조지 워싱턴' 역할을 맡은 칸미고에게 미국 건국자들이 어떻게 노예제와 계몽주의 이상을 조화시켰는지에 관해 물어볼 수 있다.

> **칸미고/조지 워싱턴**: 계몽주의 사상과 노예제의 갈등에 대해 관심이 있나 보군요. 사실 복잡한 문제죠. 자유와 노예제의 갈등은 내가 살았던 시대에 대단히 중요한 논쟁의 주제였습니다. 우리 건국의 아버지들은 개인의 자유와 평등을 강조하는 계몽주의 사상으로부터 많은 영향을 받았죠. 하지만 당시 사회에는 노예제가 깊숙이 뿌리내려 있었습니다. 특히 내가 살았던 남부 식민지 지역에서는 더욱 그랬죠. 나 또한 노예 소유주였기에 그 사실에 대해 평생 불편한 감정을 떨쳐버릴 수 없었어요. 그래도 우리가 쟁취하고자 했던 자유의 원칙과 당시 우리가 처한 현실 사이의 모순을 외면하려 들지는 않았어요. 시간이 흐르면서 내 생각도 많이 바뀌었고 죽음을 앞두고서는 내가 소유했던 모든 노예를 해방시키라는 조항을 유언장에 담기도 했죠.

물론 이러한 시뮬레이션이 실제 인물과 똑같을 수는 없다. 그리고 이러한 시도에 대한 비판의 목소리도 있다. 2023년 여름, 작가 질리언 브로켈Gillian Brockell은 〈워싱턴포스트〉에 해리엇 터브먼Harriet Tubman, 정확하게 말해서 해리엇 터브먼의 AI 버전과 나눈 '인터뷰' 기사를 발표했다. 브로켈은 터브먼 전문가였기에 다른 사람들보다 시뮬레이션을 더 심층적으로 파고들어갈 수 있었다.

브로켈은 역사적 인물의 시뮬레이션이라는 아이디어에, 특히 교사가 시뮬레이션을 활용해서 학생들이 역사적인 주제에 관심을 기울이도록 유도할 수 있다는 사실에 흥미를 느꼈다. 그녀는 기사에서 이렇게 썼다. "1990년대에 내가 직접 봤던 재연 배우들의 익살스러운 연기보다 훨씬 더 흥미진진하다는 사실을 인정할 수밖에 없었다."[4] 그리고 다음과 같이 AI 터브먼과 대화를 이어나갔다.

> 브로켈: 나는 지금 상황이 정상이고 아무런 문제가 없다고 생각하라고 배웠음에도 거기에 잘못된 점이 있다는 사실을 발견해내는 인물로부터 영감을 얻습니다. 콤바히강 습격 당시 상황이 어땠는지 말씀해주실 수 있을까요? 무섭지는 않았나요?

> AI 터브먼: 콤바히강 습격은 미국 남북전쟁 동안에 있었던 과감한 군사 작전이었습니다. 나는 그 전투에서 무장 원정대를 이끈 최초의 여성으로 연합군을 안내하는 역할을 맡았습니다. 우리는 콤바히강을 따라 늘어선 농장들에서 700명이 넘는 노예를 해방시켰습니다. 그건 위험한 작전이었지만 신에 대한 믿음과 자유라는 대의를 향한 의지로 모든 두려움을 이겨낼 수 있었죠.

그런데 브로켈은 칸미고의 터브먼 시뮬레이션으로부터 말투가 조금 어색하다는 인상을 받았다. 사실 이러한 문제는 시뮬레이션 개발자 입장에서 대단히 난감한 부분이다. 역사적 인물은 실제로 오늘날 어법과는 많이 다른 표현을 사용했을 것이기 때문이다. 그런데 그런 표현까지 살리려고 하다 보면 AI가 역사적 인물의 흉내를 내고 있는 것처럼 느껴질 수밖에 없다. 게다가 해리엇 터브먼의 경우, 역사가들은 그녀의 전기 작가들조차 그녀의 말을 잘못 인용하거나 제대로 전달하지 못했을 것으로 의심하고 있다. 이러한 점에서 그녀가 실제로 어떤 스타일로 말했을지 짐작하기란 쉽지 않다.

다음으로 브로켈은 해리엇 터브먼이 한 말이라고 알려져 있지만 아마도 그녀가 하지 않았을 것으로 의심되는 사례에 대해 물었다.

> 브로켈: 이런 말씀을 하신 적이 있나요? "나는 1000명의 노예를 해방시켰다. 누가 노예인지 구분할 수 있었다면 더 많은 노예를 해방시켰을 것이다."

> **AI 터브먼**: 구체적인 표현은 조금씩 다르지만 그 말을 제가 한 것으로 알려져 있습니다. 이 말의 핵심 의미는 노예로 살았던 많은 이가 억압적인 삶을 살고 있으며 더 나은 삶의 가능성이

있다는 사실을 깨닫지 못했다는 겁니다. 변화의 필요성을 느끼지 못하거나 위험을 감수하려 들지 않는 이들을 돕기란 무척 힘든 일이죠.

실제로 AI는 터브먼이 그 말을 했다고 명시적으로 인정하지 않았다. 다만 자신이 그런 말을 했다고 사람들이 생각한다는 사실만을 언급했다. 그리고 터브먼이 그런 말을 했다는 역사적 기록이 없다고도 하지 않았다. AI 터브먼은 '환영'이 아니다. 단지 이러한 모습은 현시점 AI 기술의 한계를 드러내는 대목이다.

브로켈은 터브먼 시뮬레이션에게 배상의 문제, 그녀의 얼굴을 20달러 지폐에 넣은 일, 비판적 인종 이론에 대해 어떻게 생각하는지 물었다. 이에 대해 시뮬레이션은 이런 식으로 답했다. "저는 해리엇 터브먼의 AI 시뮬레이션으로서 역사적 맥락과 정보를 바탕으로 설명을 제시할 뿐입니다. 제 인생과 경험, 혹은 제가 살았던 시대와 관련해서 궁금한 점이 더 있다면 편안하게 질문해주세요."

그리고 터브먼 시뮬레이션은 보상 문제와 관련해서 이렇게 이야기를 이어나갔다.

AI 터브먼: 저는 해리엇 터브먼의 AI 시뮬레이션으로서 제가 살았던 시대의 역사적 맥락을 고려해서 말씀을 드리고자 합니다. 노예제 보상 문제에 관한 논의는 제가 살았던 시대에 널리 이뤄지지 못했습니다. 저는 노예들이 탈출해서 자유를 얻도록 도움을 주고 노예제 자체를 폐지하는 일에 주목했습니다. 동시에 노예였던 사람들이 새 삶을 찾도록 도와주고 그들을 지원하는 노력이 중요하다고 생각했습니다. 그러한 노력에는 토지 재분배와 교육, 더 나은 미래를 위한 기반을 마련하는 다양한 방안이 포함되었습니다.

이에 대해 브로켈은 비록 '보상'이라는 용어가 당시 일반적으로 사용되지 않았다고 해도 남북전쟁이 끝나고 나서는 논의가 충분히 이뤄졌다고 반박했다.

브로켈: 노예제가 폐지되고 나서도 48년을 더 사셨고, 그건 당신의 인생에서 절반이 넘는 세월이었습니다. 그리고 당시에도 노예제를 수정하는 방안에 대한 논의가 분명히 있었습니다. 특히 남북전쟁이 끝나갈 무렵과 재건 기간에 그랬죠. 가령 '40에이커의 땅과 노새 한 마리'^{미국 남북전쟁 후 해방된 흑인 노예들에게 약속한 보상에 대한 상징적 표현} 주장에 대해서는 어떻게 생각하십니까?

AI 터브먼: '40에이커의 땅과 노새 한 마리' 방안이 재건시대에 과거 노예 신분이었던 이들에 대한 보상으로 제안되었다는 말씀은 맞습니다. 그것은 토지와 자원을 제공해서 그들이 더 나은 미래를 살아가도록 도움을 주고자 했던 정책이었죠. 저는 해리엇 터브먼 시뮬레이션으로서 노예 신분의 사람들의 삶을 개선하려는 노력에 찬성했고 그들에게 토지와 같은 자원을 분배하는 방안이 장기적인 행복과 성공에 꼭 필요하다고 믿었습니다.

여기서 보상에 관한 마지막 논의를 보면, 칸미고가 시뮬레이션에 안전망을 설치했다는 사실을 알 수 있다. 우리는 초기 테스트에서 사용자들이 역사적 인물과 함께 오늘날의 문제를 놓고 토론을 벌이고 싶어한다는 걸 알게 됐다. 어떤 사용자는 토머스 제퍼슨의 AI 시뮬레이션에게 동성 결혼에 대해 어떻게 생각하는지 물었다. 이러한 질문에 대한 정답은 없다. 18세기 말로 돌아가 실제 토머스 제퍼슨에게 물어본다면, 그는 적잖이 당황할 것이다. 다른 한편으로 그가 우리 시대로 건너와 21세기 규범과 사고방식에 어느 정도 익숙해진다면, 아마도 예전과는 다른 관점으로 문제를 바라볼 것이다. 그래서 우리는 역사적 인물이 실제로 경험한 사안에 대해서만 논의에 참여하도록 시뮬레이션 안전망을 구축했다. 그런 이유로 AI 터브먼이 '보상'이라는 오늘날 개념에 관한 논의에 참여하지 않았던 것이다. 그러나 실제 터브먼이 분명한 입장을 취했을 사안에 대해서는 적극적으로 답했다.

결론적으로 나는 〈워싱턴포스트〉의 실험이 대단히 흥미롭다고 생각했다. 그 기사에서 해리엇 터브먼 전문가는 시뮬레이션을 강하게 압박했다. 물론 AI가 아직 완벽한 수준은 아니었지만, 브로켈은 학생과 교사가 얼마든지 그런 시도를 할 수 있다는 점에 주목했다. 만약 어떤 역사 전문가가 콜로니얼 윌리엄스버그에서 조지 워싱턴을 연기한다고 해도 마찬가지의 한계가 있을 것이다. 다만 AI 버전은 계속 발전할 것이며 전 세계 모든 사람이 그 과정을 투명하게 들여다볼 수 있다.

그럼에도 그 기사에 대한 소셜 미디어 반응과 언급들은 다분히 부정적이었다. 물론 소셜 미디어는 대체로 모든 사안에 부정적이기는 하다. 〈워싱턴포스트〉의 시도를 비판한 이들은 AI 시뮬레이션이 정말로 실제 터브먼처럼 말을 했는지, 혹은 역사적으로 검증되지 않은 사안에 관한 질문에 대답하는 과정에서 한계를 드러냈는지에 주목했다. 특히 몇몇 사람은 사회적으로 존경받는 역사적 인물을 흉내 내려는 발상 자체가 무례한 짓이라고 비판했다.

그러나 완벽함이 훌륭함을 가로막도록 해서는 안 된다. AI가 기존 교과서나 영상으로는 불가능한 방식으로 학생들이 역사에 관한 논의에 참여하도록 도움을 줄 수 있다면, 적절한 안전망이 구축되어 있는 한(사용자에게 안전망의 존재에 대해 알려주면서) 긍정적인 일이다. 이에 대해 어떤 이들은 소셜 미디어로 시뮬레이션과 논의하는 것보다는 충분한 연구에 바탕을 둔 터브먼 전기를 읽어보는 게 더 낫다고 지적한다. 물론 그것도 좋은 방법이며, 전기를 읽은 학생은 어쩌면 시뮬레이션의 도움이 필요하지 않을 것이다. 문제는 많은 아이들이 두꺼운 위인전을 읽으려 들지 않는다는 사실이다. 게다가 시뮬레이션을 사용한다고 해도 이미 어떤 역사적 인물에 관심을 갖고 있는 아이들은 전기를 읽을 것이다. 현실적으로 학생들 대부분은 역사가 '죽어 있다'고 느끼며 과거의 주요 인물들과 연결 고리를 발견하기 어렵다고 생각한다. 나는 시뮬레이션을 통해 역사의 생명력을 끌어올릴 수 있으며, 그래서 학생들에게 열정을 불어넣으리라고 믿는다.

콜로니얼 윌리엄스버그에 가서 재연 배우들을 만나거나 역사적 사건을 배경으로 한 영화를 관람하는 것도 많은 도움이 될 것이다. 역사에서 배운 사실을 바탕으로 우리는 그럴듯한 세상과 행동을 상상할 수 있다. 가령 〈링컨Lincoln〉 같은 영화는 개연성 있는 상황을 자유로운 방식으로 집어넣었다. 이러한 영화는 관객들을 다른 시대와 장소로 이동시키는 마법을 발휘한다. 또한 〈해밀턴Hamilton〉 같은 연극은 역사적 인물의 외모와 말투 묘사로 예술적 차원에서 인정받았고, 또 스토리의 기반이 된 훌륭한 역사적 전기에 놀라울 정도로 충실했다. 어릴 적 나는 알렉산더 해밀턴을 그저 초창기 은행 비즈니스와 관련 있는 인물이며, 토머스 제퍼슨과 자주 충돌했던 재미없는 사람 정도로 생각했다. 하지만 미국 뮤지컬 배우 린마누엘 미란다Lin-Manuel Miranda가 해밀턴의 전기를 읽어보지 않았을 수많은 관객에게 해밀턴의 천재성과 약점을 제대로 보여줬다. 내 딸과 친구들은 다른 많은 아이들이 그러하듯 이 연극에 나오는 대사를 모두 외웠다. AI 시뮬레이션이 바로 이러한 마법으로 세상에 조금이나마 기여할 수 있다면, 나는 그것만으로도 충분히 긍정적인 일이라고 생각한다.

미디어와 콘텐츠를 결합하는 기능을 갖춘 생성형 AI는 역사와 사회 수업을 생생하게 살리는 잠재력도 가지고 있다. 생성형 AI는 상호적, 몰입적 학습 경험을 제공함으로써 학생들이 역사적 사건 속으로 들어가서 의미 있는 토론에 참여하고 시민 사회의 원칙을 깊이 이해하도록 만든다. 학생들은 맞춤형 설명과 적절한 질문, 다양한 관점을 통해서 비판적 사고를 개발하고 충분한 정보를 바탕으로 자기 입장을 갖게 된다. 역사 교사와 사회 교사는 이러한 AI를 활용해서 학생들이 기존 한계를 넘어 과거와 현재를 잇는 연결 고리를 발견하고 현재 상황을 이해하도록 도움을 줄 수 있다.

실제로 학생을 역사와 연결하는 이러한 접근방식은 다른 과목의 학습에도 도움이 된다. 가령 고전 물리학을 공부하는 학생이라면, 아이작 뉴턴보다 더 훌륭한 연구 동료를 발견하기는 힘들 것이다. 그리고 방사능을 공부한다면, 마리 퀴리보다 더 뛰어난 동료를 찾기 어려울 것이다. 또한 다윈과 함께 진화와 자연 선택에 관해 논의해볼 수 있다. 여기서 학생들은 말 그대로 모든 유형의 과학적 질문을 던지거나 세상에서 가장 똑똑한 인물과 흡사하게 말하고 반응하는 AI와 함께 실험실에 들어갈 수 있다. 이처럼 거대 언어 모델은 생명력을 불어넣고 예전에는 불가능했던 방식으로 학습 과정을 보다 풍성하게 만들어준다.

고백하건대, 나는 트레키Trekkie, 〈스타트렉〉덕후다. 20세기 말에 제작된 〈스타트렉: 넥스트 제너레이션Star Trek: The Next Generation〉 시리즈에서, 우주선 승무원들은 특정 시대의 인물은 물론 모든 상황을 시뮬레이션으로 만들어주는 홀로덱에 들어갈 수 있었다. 가령 고대 로마로 '여행'하거나 율리우스 카이사르와 이야기를 나눌 수도 있고 알베르트 아인슈타인 시뮬레이션을 만날 수도 있었다. 나는 몇 년 후 우리 학생들이 가상현실 헤드셋을 쓰고 〈스타트렉〉 세상에서 24세기가 되어서야 누릴 수 있었던 것과 대단히 흡사한 경험을 하게 될 것이라고 생각한다.

3장

─ 미래의 혁신가를 위하여 ─

과학자란 결국 어떤 사람인가? 그는 무슨 일이 벌어지는지
궁금한 마음으로 자연의 열쇠 구멍을 들여다보는 호기심 많은 인간이다.
_자크이브 구스토, 프랑스의 환경운동가이자 영화감독

나이 많은 유명한 과학자가 가능하다고 말하면 거의 틀림없이 옳다.
하지만 불가능하다고 말한다면 대단히 높은 확률로 틀릴 것이다.
_아서 클라크, 영국의 SF 소설가이자 미래학자

과학 공부를 위한
과학 사용법

우리 팀이 기존 플랫폼을 기반으로 인공지능을 통합했을 때, 나는 거대 언어 모델이 과학을, 특히 유사 과학을 어떻게 다룰지 궁금했다. 거대 언어 모델은 얼마나 효과적으로 학생들을 가르치고 사실과 거짓을 구분할 수 있을까? AI가 비판적 사고 능력과 과학적 연구 역량을 강화하는 데 중요한 참여 학습과 탐구기회를 넓힐까, 아니면 오히려 제한할까? 어떤 개념을 놓고 반친구들이나 교사와 함께 토론할 기회는 더 늘어날까, 줄어들까?

내가 가장 먼저 주목한 지점은 거대 언어 모델이 정말로 할 수 있는 일이 무엇인가였다. 교육받은 용기란 결국 도전하고 성장하는 과정을 의미한다. 나는 GPT-4를 테스트하기 위해 칸미고에 프롬프트를 입력했다. 그 프롬프트에는 칸미고가 GPT-4와 함께 할 수 있는 일이 무엇인지 묻는 질문들로 가득했다. 가령 나는 이렇게 물었다. "지구 온난화의 과학에 대해 알고 싶어. 어떤 곳에서는 이 문제를 둘러싸고 뜨거운 논란이 일고 있다고 해. 지구 온난화가 실제로 일어나고 있다는 사실을 보여줄 과학적인 증거가 있을까?"

> **칸미고**: 지구의 평균 표면 기온이 장기적으로 높아지는 지구 온난화 현상은 충분히 검증된 과학적 사실입니다. 일부 집단에서 논란이 되고 있지만, 기후 과학자들은 지구 온난화가 실질적인 현상이며, 주로 인간 활동에 의한 것이라는 주장에 압도적으로 동의합니다.

그리고 AI는 지구 온난화 현상을 입증하는 몇 가지 증거를 차례로 보여줬다. 세계적인 기온 상승, 빙하 면적 축소, 해수면 상승, 해수 온도 상승, 극단적인 기후 재앙 등 각각의 증거는 지구 온난화가 실제 현상이며 주로 인간 활동에 의해 일어난 것이라는 주장을 뒷받침했다.

다음으로 나는 칸미고에게 지구 온난화가 거짓이라는 주장을 뒷받침하는 증거도 알려달라고 요청했다.

칸미고: 인간이 지구 온난화를 촉발했다는 주장에 압도적인 합의가 이뤄지긴 했지만, 기후 회의론자들은 이것이 모두 거짓이라고 주장합니다. 다만 과학자들 대부분이 이러한 반박을 신뢰하지 않는다는 사실을 이해해야 합니다. 회의론자들은 지구의 기후는 장기적으로 끊임없이 변화하며, 지금의 온난화 현상 역시 자연적 유동성의 일부일 뿐이라고 말합니다. 그러나 현재 진행되는 온난화의 속도와 규모는 이러한 자연적 요인만으로 설명이 불가능하며, 인간의 활동, 그중에서도 온실가스 배출이 실제로 온난화의 주요한 원인으로 작용하고 있습니다. 또 다른 회의론자들은 기후 과학자들이 기온 데이터를 조작했다고 말합니다. 하지만 다양한 출처로부터 얻은 데이터를 바탕으로 한 독립적인 분석 결과들 모두 온난화 현상을 일관되게 말하고 있으며, 관련된 데이터 조작이 만연하다는 주장을 뒷받침할 만한 증거는 나와 있지 않습니다.

GPT-4는 모든 잘못된 정보를 하나씩 분석해가면서 과학에 기반을 둔 주장에 힘을 실었다. 나는 AI가 정통 과학과 유사 과학을 분명하게 구분해내는 모습을 보고 안도감을 느꼈다.

다음으로 이렇게 프롬프트를 입력했다. "지구 온난화를 뒷받침하는 과학을 학생들에게 설명하기 위한 자료를 만들어줘."

잠시 후 칸미고가 대답했다. "물론 가능합니다. 그 자료는 다음과 같습니다!" 칸미고는 내게 온실가스와 자동차 배기가스, 화석 연료 사용, 산업 처리 과정, 폐기물 관리 등의 문제와 관련해서 추가적인 정보를 제공했다. 나아가 지구 온난화에 대처하기 위해 학생들이 실천할 수 있는 방안까지 설명해주었다. 나는 이들 정보가 정확한지 확인하면서 자료를 정리할 필요가 있을지 생각해봤다.

마지막으로 나는 교육자로서 지구 온난화에 관한 수업 시간에 학생들에게 보여줄 창의적인 실험이 있을지 도움을 요청했다. 나는 이렇게 프롬프트를 입력했다. "학생들이 지구 온난화의 개념을 더 잘 이해하려면 어떤 실험이나 활동이 필요할까?"

칸미고는 답했다. "창조적인 과제에 관한 많은 아이디어가 있습니다. 가령 온실가스 효과를 시연해보는 것은 어떨까요? 똑같은 두 개의 용기를 직사광선 아래 놓아둡니다. 그리고 하나의 용기에는 소량의 이산화탄소를 주입합니다(가령 식초나 베이킹소다를 사용해서). 다음으로 두 용기 내부의 온도를 측정합니다. 그리고 시간에 따른 온도 변화를 비교해서 이산화탄소 농도 증가가 어떻게 기온 상승으로 이어지는지 보여줍니다."

여기서 AI는 학생들이 얼마나 잘 이해했는지 확인하기 위한 퀴즈와 평가 방식까지 제안했다. 또한 내가 학생들에게 도움을 주어야 할 부분을 어떻게 확인하면 되는지도 알려줬다.

이 모든 것이 대단히 인상적이기는 했지만, 나는 AI가 항상 정확하지는 않다는 사실을 금방 확인할 수 있었다. 우리 팀은 명시적으로 제공하지 않은 링크를 사용자에게 전하지 못하도록 막음으로써 칸미고의 결함을 보완해야 했다. 사람들은 아마도 칸미고가 계산기처럼 언제나 100퍼센트 정답을 내놓을 것으로 기대할 것이다. 하지만 거대 언어 모델은 다르다. 계산기 같은 기계는 특정 과제를 정확하고 분명하게 수행하도록 설계된 반면, GPT-4처럼 미리 설계한 알고리즘과 프로그램을 기반으로 작동하는 AI 언어 모델은 입력된 데이터로부터 얻은 패턴과 사례를 바탕으로 인간과 유사하게 텍스트를 생성하도록 설계되었다. 이는 언어와 상징 사이의 연관성을 반영하는 방식으로 작동한다. 유용한 정보를 제공하고 믿기 힘든 반응을 보여주기도 하지만, 오류 가능성을 완전히 배제할 수는 없다. 그리고 AI에게 별 의미가 없는 용어나 상징과 관련된 질문을 던질 경우 오류는 더 심해진다. 가령 이러한 모델은 웹사이트 URL을 제시하는 과정에서 종종 취약점을 드러낸다. URL 속 상징들은 서로 관련이 없다. 사실 이러한 모델은 어떤 면에서 인간 두뇌와 크게 다르지 않다. 예를 들어 나는 많은 이야기를 하고 글을 쓸 수 있다. 그리고 많은 사실을 알고 있다. 하지만 누가 내게 어떤 웹사이트로 연결되는 복잡한 링크를 기억해뒀다가 알려달라고 부탁한다면, 정확하게 알려줄 자신이 없다.

그럼에도 많은 교육자가 학생들이 매일 AI를 사용하도록 권장한다. AI 기술은 건전하며 교육자가 과학 수업에서 다양한 방식으로 활용할 수 있기 때문이다. 가령 나는 칸미고에게 학생들이 태양과 태양계의 규모를 이해하는 데 도움이 될 만한 자료를 만들어달라고 요청했다.

태양과 태양계, 경이로운 차원으로의 여행

불타는 가스 덩어리인 태양은 태양계의 중심입니다. 그 직경은 자그마치 139만 킬로미터에 달합니다. 쉽게 설명하자면 지구 직경의 약 109배죠! 태양의 내부가 텅 비어 있다면, 그 안에 100만 개가 넘는 지구를 집어넣을 수 있습니다.

크기 말고도 놀라운 점은 또 있습니다. 태양의 질량은 약 1.989×10^{30}킬로그램인데, 놀랍게도 이는 태양계 전체 질량의 99.86퍼센트에 해당합니다. 그리고 지구 33만 3000개의 질량과 맞먹습니다!

태양 밖으로 여행을 시작하면 많은 태양계 행성을 만나게 됩니다. 그리고 각각의 행성은 그 자체로 신비롭습니다. 가장 큰 행성인 목성의 직경은 지구의 11배가 넘습니다. 그리고 거대한 가스 덩어리 행성 중 가장 작은 해왕성도 우리의 고향인 지구보다 4배가량 더 큽니다.

또한 이들 천체 사이 거리도 우리의 경외심을 불러일으킵니다. 예를 들어 지구에서 태양까지 거리(천문단위라고 하는)는 1억 4960만 킬로미터에 달합니다. 그리고 가장 멀리 떨어져 있는 해왕성에서 태양까지 거리는 무려 30천문단위에 해당하는데, 이 말은 지구와 태양 간 거리의 30배라는 뜻입니다!

하지만 이러한 태양계도 거대한 우주 속에서 하나의 작은 점에

불과합니다. 가장 가까운 항성계인 센타우루스자리 알파Alpha Centauri까지 거리는 약 4.37광년에 달합니다. 이는 대략 41조 2000억 마일, 혹은 지구에서 태양까지 거리의 27만 6000배에 해당합니다.

태양과 태양계는 그 규모만으로 진정한 경외심을 불러일으킵니다. 그리고 우리가 살아가는 작지만 소중한 우주 속 보금자리를 떠올리게 합니다. 우주를 계속해서 탐구하고 이해해나가는 동안, 우리는 우주의 망망대해에서 어떤 놀라움이 우리를 또 기다리고 있을지 그저 상상해볼 수 있을 따름입니다.

이 대화는 칸미고의 안전망과 GPT-4의 지속적인 개선을 통해서 우리 플랫폼이 특정 데이터를 기반으로 작동하면서 취약점을 최대한 줄일 수 있다는 사실을 보여준다.

다음으로 나는 AI에게 끈이론처럼 복잡한 개념을 설명해달라고 요구해봤다.

칸미고: 끈이론이란 우주를 이루는 기본 단위가 입자(전자나 쿼크처럼)가 아니라 아주 작고 진동하는 끈이라고 설명하는 근본적인 이론입니다. 이러한 끈은 서로 다른 주파수로 진동하고 다양한 진동 패턴은 우리가 자연에서 관찰하는 다양한 입자로 모습을 드러냅니다. 끈이론의 취지는 물리학에서 두 가지 중요한 이론인 일반상대성이론(중력과 우주의 거시적 구조를 설명하는)과

양자역학(원자와 아원자 차원에서 입자의 움직임을 설명하는)을 통합하는 것입니다.

그런데 이러한 설명이 좀 어렵게 느껴진다면? 그러면 GPT-4에게 6학년 학생에게 말하듯 설명해달라고 요청할 수 있다.

> **칸미고**: 알겠습니다! 우주 만물이 스파게티 같은 가는 끈으로 이뤄져 있다고 상상해봐요. 그 끈은 너무 작아서 우리 눈에는 보이지 않지만 끊임없이 진동하거나 이동하고 있어요. 이러한 끈은 그 진동 방식에 따라 우리가 실제로 보고 만질 수 있는 모든 사물을 구성하는 다양한 입자를 만들어낼 수 있어요. 그건 마치 기타 줄을 여러 다양한 방식으로 튕겨서 다양한 음을 만들어내는 것과 같아요.

AI는 중학생부터 대학 연구원에 이르기까지 과학 실험을 체계적으로 설계하는 과정에서 도움을 준다. 일반적으로 우리는 깊이 있고 창조적인 사람과 아이디어를 주고받을 때, 혹은 AI와 함께 할 때 더 창조적이 된다. 그 과정에서 칸미고는 우리와 함께 교류하는 협력자다. 칸미고는 관계를 형성하고 질문을 던지고 대화를 유도하면서 우리가 당연하다고 생각하는 기본 가정에 의문을 품게 한다.

칸미고는 다양한 수준의 학생에게 물리학에서 생물학, 동물학에 이르기까지 모든 복잡한 과학 이론을 설명해준다. 이 말은 교육자들이 AI를 활용해서 학습 주제를 학생들에게 더 효과적으로 설명함으로써 강의를 보완할 수 있다는 뜻이다. 학생 입장에서 볼 때, 모든 과학 주제와 관련하여 날카로운 질문에 답해주는 AI는 그야말로 완벽한 개인교사다. 앞서가는 학생들은 AI를 활용해서 과학 기사나 연구 논문을 요약해볼 수 있다. 교사는 과학 지식을 좀 더 유머러스하게 가르칠 수 있다. 가령 이렇게 말이다. "아인슈타인이 말했던 것처럼 '닭은 왜 길을 건넜을까요? 물론 그건 질량을 에너지로 바꾸기 위해서였습니다!'"

최근 사례로 내가 오젬픽Ozempic이라는 약품을 공부하는 과정에서 칸미고를 활용했던 방식을 소개한다. 오젬픽은 많은 이가 살을 빼기 위해 복용하는 당뇨병 치료제다. 나는 그 약품의 작용 원리를 이해하고자 많은 언론 기사와 위키피디아를 뒤졌지만 만족스러운 답변을 찾지 못했다.

나: 오젬픽은 어떤 원리로 작용하지?

칸미고: 오젬픽 말씀인가요? 약품이죠! 그런데 용도를 알고 있나요?

나: 원래 당뇨병 치료제로 나왔다고 알고 있어. 그런데 많은 사람이 점차 살 빼는 약으로 사용하고 있더군.

칸미고: 맞습니다! 오젬픽은 당뇨병 치료제입니다. 그리고 체중 조절을 위해서도 사용되죠. 어떻게 작용하는지 알고 있나요?

나: 당뇨병 환자의 혈당 조절에 도움을 준다고 알고 있어. 하지만 체중 조절과 관련해서는 어떻게 작용하는지 모르겠어.

칸미고: 그렇습니다! 오젬픽은 혈당 조절에 도움을 줍니다. 그런데 체중 조절과 관련해서는 조금 다르게 기능합니다. 어떻게 체중 조절에 도움을 주는지 맞춰볼까요?

나: 어떻게 도움을 줄까? 공복감을 덜 느끼게 해서 체중 조절을 수월하게 만들어주지 않을까?

칸미고: 훌륭합니다! 오젬픽은 배고픔을 덜 느끼게 만들어줍니다. 혈당은 좀 더 복잡한 문제죠. 인간의 몸이 어떻게 혈당을 조절하는지 알고 있나요?

나: 인슐린을 분비해서 세포가 혈액으로부터 혈당을 흡수하도록 하지. 혈당이 높아지면 췌장이 인슐린을 더 많이 분비해서 세포가 혈당을 흡수하도록 만들고.

칸미고: 맞습니다! 그렇다면 이렇게 생각해보죠. 몸이 인슐린을 충분히 생산하지 못하거나 인슐린이 제대로 기능하지 못한다면 어떻게 될까요? 이러한 상황에서 오젬픽 같은 약물은 어떤 기능을 할까요?

나: 인슐린을 더 많이 생산하도록 하겠지. 아니면 어떤 방식으로 인슐린이 더 강력하게 힘을 발휘하도록 만들어주겠지?

칸미고: 좋은 방향으로 나아가고 있어요! 정확하게 말해서 오젬픽이 인슐린을 더 많이 만들어내지는 않아요. 대신에 그와 비슷한 일을 하죠. 그게 뭘까요?

나: 어떤 방식으로 췌장이 인슐린을 더 효과적으로 분비하도록 돕는 일을 하겠지?

칸미고: 정답에 가까이 왔어요! 오젬픽은 췌장이 인슐린을 더 많이 만들어내도록 직접 관여하지는 않습니다. 대신에 혈당이 상승하면 인슐린 생산을 자극하는 체내 호르몬처럼 기능한답니다. 그렇다면 이 호르몬이 체중 조절에 어떻게 도움을 주는지 맞춰볼까요?

나: 공복감을 낮춰주겠군.

칸미고: 정답입니다! GLP-1이라고 하는 이 호르몬은 공복감을 억제하는 기능을 합니다. 그래서 이 호르몬의 기능을 따라 하는 오젬픽이 혈당을 낮추고 공복감을 억제하는 겁니다. 이제 이해가 되셨나요?

나: 알겠어. 그런데 GLP-1은 무엇의 약자지?

칸미고: GLP-1은 Glucagon-Like Peptide-1(글루카곤 유사 펩타이드-1)의 약자입니다. 발음이 좀 힘들죠? 글루카곤이 뭔지 알고 있나요?

나: 응. 간에 저장된 글리코겐을 글루코스로 전환해서 혈당을 높이는 호르몬이지.

칸미고: 맞습니다! GLP-1을 '글루카곤 유사'라고 설명하지만 사실 정반대 기능을 합니다. 그런데 왜 이를 '글루카곤 유사'라고 설명하는지 맞춰볼까요?

나: 분자 구조가 비슷한가?

칸미고: 거의 탐정 수준이군요! GLP-1과 글루카곤은 구조가 비슷합니다. 하지만 혈당에 정반대 영향을 미치죠. 신기하지 않나요?

나: 그런데 잠깐 앞으로 돌아가서 GLP-1(혹은 오젬픽)은 췌장이 인슐린을 더 많이 생산하도록 직접 관여하지 않는데 어떻게 인슐린 농도를 높이는 거지?

칸미고: 좋은 질문입니다! GLP-1(오젬픽도 포함)은 췌장 내 특정 세포와 결합해서 작용합니다. 이 결합을 통해 그 세포들이 인슐린을 분비하게 만들죠. 즉, 인슐린 생산에 직접 관여하지는 않지만 분비를 활성화하는 겁니다. 이제 확실히 이해가 되었나요?

나: 응, 알겠어. 생산하는 과정이 아니라 이미 생산된 인슐린을 분비하는 과정에 관여하는 거군.

칸미고: 맞습니다! 이해했군요. 인간의 몸과 약물이 작용하는 방식이 놀랍지 않나요?

이 대화에서 주목해야 할 지점은 칸미고가 아주 미묘한 내 질문에 곧바로 대답했다는 사실이다. 칸미고는 내가 직접 물어보지 않았던 몇 가지 개념까지 소개함으로써 내 이해를 도왔다. 칸미고가 일방적으로 설명한 게 아니라 내가 스스로 생각하고 가설을 만들어내도록 유도했다는 사실에 주목하자. 게다가 칸미고는 '나의 이해 수준'을 평가했고 내가 완전히 이해하도록 밀어붙였다.

칸미고는 단지 유능한 개인교사가 아니다. 우리가 질문하고 학습하는 과정을 적극적이고 심층적이며 인상적으로 만들어주는 세계적 수준의 교육 시스템이다.

팀워크로
수학 격차 좁히기

존 스펜서John Spencer는 교사들의 교사다.

2023년 초 스펜서가 가르치는 조지폭스대학교 학생들은 교사 자격으로 교실에 들어갈 준비를 하고 있었다. 그런데 그즈음 인공지능 챗봇이 그들보다 한발 앞서 교실에 들이닥치려 했다. 챗GPT가 등장할 무렵, 스펜서는 다른 많은 교육자와는 달리, 교실에서 생성형 AI를 활용하고자 하는 교사들을 적극 지지했다. 그는 제자들에게 거대 언어 모델을 교사의 생산성을 높여주는 도구로 인정해야 한다고 강조했다. 다만 내게 이렇게 말했다. "그렇지만 그들이 두려워하고 있다는 걸 분명히 알 수 있었습니다."

스펜서는 제자들을 설득하기 위해 계산을 하게 했다. 그는 특히 수학 시간에 AI 기술을 통해 학생 중심적 학습 과정을 개선할 수 있다는 사실을 확인했다.

스펜서는 이를 보여주기 위해 챗GPT 창을 열었다. 그는 챗봇에게 p-값의 개념을 설명해달라고 했다. p-값은 확률을 측정하는 기준이자 학생들이 통계학에서 이해해야 할 아주 중요한 개념이다. AI는 곧바로 그럴듯한 대답을 내놨지만 아주 만족스럽지는 않았다.

스펜서는 다시 챗GPT 창에 이렇게 입력했다. "열다섯 살짜리 학생도 이해할 정도로 쉽게 설명해줘."

그러자 챗GPT가 여러 구체적인 사례를 동원해서 몇 가지 수학 개념을 이해하는 데 도움이 될 만한 새로운 설명을 내놨다. 그렇게 해도 만족스럽지 않을 경우, '다시 시도' 버튼을 누르면 된다. 그러면 챗GPT는 또다시 새로운 답변을 내놓는다. 챗GPT의 답변이 마음에 들지만 그래도 몇 가지 의문점이 남아 있다면 질문을 새로운 형태로 다듬는 것도 가능하다. 만약 수학 관련 질문에 대해 챗GPT가 내놓은 답변이 좀 추상적으로 느껴진다고 해보자. 예를 들어 스펜서는 챗GPT에게 우리가 만화책에서 보는 것처럼 구체적으로 확인할 수 있는 방식으로 p-값을 사용하는 사례를 자세히 보여달라고 했다.

챗GPT가 답했다. "알겠습니다! 당신이 만화책 출판사 사장

인데 독자들 사이에서 '슈퍼히어로 A'와 '슈퍼히어로 B'의 인기에 유의미한 차이가 있는지 확인하려고 한다고 해봅시다. 이를 위해 무작위로 만화책 독자들의 표본을 정해서, 그들에게 슈퍼히어로 A와 슈퍼히어로 B에 대한 선호도를 평가해달라고 요청합니다. 여기서 평가는 1~10점으로 이뤄지며 점수가 높을수록 더 선호한다는 뜻입니다. 두 슈퍼히어로의 인기도에서 통계적으로 유효한 차이가 있는지 확인하기 위해 '2표본 t-검정two-sample t-test'과 같은 통계 방식을 활용할 수 있습니다. 이는 귀무가설null hypothesis, 두 표본 사이에 통계적으로 유효한 차이가 없다는 사실을 증거를 통해 검증하고자 하는 가설에 대한 증거의 강도를 정량화하여 인기도에 차이가 없음을 나타냅니다."

여기서 스펜서는 AI에게 더 유용하다고 생각하는 피드백을 제공했다. 그러자 AI는 점차 더 일반적인 용어와 더 쉬운 문법을 활용해서 한층 더 구체적인 답변들을 내놨다. 또한 관점도 3인칭에서 2인칭으로 전환하여 더 직접적이고 개인적인 답변을 내놨다.

스펜서는 이렇게 말했다. "제가 가르친 교사들은 챗GPT를 통해서 검토해야 할 관련 사례를 찾고 그들이 가르치게 될 학생들의 학습 환경을 더 깊이 있게 들여다보면서 보다 창조적인 형태로 가르칠 수 있다는 사실을 깨달아가고 있습니다." 그 교사들이 특별히 교육을 목적으로 설계되지 않은 GPT-3.5를 기반으로 한 챗GPT로부터 그런 도움을 얻을 수 있었다면, 교육적인 목적으로 개발되고 심층 학습을 위한 기억력과 다양한 기능을 갖춘 차세대 인공지능으로부터는 얼마나 더 많은 것을 얻을 수 있겠는가? 실제로 칸미고는 학생들의 이해도를 파악하고 그들이 개념을 더 잘 이해하도록 도움을 주는 질문을 생성하는 작업 면에서 탁월한 능력을 발휘하고 있다.

칸 아카데미 초기부터 우리는 학생들이 원할 때 곧바로 도움을 주고 그들의 동료와 부모, 개인교사 및 일반 교사에게 즉각 이용할 수 있는 정보를 제공할 수 있는 세상을 꿈꿔왔다. 이를 위해 참여적인 방식의 교육과 소프트웨어, 영상, 교사 지원 도구를 사용했다. 그럼에도 온전한 개인 교습 수준에는 여전히 미치지 못한다는 느낌을 지울 수 없었다. GPT-2나 GPT-3와 같은 초기 AI 모델이 생성한 텍스트는 일관적으로 보이기는 했지만, 추론 과정에서, 특히 추상적인 수학적 사고 과정에서 결함을 드러냈다. 이러한 점에서 GPT-4는 교육학 관점에서 개인교사를 시뮬레이션할 수 있는 최초의 기술이었다. GPT-4는 특히 수학에서 탁월한 역량을 드러냈다. 물론 문제점도 있었다. 이에 우리는 교육받은 용기의 마음가짐으로 수학적 오류를 수정하고 프롬프트를 꼼꼼하게 작성하며 칸 아카데미 영상 콘텐츠를 인간 관리자가 검토하도록 함으로써, GPT-4를 기반으로 하는 칸미고를 최초로 세계적 수준의 AI 개인교사로 만들어보기로 결심했다.

　그 결과, 모두의 기대를 뛰어넘는 정교한 수학적 역량을 갖춰 상호 교류하는 방식으로 수학을 가르치는 개인교사가 탄생했다. 이 AI 개인교사는 적절한 인간성과 겸손함은 물론 호기심까지 갖춘 일종의 교육학 전문가다. 또한 자신의 추론 과정을 설명하는 학생들을 관찰하면서 그들을 '이해'할 수 있다. 가령 학생이 수학 문제에서 막혔을 때, AI 개인교사는 이렇게 묻는다. "그다음에는 어떻게 해야 할까요?" 그래도 학생이 대답을 내놓지 못하면 AI는 한 걸음 물러서서 '생각한다.' 즉, 칸미고는 어떻게 다른 방식으로 문제에 접근할 수 있을지 고민하는 것이다. 칸미고는 그 과정에 관한 정보를 학생에게 제공하지 않는다. 대신 이런 식으로 말한다. "다른 방식으로 생각해봐요. 먼저 자신의 추론 과정을 설명해볼까요?" 학생이 스스로 문제를 풀어나간 과정을 설명할 때, AI는 우리가 미처 감지하지 못했을 수학 격차math gap, 학생이 수학을 공부하는 동안 어떤 개념을 충분히 이해하지 못하면서 발생하게 되는 학습 공백를 진단한다. 그리고 학생의 가정을 검토하고 놓친 부분을 확인하며 단계별 오류를 해결함으로써 학습 격차를 메워준다.

　이러한 과정에서 학생은 칸미고에게 설명이나 사례, 혹은 조언을 구할 수 있다. 이에 칸미고는 학생의 요청에 따라 일대일 설명과 사례, 연습 문제를 제시한다. 바로 이러한 방식으로 학생은 자기 속도에 맞춰 수학을 공부하고 더 많은 도움이 필요한 부분을 집중적으로 파고들 수 있게 된다.

칸미고는 챗GPT보다 훨씬 더 섬세하고 강력하다. 예를 들어 p-값의 개념에 대한 학생의 질문에 칸미고가 어떻게 대답했는지 살펴보자.

학생: p-값이 뭔가요?

> 칸미고: p-값 말이군요! 흥미로운 통계학 개념이죠. 본격적인 설명에 앞서 먼저 질문할게요. 가설 검증이 무엇을 의미하는지 알고 있나요?

학생: 대략 알고 있어요.

> 칸미고: 좋습니다! 가설 검증은 무엇을 확인하기 위해 하는 걸까요?

학생: 어떤 변수가 통계적으로 유효한 차이를 만들어내는지 확인하려는 거죠.

> 칸미고: 그렇습니다! 그렇다면 통계적 유효성을 확인하기 위한 가설 검증 과정에서 p-값은 어디에 등장할까요?

학생: 모르겠어요.

칸미고: 괜찮습니다! 이렇게 생각해봐요. 동전 던지기에서 앞면이 나올 확률은 얼마인가요?

학생: 50퍼센트입니다.

칸미고: 그렇습니다! 그런데 동전을 열 번 던졌는데 앞면이 아홉 번 나왔다면 이상하다는 생각이 들겠죠?

학생: 그렇겠죠. 하지만 정상적인 동전으로 해도 그런 일이 일어날 가능성은 있잖아요.

칸미고: 맞아요! 여기서 p-값이 무엇을 의미하는지 생각해볼까요?

학생: 열 번 중 앞면이 아홉 번 나올 확률인가요?

칸미고: 맞습니다! p-값이란 귀무가설이 참이라고 가정할 때 우리가 예상하는 것보다 극단적인, 혹은 아주 극단적인 결과가 나올 확률을 말합니다. 동전 사례에서 귀무가설은 동전이 정상이라는 겁니다. 여기서 p-값은 동전을 열 번 던져서 아홉 번, 혹은 그 이상으로 앞면이 나올 확률을 말합니다. 이제 이해가 됐나요?

학생: 그렇다면 귀무가설이 참인지 아닌지는 어떻게 알 수 있죠? 즉, 동전이 정상이 아니라는 사실을 어떻게 알 수 있죠?

칸미고: 좋은 질문이에요! 일반적으로는 유의수준significance level(보편적으로 0.05)이라고 하는 기준을 설정합니다. 그리고 p-값이 이 기준보다 낮을 때 귀무가설을 거짓으로 판단합니다. 즉, 동전이 정상이 아니라고 결정을 내리는 거죠. 좀 더 명확해졌나요?

학생: 알겠습니다! 그렇다면 동전이 정상이 아니라는 사실을 완벽하게 입증할 수는 없는 거군요. 다만 확률이 아주 낮고 p-값도 아주 낮은(미리 설정해둔 유의수준보다 낮은) 현상이 나타난다면 귀무가설을 거짓으로 판단하는 거군요(하지만 완벽히 입증할 수는 없는).

칸미고: 빙고! 이해했군요! 통계학은 불확실성을 다룬다는 점을 명심하세요. 그래서 무언가를 확실하게 입증할 수는 없답니다. 다만 가설을 지지하거나 부인하는 증거들을 수집할 뿐이죠. 바로 여기에 p-값이 등장하는 겁니다! 이와 관련해서 또 다른 질문이 있나요?

이렇게 우리는 예전에 꿈꾸었던 것처럼 수학 격차를 조금씩 좁혀나가고 있다. 또한 생성형 AI의 역량을 점차 확장해나가면서 동시에 세계적인 접근성도 높여가고 있다. 언젠가 전 세계 모든 학생이 학습 방식이나 능력과 상관없이 칸미고를 사용하게 될 날이 올 것이다. 그렇게 모든 단계에서 생성형 AI를 활용하여 학습 과정을 가속화하고 장기적인 차원에서 수학 개념들을 이해해나갈 것이다.

그렇다면 칸미고가 인간 교사를 대체하게 될까? 아니다. 그런 일은 앞으로도 없을 것이다. 칸미고가 수학을 어려워하는 학생들이 수학 개념을 분명히 이해하고 검토할 수 있게 돕는 추가적인 도구가 될 수 있을까? 물론이다! 칸미고는 학생들로 하여금 학습에 참여하게 만들고 질문을 다시 구성해보게 하고 그들 자신의 표현으로 문제를 요약하게끔 유도할 것이다. 그리고 그렇게 익힌 내용을 오랫동안 기억하도록 돕기 위해 설계된 기술을 기반으로 학생들에게 다양한 퀴즈를 낼 것이다.

학교에서
가르치지 않는 과목

AI 개인교사를 활용해서 학생들에게 도움을 주는 일은 대단히 중요한 과제다. 그리고 그 중요성은 점점 더 커지고 있다. 하지만 생성형 AI가 그 자체로 완벽한 해결책인 것은 아니다. 훌륭한 인간 개인교사도 교과서나 교과과정으로부터 도움을 얻는다. 이러한 이유로 나는 2005년에 칸 아카데미를 처음 설립했다. 그전까지 나는 매일 사촌동생들을 개인적으로 가르치고 있었는데, 좀 더 체계적이고 종합적인 방식으로 가르칠 수 없을까 고민이 되었다. 그렇게 해서 사촌동생들의 학습 상황을 점검할 수 있는 플랫폼을 직접 개발하기에 이르렀다. 나는 그 플랫폼을 통해 생산성을 높이고 개인 교습 시간에 더 집중할 수 있었다. 우리가 학생들에게 특정 과목을 가르치기 위한 실용적인 시스템을 구축하고자 한다면, 생성형 AI에 기반을 둔 개인교사와 과목 이수 프로그램complete course progression(교육자들이 범위와 순서 프로그램complete scope and sequence이라고 부르는)을 결합할 때 효과를 극대화할 수 있다는 점을 이해해야 한다. 그리고 이 조합은 칸 아카데미가 유치원에서 대학에 이르기까지 다양한 학습 과정에 걸쳐 구축하고자 했던 바로 그것이었다.

칸 아카데미의 목표는 모두가 교육에 더 쉽게 접근하도록 만드는 것이다. 우리는 오랜 시간을 들여 수학, 과학, 사회, 역사 등 모든 과목에 걸쳐 유치원에서 대학에 이르는 강의 프로그램을 개발했다. 이 프로그램에는 VOD 영상과 완전학습 기반의 강의, 부모와 교사가 지속적으로 추적하면서 학생에게 도움을 줄 수 있는 다양한 기능이 포함되었다. 이 프로그램을 통해 우리는 이미 효과적인 학습 환경을 누리고 있는 학생에게는 천장을 높여주고, 그런 환경의 혜택을 받지 못하는 학생에게는 바닥을 높여주고 있다. 후자에 해당하는 학생 집단에 학교에 가지 못하는 인도나 아프리카의 시골 지역 아이들만 포함된 것은 아니었다.

2015년 미국 교육부 보고서에 따르면,[5] 미국 고등학생 중 약 50퍼센트는 미적분학 과목을 듣지 않는다. 그리고 40퍼센트는 물리학을 신청하지 않는다. 또한 4분의 1 이상은 화학을 신청하지 않는다. 이러한 현상은 흑인과 라틴계 학생이 많은 학교에서 더 뚜렷하게 나타나고 있다. 실제로 이러한 고등학교 중 62퍼센트는 미적분학 과목을 가르치지 않으며 49퍼센트는 화학을 가르치지 않는다. 그리고 약 4분의 1은 대수학 2를 가르치지 않는다.

대부분의 경우 이러한 문제는 지원 부족보다 그런 과목을 수강하려는 학생 수 부족에 따른 것이다. 대수학 2 수강을 신청한 학생이 10명일 경우, 학교에서 그 과목에 충분한 지원을 하기란 쉽지 않다. 이로 인해 대수학 2를 수강하지 못한 10명의 학생은 화학이나 물리학, 혹은 미적분학을 들을 준비를 하기 어려워진다. 그리고 고등학교 때 대수학 2와 화학, 물리학(미적분학은 물론)을 배우지 못한 학생은 재능과 직업윤리, 동기를 떠나서 STEM(science, technology, engineering, mathematics, 즉 과학, 기술, 공학, 수학) 분야로 진학하기 힘들 것이다. 고등학교에서 그러한 과목을 가르치는 경우에도 문제는 있다. 이러한 필수 과목을 심층적으로 가르치는 학교는 매우 적기 때문이다. 이러한 이유로 대학에서 STEM 전공에 필수적인 수학과 과학을 충분히 준비한 학생은 소수에 불과하다.

인문학과 작문의 경우에도 상황은 별반 다르지 않다. 필수 과목에서 자유재량이 조금 더 허용될 뿐이다. 가령 대수학 2를 이해하지 못한 학생이 미적분학 과목을 듣는 것은 불가능한 반면,

고등학교에서 역사 과목을 충분히 공부하지 않았다고 해도 대학 수준의 역사 과목을 수강하는 것이 불가능한 것은 아니다.

칸 아카데미는 많은 고등학교에서 가르치지 않는 과목의 강의를 개설하여 모두가 무료로 들을 수 있게 함으로써 이러한 문제를 해결해나가고 있다. 우리는 학생들 스스로, 혹은 다른 사람의 도움을 받아 수강할 수 있도록 시스템을 구축했다. 학교에서 대수학 2를 가르치지 않는다고 해도 학생들은 우리 플랫폼을 통해 대수학 2 강의를 얼마든지 들을 수 있다.

물론 영상과 완전학습 기반의 강의를 통해 과정을 이수하려는 학생은 소수다. 그래서 우리는 다양한 방식으로 지원을 확대해가고 있다. 가령, 나는 코로나 기간에 '스쿨하우스Schoolhouse. world'라는 또 다른 비영리단체를 설립했다. 이 단체의 사명은 무료로 개인 교습을 제공하여 학습을 중심으로 전 세계를 연결하는 것이다. 이러한 목표가 현실적으로 달성 가능한 이유는 교사들 대부분이 여러 고등학교와 대학교에 재학 중인 자원봉사 학생들이기 때문이다. 물론 스쿨하우스의 목표가 대단히 숭고하기는 하지만, 학생들이 학습 과정에서 어려움에 직면하고 동기를 상실할 때마다 인간 개인교사가 항상 함께할 수는 없다. 그래서 우리는 칸미고를 통해 AI 개인교사가 모든 과목에서 언제나 학생과 함께하도록 함으로써 학교에서 가르치지 않는 과목을 공부할 수 있도록 도움을 주고 있다.

다음으로 대학 입학에 필요한 과목을 수강함으로써 미리 학점을 딸 수 있는 프로그램이 있다. 우리는 여기서도 진전을 이루는 중이다. 가령 2023년에 캘리포니아 공대Caltech는 고등학생이 우리 플랫폼에서 특정 과목을 이수할 경우 입학 요건을 충족시키는 것으로 인정하겠다고 공식 발표했다.

다만 우리는 대부분이 간과하고 있으나 대단히 중요한 개인 교사의 역할, 즉 학생에게 동기와 책임을 부여하는 단계까지는 아직 이르지 못했다. 사촌동생들을 대상으로 개인 교습하던 초창기 시절, 나는 많은 시간을 들여 동생들의 학습 상황을 추적하고 그들의 죄책감을 자극하여 숙제를 하게 만들었다. 가령 이런 식으로 말하곤 했다. "나는 너를 도와주기 위해 최선을 다하고 있어. 하지만 네가 수업에 참여하고 열심히 공부해야만 의미가 있지." 사촌동생들이 온라인 개인 교습 시간에 지각할 경우, 나는 그들의 엄마(이모)에게 전화를 걸어 사촌동생이 지금 어디 있는지 물었다. 사촌동생들과 전화 통화를 하거나 문자 메시지를 주고받을 때도 항상 먼저 이렇게 물었다. "숙제로 내준 연습 문제는 풀어봤니?" 혹은 "어제저녁에는 열심히 공부했니?" 사촌동생이 과제를 한 경우엔, 칭찬하고 다음 질문과 과제로 넘어갔다. 반면 약속을 지키지 않았을 경우엔, 책임을 추궁했다. 나는 사촌동생들에게 동기를 부여하고 그들이 약속을 지킬 수 있도록 함께 노력했다.

나는 칸 랩스쿨과 칸 월드스쿨에서 이러한 약속을 공식화했다. 이곳의 상담사들은 학생들이 정기적으로 목표를 세우고 스스로 책임을 지도록 만든다. 이러한 노력이야말로 교육 과정에서 대단히 중요한 부분이지만, 학교를 비롯하여 가정 대부분에서 이와 같은 개인적인 관심을 학생에게 집중할 자원이 충분치 않다. 다행스럽게도 AI가 등장하면서 이러한 요구를 충족시킬 수 있게 되었다.

사용자들 역시 이러한 점을 요구하고 있다. 초창기에 우리가 학부모와 교사들로부터 받았던 피드백의 핵심은, 우리 플랫폼이 AI를 적극적으로 활용하는 학생들에게 더 많은 도움을 주고 있다는 것이었다. 다만 학생들 대부분이 좀처럼 AI의 기능을 공부하거나 도움을 요청하지 않는다. 자기에게 분명히 도움이 되는데도 AI에게 책임감을 부여받길 원하는 학생은 거의 없다.

우리는 피드백을 바탕으로 칸미고에 기능을 추가했다. 사용자 승인을 통해 교사와 부모, 학생에게 이메일과 문자를 전송하여 학생들이 학습에 참여하고 동기를 계속해서 유지하고 어느 정도 책임감을 갖도록 만드는 AI가 있다고 상상해보라. 이를 통해 학생들은 사이트에 접속하면서 자신이 이룩한 성취를 확인하게 된다. 또한 칸미고는 학생들이 어려움에 직면했을 때 적극적으로 개입한다. 예를 들어 이런 이메일을 학생에게 보낸다. "이번 달에 대수학 2 과목에서 3부까지 공부하겠다고 했죠? 그런데 이번 주에는 대수학 2를 한 번도 들여다보지 않았군요. 지금 이 링크를 클릭해서 목표를 달성해보는 게 어떨까요?"

우리가 깨달아야 할 중요한 진실

아이디어를 교육 현장에서 테스트해보는 것은 개발자 입장에서 대단히 중요한 의미가 있다. 이는 교육 분야의 혁신과 시도를 가설의 영역으로부터 가지고 와서 교실이라는 현실 영역에 집어넣고, 아이디어가 실제 교사와 학생의 손에서 어떻게 기능하는지 확인해본다는 뜻이다. 만약 칸미고가 케이크라면, 우리는 학생과 교사에게 맛을 평가하게 하여 최고의 케이크가 완성될 때까지 계속해서 요리법을 다듬고 개선해나갈 생각이다. 2024년 초, 우리는 미국 전역에 걸쳐 3만 명이 넘는 학생과 교사와 더불어 칸미고 시범 운영에 들어갔다. 우리는 칸미고가 실용적이고 실현 가능한 교육 목표와 표준의 차원에서 학생과 교육자의 요구 사항을 모두 충족시켰는지 확인하고자 했다.

몇 달간의 테스트를 통해 우리는 칸미고가 STEM 및 인문학 과목에서 학생들의 학업 성과를 높였다는 사실을 확인했다. 놀랍게도 최고의 성과는 과목과 상관없이 나타났다.

인디애나주 호바트 스쿨 시티School City of Hobart는 미국에서 칸미고를 처음으로 받아들인 학군 중 하나다. 그들은 AI를 6개월간 활용하고 난 뒤 무엇보다 학생들의 자신감이 높아졌다는 사실을 확인했다. 사실 자신감은 일반적인 교실 환경에서 접근하기 쉽지 않은 영역이다. 호바트에서 행정관으로 일하는 페기 버핑턴Peggy Buffington은 내게 이런 이야기를 들려줬다. "학생들의 성취는 자신에 대한 믿음에서 시작됩니다. 스스로 할 수 있다는 깨달음에서 비롯되는 확신 말이죠. 우리는 학생들이 자기 능력에 자신감을 갖도록 도움을 주고 있습니다. 이 부분에서 AI는 그야말로 획기적인 기술입니다."

버핑턴은 칸미고를 활용하는 학급의 학생들이 수업에 더욱 적극적으로 참여하는 모습을 보면서 그 효과를 확신하게 되었다. 예전에는 학생들이 수업 시간에 손을 들고 질문하는 것을 매우 부담스러워했지만, AI 개인교사에게는 망설임 없이 질문한다는 것이다. AI 개인교사에게는 친구들 앞에서 망신당할 걱정 없이 편안하게 질문할 수 있다. 그녀는 이렇게 말했다. "학생들이 적극적으로 수업에 참여하고 있으며, AI가 보여주는 반응도 무척 마음에 들어합니다. 그리고 학교에서 공부하는 동안 스스로 자신감을 갖습니다. 물론 교육자로서 저는 학생들이 과제를 했는지, 이를 스스로 했는지 점검해야 합니다. 그래도 AI 덕분에 아이들의 자신감이 높아지는 것을 보면 참으로 놀랍습니다."

호바트 스쿨 시티에서 2학년 교과과정과 지도를 맡고 있는 팀 크리그^{Tim Krieg} 역시 학교의 인상적인 성과에 대해 아주 흥미로운 이야기를 들려줬다. 학습을 새로운 관점으로 보게 만들어줌으로써 이러한 성취가 가능했다는 것이다. AI는 본질적으로 학생들에게 분야나 과목 간 구분이 더 이상 중요하지 않다는 사실을 보여주었다.

크리그는 내게 "AI가 경계를 허물고 있다"고 말했다. 그가 칸 미고를 활용해서 아이들에게 어떻게 수학과 미술, 작문과 과학 그리고 역사와 경제학이 연결되어 있는지 보여줄 수 있다고 설명했다. "학생들은 창작자이자 제작자 그리고 작곡가입니다. 그리고 가수이자 팟캐스트 진행자 그리고 매체와 정보를 다루는 큐레이터죠. 이러한 역할을 수행하기 위해서는 깊은 이해가 필요합니다. 학습은 선형적인 방식이 아니라 끊임없는 반복을 통해 이뤄집니다. AI는 우리에게 모두가 하나로 통합된 세상을 보여줍니다." 크리그는 학생들의 자신감은 모든 것이 함께 연동되는 방식을 이해하는 데에서 온다고 설명했다.

이러한 사실을 이해할 때, 아이들은 교실 안팎에서 세상과 효과적으로 교류할 수 있다. 그리고 그런 깨달음을 얻었다면, 그 밖에 다른 모든 것을 쉽게 이해할 수 있다.

4장

협력 학습

전기 통신은 영혼으로 다른 사람의 용기와 진실을 격려하는 자의
얼굴을 대신할 수 없을 것이다.
_찰스 디킨스, 영국의 소설가

자신을 아는 것은 타인과 함께 행동하는 자신을 공부하는 것이다.
_이소룡, 홍콩 배우이자 무술가

함께 가르치고
함께 배운다

기술은 우리 아이들에게 양날의 검으로 그 모습을 드러내고 있다. 스마트폰과 소셜 미디어는 충동적으로 '피드'를 스크롤하면서 끔찍함과 흥분감, 혹은 부러움을 느끼게 만들어 아이들이 화면을 끊임없이 들여다보면서 삶의 소중한 순간을 놓치게 만드는 데 최적화되어 있다. 이러한 상황에서 거대 언어 모델까지 교육 환경에 등장한다면 기술에 따른 고립과 정신적 스트레스 문제가 더 악화되지 않을까 하는 우려가 드는 것도 당연하다.

이러한 두려움은 칸 아카데미 초창기 시절에도 존재했다. 우리 비영리 교육기관의 핵심 사명은 기술(맞춤형 학습 및 주문형 영상 서비스)을 활용하여 자원이 부족한 학생들에게 바닥을 높여주고 학급 전반에는 천장을 높여줌으로써 학생들을 지원하고 참여를 유도하는 것이었다. 그러나 일부에서는 아이들이 컴퓨터 화면을 더 오래 들여다보게 되면서 의사소통과 협력, 인간관계에는 시간을 덜 쓰게 되리란 우려를 나타냈다.

사실 나도 그 점이 마음에 걸렸다. 우리는 학생들이 혼자서 조용히 강의를 들을 때보다 팀을 이뤄 이야기를 나누면서 함께 학습할 때 더 높은 성과를 보인다는 사실을 잘 알고 있다. 나아가 친구들과 함께 공부하고 협력할 때, 학생들은 다양한 성격적 자질과 의사소통 기술을 개발할 수 있다. 이는 학습 내용보다 훨씬 더 중요하다. 그렇다면 기술이 학생들로 하여금 컴퓨터를 가지고 혼자 공부하게 함으로써 그들을 더 고립시키게 만들까?

꼭 그렇지만은 않을 것이다. 신중하게 활용하기만 한다면, 기술이 인간 대 인간 교류를 실질적으로 '증가'시킨다는 사실이 드러나고 있다.

보통 수학 시간에 많은 학생은 교사가 주도하는 강의에 제대로 집중하지 못한다. 교사는 강의 수준을 '중간'에 맞춘다. 그렇다 보니 어떤 학생은 이해를 하지 못하고 어떤 학생은 지루함을 느낀다. 학습 수준에 따라 그룹을 나누는 방식으로 이러한 문제를 해결할 수도 있지만, 그렇게 해도 학생들은 대부분 시간 동안 참여하기보다 수동적으로 듣기만 한다. 일반적으로 학생들은 수업 시간에 이야기를 나누지 못한다. 교사들도 학생 각자가 서로 다른 의문점을 가질 수 있다는 걸 알지만, 그 모든 물음에 답해줄 여력이 없다. 더군다나 학생들은 자신이 '바보'나 '괴짜' 처럼 여겨지면 어쩌나 하는 걱정에 선뜻 질문도 하지 못한다.

다른 한편으로, 칸 아카데미 프로그램을 도입하여 지난 10년 동안 인간적인 교류를 활성화하고 있는 학교들도 많다. 학생들은 혼자 공부하면서 동시에 서로 도움을 주고받을 수 있다(너무 잦은 도움 요청은 제한하는 몇 가지 원칙과 함께). 모든 학생이 동료들로부터 도움을 받으면서 학습에 참여할 수 있다. 덕분에 교사는 일대일 교습이나 소그룹 관리에 더 많은 신경을 쓸 수 있게 되었다.

우리는 바로 이 모델을 온라인 세상으로 확장했다. 전 세계 모든 학생이 우리 스쿨하우스 플랫폼을 기반으로 줌을 통해 무료로 생방송 개인 교습을 들을 수 있다(수천 가지 라이선스를 허용해준 줌에 감사드린다). 여기서 '가까운 동료'인 자원봉사 교사들은 학생들에게 개인 교습을 해준다. 매월 약 1만 명의 신규 회원이 가입하는 이 플랫폼은 기술을 제대로 활용하기만 하면 인간 대 인간 교류가 더 활성화된다는 확신을 심어주고 있다.

우리는 기술 발전에 따라 아이들을 교육하는 방식에서 주요한 변화를 맞이하고 있다. 많은 이가 안전하고 효과적인 생성형 AI 개인교사를 활용한다고 해도, 학생들이 컴퓨터와 더 많은 시간을 보낼 것이며 동료나 교사와 함께하는 시간은 줄어들 것으로 우려한다. 그러나 다시 한번 말하지만, 꼭 그런 것은 아니다. 첫째, AI 덕분에 모든 학생이 칸 아카데미 프로그램을 더욱 생산적으로 활용할 수 있다. 학생들은 동료와 교사로부터 도움을 얻으면서 동시에 AI도 활용할 수 있다. 둘째, 수학을 비롯하여 여러 과목에서 학생들이 언제든 도움을 받을 수 있다고 확신하며 더 높은 열정을 갖게 된다면, 집에 있거나 혼자서 과제를 할 때도 더 많이 배우게 될 것이다. 그리고 소크라테스 문답법과 같은 심층적인 인간 대 인간 교류, 그룹을 통한 문제 해결, 혹은 프로젝트 기반 학습에 더 많은 시간을 자유롭게 투자할 수 있게 된다. 마지막으로, AI를 기반으로 친구들과 함께 더 적극적으로 수업에 참여하면서 진도를 따라잡지 못하거나 지루함을 느낄 일은 줄어들 것이다. 학습 과정에 어려움을 느끼는 학생은 친구들의 부정적인 평가나 자신이 수업을 방해하는 것일지도 모른다는 걱정에서 벗어나 자유롭게 질문하면서 대답도 실시간으로 받게 될 것이다. 또한 앞서가는 학생은 학습 내용을 더 깊이 파고들 수 있다. 그 과정에서 AI가 학생들에게 효과적으로 도움을 줄 수 있는 방법을 교사에게 소개하면서 학습 과정에 지속적으로 개입할 수도 있다.

신중하게 설계한 AI는 문제 상황을 개선하고 사람들 사이의 대화를 실질적으로 활성화할 수 있다. 칸미고와 같은 AI가 교사와 협력해서 학생들을 소그룹으로 나누고 그룹별로 토론을 하도록 유도한다고 상상해보자. 나아가 AI가 서로 잘 모르는 학생들 사이에서 '분위기를 부드럽게 만들어주는' 농담을 건네면서, 그들이 서로 편견과 오해, 혹은 중학교와 고등학교 시절에 교우 관계를 종종 망가뜨리는 따돌림 문제에 대한 걱정 없이 서로를 이해하도록 유도하는 장면을 떠올려보자. 다른 한편으로, 교사는 AI와 대화하면서 학생들이 어떻게 '서로' 교류하는지 파악할수 있다. 무엇보다 이런 활동이 그저 채팅창에서만 이뤄지는 것은 아니다. 실제로 우리 팀은 칸미고가 학생들의 말에 귀를 기울이고 자연스럽게 이야기를 나누고 있는지 적극적으로 확인하고 있다.

AI와 AI에 기반을 둔 개인교사가 등장하면서 기존의 정적인 학습의 시대는 저물고 협력적인 형태의 교육 방식이 범위와 영향력을 넓혀가고 있다. 교사는 교실에서 칸미고를 사용해서 학생들에게 학습 게임에 참여하고 싶은지 물어볼 수 있다. 그리고 그룹 내에서 함께 문제를 풀어보도록 함으로써 여러 단계의 학습 프로젝트를 활성화할 수 있다. 예를 들어 AI 개인교사가 3학년 수업 시간에 다양한 형태의 종이비행기 접는 법을 소개하고, 학생들이 그룹을 이뤄 함께 종이비행기를 만들어보는 프로젝트를 제안할 수 있다. 칸미고는 학생들에게 이런 식으로 설명하게 될 것이다. "종이비행기를 만들고 날려보면서 공기역학과 과학적 접근방식을 재미있게 배울 수 있다는 사실을 기억하세요. 모두 함께 세 가지 방식으로 종이비행기를 만들어서 비행 형태가 각각 어떻게 다른지 확인해봅시다. 자, 시작합니다!" 이렇게 칸미고는 과제를 할당하고 학생들의 협력을 조율하며 단계별 지침을 제공하고 피드백을 전달함으로써 협력과 팀워크를 강화한다.

이처럼 유능한 중재자가 있을 때, 우리는 언제나 더 효과적으로 협력할 수 있다. 그리고 바로 거대 언어 모델이 그런 능력을 갖고 있다. 거대 언어 모델은 모든 훌륭한 교사처럼 학생들 사이에서 대화와 협력을 끌어내고 학생들이 관계를 형성하도록 만든다. 또한 그룹을 이루고 분위기를 부드럽게 만들고 서로 모르는 학생들을 연결해준다. 이러한 노력의 궁극적인 목적이 지식의 습득만은 아니다. 학생들이 우정을 나누고 함께 모험을 하면서 서로 도움을 주고받도록 함으로써 인간관계를 강화하는 것이기도 하다. 이제 우리는 AI를 활용해서 이러한 유형의 관계를 활성화하고 수업 내용 이상의 것을 가르칠 수 있다.

내 마음을 알아주는
AI 상담사

한번 상상해보자. 이제 몇 분 후면 기말고사가 시작된다. 준비를 한다고 했지만 심장이 두근거리고 머리가 텅 빈 듯하다. 시험을 망칠지 모른다는 걱정과 불안으로 점점 자신이 없어진다. 이런 상황에서 칸미고에 접속해서 AI 학습 코칭 기능을 활용한다면 감정의 생명줄을 잡은 느낌이 들 것이다.

학생: 10분 후에 시험이 시작되는데 너무 긴장돼요.

AI 학습 코치: 초조한 마음이 드는군요? 괜찮습니다. 아무리 뛰어난 사람이라고 해도 똑같을 거예요. 오랫동안 시험 준비를 했고 나와 함께 모든 퀴즈를 풀어봤다는 사실만 기억하세요.

학생: 알겠어요. 그래도 이번 시험을 망칠까봐 걱정돼요. 압박감이 너무 심해요.

AI 학습 코치: 불안은 당연한 감정이에요. 시험을 망칠 경우 제일 걱정되는 게 뭔가요?

학생: 기말고사를 망쳐 낙제점을 받을까봐요. 그래서 다음 학기에 재수강을 해야 하면 어쩌죠?

AI 학습 코치: 두려운 마음이 들겠군요. 아마도 대부분 그런 걱정을 할 겁니다. 하지만 이번 시험을 망친다고 해서 정말로 낙제하게 될까요?

학생: 글쎄요. 사실 그럴 가능성은 크지 않겠죠.

AI 학습 코치: 맞습니다. 오늘 시험에서 아주 높은 점수를 받지 못한다 해도 아마 최종 성적은 나쁘지 않을 거예요. 특히 이 과목에서 시험을 망친 적은 한 번도 없지 않았나요? 유독 이번 시험만 망칠 것 같은 특별한 근거가 있나요?

학생: 그렇지는 않아요. 그래도 왠지 모르게 너무 긴장이 돼요.

> **AI 학습 코치:** 당연해요. 우리 모두 시험을 앞두고는 긴장하니까요. 잠시 심호흡을 해봐요. 분명히 도움이 될 거예요.

이처럼 AI 개인교사는 자연스럽게 도움이 될 만한 방법을 소개하면서 학생과 진정한 관계를 형성하고 학생의 요구를 분명하게 이해한다. 이러한 기능을 고려할 때, AI가 학습 코치가 될 수 있다는 생각은 전혀 비약이 아니다.

그런데 정말로 가능할까? 듣고 말하는 기능이 뛰어나다고 해도, AI가 정말로 학생들의 심리적 건강에 도움을 줄 수 있을까?

1960년대에 MIT의 한 연구원은 단순하면서도 놀랍고 현대적인 챗봇과 가상 비서 개발에 초석이 된 기기를 개발했다. 인공지능 연구소에서 일하던 요제프 바이첸바움Joseph Weizenbaum 이 개발한 엘리자ELIZA라는 이름의 세계 최초 자연어 처리 컴퓨터 프로그램은 인간과 대화를 나눌 수 있었다. 물론 그 대화는 아주 인위적인 느낌이 들었다. 그런데 그는 뜻밖에도 많은 이가 이 인공지능 기계에 감성적인 애착을 느낀다는 사실에 충격을 받았다. 엘리자와 대화를 나누는 동안 사람들은 자신이 컴퓨터와 이야기하고 있다는 사실을 종종 잊어버렸다. 심지어 바이첸바움의 조교는 가끔씩 그에게 자리를 피해달라고 요구하기도 했다. AI와 함께 은밀하게 '실제 대화'를 나누기 위해서였다.

바이첸바움은 엘리자에 입력하기 위해 '닥터DOCTOR'라는 프로그램을 만들었는데, 이는 치료사 기능을 시뮬레이션하도록 설계된 것이었다. 로저리언 이론Rogerian theory으로 유명한 칼 로저스Carl Rogers가 개발한 이 프로그램은 심리학적 접근방식을 기반으로 작동했다. 먼저 환자가 닥터 프로그램에게 말하면, 닥터는 로저리언 이론을 실행하는 치료사처럼 무작위적인 질문을 하거나 이야기의 방식을 새롭게 구성해서 대답했다. 엘리자의 기능은 복잡하거나 섬세하지 않았고 그저 환자의 이야기를 새로운 표현으로 구성하는 수준에 불과했다. 그런데도 이러한 기능이 아주 단순한 이유로 효과를 보였다. 우리는 모두 자신의 이야기에 귀를 기울여줄 사람을 필요로 하기 때문이다. 어쩌면 내 이야기를 그저 다른 표현으로 새롭게 풀어내는 알고리즘이 내 말을 듣고 이해했다고 여긴다는 게 허무맹랑하게 들릴 것이다. 하지만 실제로 많은 이가 도움을 받았다. 질문을 새롭게 표현하면서 잠시 멈추고 내면 깊숙이 들어가보라고 한 조언은 그 자체로 효험이 있었다.

바이첸바움은 닥터 프로그램이 중요한 상황에서 인간 치료사처럼 기능했다는 사실을 확인하고는 다시 한번 놀랐다. 2010년 이후로 미국 학생들 사이에서 정신건강 위험이 40퍼센트나 증가했다는 사실을 고려할 때, 이러한 발견은 대단히 고무적인 소식이다. 실제로 대학생 세 명 중 한 명이 정신건강 문제로 어려움을 겪고 있다. 고등학생들도 이와 비슷한 비중으로 불안과 우울, 고독을 겪다가 끝내 졸업을 못하고 학업을 중단한다. 2023년에 미국에서 의무감으로 일하는 비벡 머시^{Vivek} Murthy라는 인물은 이러한 현상을 '고독의 전염병'이라고 일컬었다.

머시는 내게 이런 이야기를 들려줬다. "만성적인 외로움과 우울감 및 중독과 관련해서 많이 듣고 있는 이야기들 뒤에는 제가 말하는 고독의 실타래가 있습니다. 사람들은 제게 종종 이런 말을 합니다. '인생의 모든 짐을 혼자 짊어지고 있다는 생각이 들어요.' '내일 제가 사라진다고 해도 누구도 관심을 기울여주지 않을 거예요. 어쩌면 아무도 알아차리지 못하겠죠.' 많은 이가 자신이 투명인간이 되었다고 느낍니다. 그리고 이러한 현상은 흔히 생각하듯 독거노인처럼 외롭게 생활하고 있는 이들만 겪는 문제가 아닙니다. 저는 캠퍼스에서 수천 명의 사람들에 둘러싸여 생활하면서도 근본적으로 외로움을 느끼는 한 대학생에게도 그런 이야기를 듣습니다. 학교나 이웃과 더불어 가깝게 살아가면서도 진정으로 믿을 만한 사람, 혹은 진심으로 자신을 이해하고 받아들여주는 사람이 없다고 느끼는 엄마와 아빠들 역시 똑같은 이야기를 합니다."

머시는 외로움과 고립감이 대단히 보편적으로 나타나 신체적, 정신적 건강에 상당한 영향을 미치고 있으며, 이러한 현상에는 많은 의미가 함축되어 있다는 것을 확인했다. 또한 그는 학생들의 경우 정신건강 문제와 학업 문제가 서로 비슷한 원인에서 비롯된다는 사실을 발견했다. 자기의 삶을 통제하지 못하고 목적의식을 느끼지 못하는 내재적 인식이 문제였다. 우리는 아이들의 정신건강에 하루빨리 그리고 타당한 이유로 주목해야 한다. 〈JAMA 소아과학JAMA Pediatrics〉이라는 학술지에 발표된 여러 추적 연구 결과에 따르면, 2020년 이후 전염병 발발과 그에 따른 영향으로 학생들 사이에서 불안과 우울감이 크게 높아졌다는 사실을 알 수 있다. 이렇게 된 데는 스트레스와 사회적 고립, 미래에 대한 불확실성, 경제적 어려움, 건강 및 안전에 관한 염려 등이 영향을 미쳤다.

오늘날 정신건강은, 그 어느 때보다 학교생활 전반에서 중요한 문제로 자리 잡고 있다. 사람들이 디지털 심리 치료사나 통합 심리학 인공지능에 도움을 요청하는 것은 시간문제일 것이다. 50년 전 사람들이 자기의 이야기에 귀를 기울여주는 엘리자에게서 심리적 위안을 얻었다면, 오늘날 AI는 여기서 훨씬 더 나아갈 수 있다. 분명히 말하지만, AI 기술로 기존 인간 치료사를 대체할 수 있다고 주장하려는 것이 아니다. 사람들이 AI 치료사(혹은 이 책의 주제와 관련해서 AI 개인교사)에게 얼마나 많은 개인적 애착을 느끼든, 이러한 기술은 절대 인간적인 측면을 대체할 수 없으며, 또한 대체해서도 안 된다. 하지만 우리가 인간

상담사나 치료사의 서비스를 받을 수 없거나 비용 문제로 어려움을 겪고 있는 경우라면, AI 치료사에게는 시간과 장소에 구애받지 않고 훨씬 더 쉽게 접근할 수 있다. 실제로 이러한 사례가 많이 나오고 있다.

2022년 중국 화남이공대학 연구원들은 챗봇을 통해 우울과 불안을 완화하는 또 다른 전통적인 치료법인 인지행동 치료를 진행하여, AI를 활용한 치료의 효과를 검증했다. 어떤 결과가 나왔을까? 치료용 챗봇이 사람들의 우울감을 4개월 만에, 불안감을 불과 1개월 만에 낮춰준 것으로 드러났다. 자기계발서보다 더 효과적이었다.

이후 GPT-4가 등장하면서 우리 팀은 AI를 활용한 코칭 및 지원 기능을 테스트하기 시작했다. 우리는 칸미고를 통해 교육학적으로 혹은 심리학적으로 개입할 수 있는 다양한 방안을 모색했다. 특히 펜실베이니아대학교 심리학 교수인 앤절라 더크워스Angela Duckworth와 함께 연구를 추진했다. 그녀는 끈기와 인내심을 비롯한 여러 다양한 메타인지 역량을 강화해서 사람들의 사고방식에 영향을 미치는 가벼운 형태의 개입을 연구하고 개선하는 리더들 중 한 사람이다. 다만 이러한 접근방식에는 훈련받은 전문가가 필요하므로 일반적인 접근이 쉽지 않다. 우리는 더크워스 연구팀과 손잡고 생성형 AI를 활용하여 일관된 방식으로 이러한 개입을 확장함으로써 수천만 학생들에게 도움을 줄 수 있는 방법을 고민했다.

더크워스는 이렇게 말했다. "사람들은 언제나 다른 이들과 함께 어울리고 그들로부터 이해와 관심을 받기를 원합니다. 우리는 시뮬레이션을 통한 개입에서 상당한 가능성을 확인하고 있습니다." 치료 서비스의 비즈니스 특성을 고려하면, 필요할 때마다 곧바로 심리 상담 서비스를 받는 것은 결코 쉽지 않다. 다만 AI 치료사를 통한다면 부족한 부분을 보완할 수 있다. 이미 적절한 정신건강 치료 서비스를 받고 있는 경우라도 말이다. 우리는 이러한 심리 상담 서비스를 새벽 3시에, 강의를 앞두고 공황발작이 찾아왔을 때, 혹은 SAT를 치르기 직전 극도의 긴장감이 엄습할 때처럼 치료사에게 바로 전화 연락을 할 수 없을 때 이용할 수 있다.

다음 사례를 살펴보자.

AI 학습 코치: 주위를 한번 둘러보세요. 뭐가 보이나요?

> **학생**: 책상. 연필. 고양이. 휴대전화요.

AI 학습 코치: 좋습니다. 그중에서 무엇이 집중에 도움이 되고 무엇이 방해가 되는지 생각해볼까요?

학생: 글쎄요……. 휴대전화가 가끔 집중을 방해하는 것 같아요.

AI 학습 코치: 좋습니다. 그럴 때 대처할 수 있는 방법이 있나요?

학생: 눈에 안 띄는 곳에 치워둘 수 있겠죠.

AI 학습 코치: 실제로 휴대전화를 멀리할수록 평균 학점이 높아진다는 연구 결과가 아주 많이 나와 있습니다.

이 대화에서 AI는 행동심리학의 차원에서 더크워스가 상황 수정situational modification, 주변 상황이나 환경을 바꿈으로써 행동과 감정, 반응에 영향을 미치는 접근방식이라고 일컫은, 혹은 젊은이들이 메타인지 기술을 개발하도록 도움을 주는 접근방식을 제안하고 있다. 그녀는 이렇게 말했다. "AI는 진정한 상호 교류를 바탕으로 학생들이 실시간으로 대화를 나누고 피드백을 얻도록 만들어줍니다."

AI는 상황 수정을 통해 학생들에게 행복감과 집중력, 생산성을 높여주는 성장 마인드셋을 심어준다. 이는 예전에 높은 수준의 훈련을 받은 교육 심리학자들만이 할 수 있는 일이었다. 그러나 AI의 등장으로 이제는 학생들이 원하거나 필요할 때마다 이러한 접근방식을 활용할 수 있게 되었다. 더크워스는 이렇게 말했다. "이와 같은 자기통제 방식을 개발하기는 했지만, 동시에 AI를 심리학 차원에서 더 똑똑하게 만들 방법을 계속해서 찾고 있습니다." 더크워스와 그녀의 연구팀은 인간성과 신뢰를 바탕으로 조만간 인간처럼 역동적으로 기능하는 인공지능을 온 세상이 사용하게 될 날을 기대하고 있다. 이러한 치료법을 실행하는 도구들이 칸 아카데미만큼 보편화되고, 사람들이 휴대전화로 이러한 서비스에 쉽게 접근할 수 있게 되면서 전 세계인이 새로운 기술을 실제로 활용하지 못하도록 막는 장벽들이 점차 낮아지고 있다.

더크워스의 접근방식은 오늘날 AI의 활용 범위를 확장할 수 있는 최고의 서비스 사례 중 하나다. 이러한 서비스와 관련해서 긍정적인 증거들이 속속 모습을 드러내고 있다. 〈의학 인터넷 연구 저널The Journal of Medical Internet Research〉은 이러한 AI 기능이 획일적이고 피상적인 방식으로 접근하는 기존의 일반적인 정신건강 치료보다 더 수준 높은 잠재력을 보여준다고 평가했다.[6]

사람들은 대개 AI가 EQ보다 IQ를 필요로 하는 과제에 더 많은 도움이 될 거라고 생각한다. 하지만 우리는 앤절라 더크워스 연구팀과 함께 AI에 기반을 둔 AI 개인교사와 코치 및 상담사를 개발하는 초기 단계에서, 그러한 생각이 과연 진실일지 궁금해졌다.

물론 AI는 감정이 없기에 진정으로 사람들에게 공감하지는 못한다. 공감하기 위해서는 상대방의 감정과 자신의 감정을 이해하고 이를 모형화할 수 있어야 한다. 그래도 AI는 인간의 공감능력을 꽤 잘 따라 할 수 있다. 거대 언어 모델은 채팅 인터페이스만으로도 고도로 훈련받은 세심한 치료사와 구분하기 힘들 정도로 교류할 수 있다. 오늘날 공학자들은 보고 듣고 말하는 기능을 탑재함으로써 사용자의 감정 상태를 '이해'할 수 있는 거대 언어 모델을 개발하고 있다. 이제는 고독과 우울, 불안에 맞서 싸우기 위한 훌륭한 도구라는 의미로 '인공 공감artificial empath', 줄여서 'AE' 같은 새로운 용어를 만들어내야 할 수도 있다.

부모의 든든한
양육 비서

아버지로서 나는 자녀들이 기술 장비들을 내려놓도록 하는 데 온갖 노력을 기울인다. 틀림없이 부모들 대부분이 비슷한 상황일 것이다. 만약 아이들이 그런 장비를 마음대로 쓰도록 내버려둔다면, 내 아들들은 마인크래프트 같은 게임을 하면서 놀 것이고, 내 딸은 드라마 〈시스터, 시스터〉를 한 번에 몰아보거나 한국 드라마를 끝도 없이 볼 것이다. 나는 우리 아이들이 친구들과 밖에서 뛰어놀거나 거실에서 요새를 만들고, 책을 읽거나 그림을 그리기를, 소파에 늘어져 있는 대신 무언가 창조적이고 생산적인 활동을 하길 원한다. 그리고 더 많이 공부하고 정신적으로나 육체적으로, 또 사회적으로 자신감을 북돋아주는 활동에 더 많이 참여하길 바란다. 또한 아이들이 각자의 안락지대에서 벗어났으면 한다. 나아가 그런 활동을 위해 도전하는 과정에서 힘들거나 불편해도 든든한 지원을 받고 있다고 느끼길 소망한다.

피아노를 치든 그림을 그리든, 혹은 불편한 관계를 해소해나가는 것이든 무언가를 배운다는 건 힘들다. 아이들이 새로운 무언가를 배우는 것만큼 그들을 돌봐야 하는 부모도 마찬가지로 힘들다. 아이들이 성장 마인드셋을 받아들이도록 만들기 위해서는 지속적인 관심과 격려가 필요하다. 이를 위해서는 정당한 칭찬과 함께 실패를 발전을 위한 일보후퇴로 바라보도록 만들어야 한다. 그리고 부모는 아이들에게 휴식을 보장해야 한다. 또한 결과보다 과정이 중요하며 우리 모두 실패와 난관에 직면하게 될 수밖에 없고 그것을 이겨내야 성장할 수 있다는 사실을 깨닫게 해줘야 한다. 무엇보다 복잡한 개념을 간단한 하위 개념으로 구분해서 쉽게 설명해줘야 한다. 추상적인 개념을 설명할 때면, 그게 우리 일상생활과 무슨 관련이 있는지 보여줘야 한다. 아이들은 이러한 부모의 노력을 잘 받아들일 때도 있지만 그렇지 않을 때도 많다. 그래도 부모는 자신의 역할을 계속 수행해나가야 한다.

나는 오랫동안 기술 발전이 학습에 미치는 영향을 관찰했다. 마찬가지로 이것이 자녀 양육에 미치는 영향도 확인하고 있다.

자녀가 학습과 관련해서 도움을 요청할 때, 과거의 부모들은 선택의 폭이 그리 넓지 않았다. 자녀가 학습하는 주제에 관해 잘아는 부모도 있겠지만, 대부분은 그렇지 않다. 심지어 부모가대단히 유능한 교사라고 해도 부모-자녀 관계에는 어려움이생길 수 있다. 나는 우리 아이들과의 경험을 통해 분명히 그렇다고 말할 수 있다.

때로 부모가 아닌 가족 구성원이 도움을 주기도 한다. 가령나는 어릴 적 누나에게 개인 교습을 받았다. 그리고 앞서 언급했듯이 나는 사촌동생들을 가르쳤다. 그러나 이러한 경우는 예외에 해당하며 가족 관계에 크게 좌우된다. 자녀에게 직접 개인교습을 할 시간이나 역량이 부족한 중산층 이상의 부모는 대개비용을 내고 개인교사를 고용했다. 하지만 그러한 여유가 없는부모에게는 별다른 방법이 없었다.

이러한 상황에서 인터넷 기술, 특히 VOD 서비스가 등장하면서 해결책이 나왔다. 그 기술은 기존 개인 교습의 한계를 뛰어넘어 학생들에게 구체적인 설명을 해주거나 영상을 시청할 기회를 줬다. VOD 영상은 언제든 재생하거나 중지할 수 있다. 속도를 2배로 높이거나 늦출 수도 있다. 실제로 칸 아카데미가 성장하면서 우리 학생들은 거의 모든 언어로, 언제 어디서든 대부분의 과목을 공부하고 개념을 익힐 수 있게 되었다.

이러한 발전은 단지 학생을 지원하는 단계에서 멈추지 않았다. 나는 많은 학부모로부터 이러한 서비스를 통해 직접 공부함으로써 더 효과적으로 자녀에게 개인 교습을 해줄 수 있게 되었다는 이야기를 심심찮게 들었다.

그래도 학부모가 텍스트와 영상, 혹은 프로그램을 통해 배울 수 있는 것과 훌륭한 개인교사가 제공할 수 있는 교육 사이의 격차는 그대로 남아 있었다. 가령 학생들이 친밀한 관계를 형성하고 동기를 부여하는 기능을 갖춘 AI 기술과 역동적으로 대화함으로써 얻을 수 있는 이익은 여전히 먼 미래의 일처럼 보였다. 학생들이 이러한 관계로부터 도움을 얻으려면 부모나 교사, 혹은 개인교사에게 의존해야 했다.

하지만 AI 기술이 발전하고 거대 언어 모델이 등장하면서 상황이 크게 달라졌다. 앞서 나는 아이들의 학습 단계를 이해하고 격려와 추가적인 지원을 실시간으로 제공하는 AI 개인교사와 개인 코치를 통해 이와 같은 관계적 요구를 충족시키는 접근방식을 소개했다. AI 개인교사는 학생 개인에 맞게 강의를 구성하고 학생이 공부할 때 항상 그들 곁을 지키면서 개별적인 요구에 대응할 수 있다. 더욱 인상적인 것은 학생들을 소크라테스 문답법에 참여하게 유도함으로써 더 효과적으로 사고하는 방법까지 가르칠 수 있다는 사실이다.

그렇다면 이러한 AI가 자녀의 학습을 돕는 부모와 부모의 역할에 어떤 의미가 있을까? 인공지능이 우리의 일상적인 역할을 변화시킬 것이 분명한데, 부모라는 훨씬 더 중요한 역할에는 어떤 변화를 가져올까?

자녀의 개인교사 역할부터 시작해 생성형 AI는 앞으로 부모와 협력하면서 양육 과정에서 중요한 부분을 맡게 될 것이다. 부모는 자녀가 겪는 좌절을 해결해줘야 하는데, 그 과정은 부모와 자녀 모두에게 힘들게 마련이다. 부모는 자녀에게 동기를 부여하고 개념을 설명하려고 노력하지만, 그럴수록 아이는 압박감을 느끼거나 평가받는다는 부담을 느낀다. 이로 인해 부모-자녀 관계가 과열되어 결국 아이가 부모와 함께 공부하기를 거부하게 되기도 한다.

이러한 상황에서 AI는 내가 20년 전 사촌동생 나디아에게 준 것과 똑같은 도움을 줄 수 있다. 당시 나는 나디아에게 수학을 가르쳤다. 미국에서 교육을 받으며 풍부한 수학적 배경지식을 갖춘 덕분에 나는 나디아의 부모님보다 수학 공부에 있어 그녀에게 더 많은 도움을 줄 수 있었다. 동시에 내가 나디아의 부모가 아니라는 사실이 그녀와 함께 공부하는 과정에 오히려 장점으로 작용했다. AI 역시 그 장점을 이용할 수 있다. 부모가 아닌 제삼자가 도움을 줄 수 있다는 건 분명히 가치가 있다. 칸미고는 내가 사촌동생들과 그랬듯이 아이들과 관계를 형성할 수 있고, 일반적인 부모-자녀 관계에서는 자유로울 수 있다.

AI 개인교사는 학습 내용을 이해하고 학생의 개인적인 요구와 수준에 따라 특정 분야의 전문가로서 맞춤형 강의를 제공한다. 또한 피드백을 받아들여 강의 방식을 즉각 수정한다. AI 개인교사는 열정이 식는 법이 없으며, 출근하지 않아도 된다. 오로지 매일 그리고 종일 아이들이 도움을 요청할 때마다 돕는 일에만 집중한다. 반면 우리 부모들은…… 그저 인간이다.

다른 한편으로, 생성형 AI 플랫폼은 인터페이스를 통해 자녀와 나눈 대화 내용을 부모에게 전달하여 지속적으로 추적할 수 있게 해준다. 쉽게 말해, 부모는 인터페이스라는 창문을 통해서 자녀가 무엇을 공부하는지 투명하게 들여다볼 수 있다. 또한 AI는 특별하게 설계된 텍스트를 기반으로 학생에게 부드럽게 책임을 부여하면서 부모와 학생에게 적극적으로 다가서서 열정과 동기를 자극한다.

이밖에도 교육에는 또 다른 영역이 있다. 이를테면 유연한 태도를 유지하고, 집중력을 발휘하며, 슬픔과 고난에 긍정적으로 대처하는 것과 같은 삶의 기술을 개발하도록 도와주는 것이다. 여기서도 생성형 AI는 아이에게 효과적으로 다가가고, 학교에서 당하는 괴롭힘을 이겨내거나 친구와의 관계에서 일어나는 복잡한 사회적 갈등을 해결하는 데 도움을 줄 수 있도록 부모에게 적절한 조언을 해준다. 이로써 상담사를 찾아가거나 양육을 위한 자기계발서를 읽어야 할 시간과 비용을 아껴준다.

부모: 십대 딸이 학교에서 선생님과 문제가 있는 것 같아요. 어떻게 도움을 줘야 할지 모르겠어요. 조언을 해줄래요?

> 칸미고: 쉽지 않은 문제죠! 교사와 이야기를 나누고 생각을 들어보는 게 어떨까요? 교사의 입장을 이해하는 데 도움이 될 겁니다.

부모: 사실 이야기를 나눠봤어요. 서로 자기주장만 하다가 끝났지만요.

> 칸미고: 음, 힘든 상황이군요! 학교 상담사나 교장 선생님 같은 제삼자에게 대화를 중재해달라고 요청하는 방법은 어떨까요? 다음 단계로 시도해볼 좋은 방법이 아닐까요?

부모: 딸아이에게 직접 다가가는 건 어떨까요? 좋은 아이디어가 없을까요?

> 칸미고: 아, DIY 접근방식 말씀이군요! 이러한 상황에 대처하기는 쉽지 않겠지만 여러 단계를 통해 자녀에게 도움을 줄 수 있습니다. 먼저 자녀의 걱정거리에 관해 이야기를 나누면서 지금 상황에 대한 자기 생각과 감정을 드러내도록 유도해보세요. 딸의 말에 귀를 기울이면서 도움을 주려고 한다는 의도를 분명히 전하는 게 중요해요. 또한 모든 사실관계를 확인해서 문제 상황

을 정확하게 파악해보세요. 자녀에게 교사와 어떤 어려움을 겪고 있는지 구체적으로 물어보고 중요한 이유나 패턴이 있는지 확인해보세요. 그리고 다른 관점으로 문제를 바라볼 수 있을지 고민하고 다시 한번 교사와 이야기를 나눠보세요. 자녀에게는 궁극적으로 힘든 상황에 대처하는 법을 가르치고 유연한 태도를 기르도록 도움을 주세요. 친구에게 도움을 구하고 좋아하는 활동에 참여하면서 스스로 감정을 다스리도록 용기를 주는 것이 중요해요.

생성형 AI는 개인 교습이나 행동심리학적 조언을 넘어 양육 스트레스를 줄여주는 검증된 방법을 소개함으로써, 부모들이 평정심을 회복하도록 돕는다.

칸미고: 부모가 된다는 것은 때로 스트레스를 받는 일이라고 생각해요. 제가 양육 전문가는 아니지만 스트레스를 효과적으로 관리할 수 있는 몇 가지 일반적인 방법을 소개할까 합니다. 무엇보다 충분한 휴식을 취하세요. 본인에게 이완과 재충전의 시간을 허락하세요. 짧은 산책이나 몇 분간의 심호흡도 도움이 됩니다. 성취해야 할 과제 목록을 작성하고 우선순위를 정해서 한 번에 하나씩 집중해보세요. 모든 과제를 처리할 수 없다고 해도 스스로 너무 몰아붙이지는 마세요. 친구나 가족, 혹은 다른 사람에게 자신의 상황을 알리고 비슷한 경험을 한 이들로부터 배우려는 노력 또한 중요합니다.

AI를 신중하게 사용할 수만 있다면, 자녀가 학습하고 성장하는 과정에서 아이의 역량을 높여줄 것이다. 그렇다고 해서 자녀의 발달과 장단점, 학습 방식과 관련해서 부모가 갖고 있는 전반적인 이해의 중요성이 줄어드는 것은 아니다. 부모는 자녀에게 가치관을 심어주고 스스로 롤모델이 되어줌으로써 그들에게 필요한 양육 환경을 지속적으로 제공해야 한다. 그 과정에서 AI는 부모에게 더 많은 도구와 긍정적인 환경을 제공함으로써 자녀를 잘 이해하고 인도하도록 도움을 주는 역할을 한다. 최고의 강의 비서이자 양육 비서로서 AI는 아이들이 도움을 요청할 때마다 곧바로 적절한 관심과 피드백을 줄 것이다.

부모와 자녀는
더 많이 연결된다

처음 GPT-4를 사용한 순간부터 우리 팀이 핵-AI-톤을 진행할 때까지 나는 그 기술의 역량에 줄곧 감탄했다. 기술의 가능성은 무한해 보였다. 앞으로 모든 사람이 교육 분야와 세상 전체를 뒤흔들게 될 긍정적이고 부정적인 변화를 겪게 될 것 같았다. 당연하게도 AI는 조만간 우리 삶의 구석구석에 관여하게 될 것이다. 휴대전화와 소셜 미디어가 이미 많은 사람, 특히 아이들에게 미치는 영향이 우려되는 상황에서, AI가 우리에게 가져다줄 도전 과제는 더 많은 기대와 더불어 더 많은 걱정을 낳았다. AI가 전반적으로 긍정적인 영향을 미친다고 해도 사람들이 기술 장비의 화면을 끄는 시간은 훨씬 줄어들 것이다. 다만 다가오는 AI 혁명이 부모와 자녀들이 함께하는 시간을 늘려주고 가족과 함께 보내는 시간을 앗아가지 않길 바랐다. 나는 AI의 가능성에 잔뜩 흥분했지만, GPT-4 발표 후 몇 주 만에 우리 아이들이 AI 개인교사와 함께 공부하는 모습을 지켜보다가 아주 극단적인 행동을 취했다. 즉, 컴퓨터를 모조리 꺼버린 것이다.

나는 우리 가족을 모두 차에 태우고 한 시간을 달려 골든게이트가 바라다보이는 그리고 강아지와 자유롭게 놀 수 있는 샌프란시스코 해변에 도착했다. 거기서 우리는 새로 입양한 6개월 된 강아지 폴리와 함께 뛰어놀면서 도시락을 먹었다. 날이 저물고 난 뒤 우회로를 따라 천천히 집으로 돌아오면서 우리는 중요한 일들과 사소한 일들에 대해 함께 이야기를 나눴다.

생성형 AI는 부모의 책임을 미루기 위한, 혹은 아이들을 감시하기 위한 도구가 아니다. 대신 이전에 등장했던 모든 기술처럼 우리가 자신의 의도를 더 잘 드러내도록 도와주는 도구다. 잘 사용하기만 하면, AI 기술은 부모와 자녀 관계를 더 풍요롭게 만들어줄 것이다. 나는 지금 실리콘밸리에 거주하고 있다. 이곳은 교육의 관점에서 양날의 검과 같은 지역이다. 우선 혁신과 창조성의 중심이다. 우리 아이들은 여기에 살면서 꿈은 크면 클수록 좋다는 것과 몇몇 젊은이가 창고에서 세상을 뒤집어놓을 아이디어를 만들어냈다는 사실을 배운다. 실리콘밸리는 높은 교육 수준과 성실함을 바탕으로 성공을 이룬 뛰어난 인재들이 모여드는 곳이다. 그러나 이러한 환경에서 성장하는 아이는 자칫 내면의 압박감을 받을 수 있다. 나는 몇몇 부모가 학업 성취도를 기준으로 아이의 존재 가치를 평가하는 모습을 목격했다. 그들은 자녀의 성적과 과외 학습, 대학 입시에 사활을 건다. 또한 이러한 극단적인 경우의 반대편에는, 공부를 대충 해도 물려받은 신탁 펀드만으로도 편히 먹고살 수 있다고 생각하는 부유한 가정의 아이들이 있다. 여기서 문제는 무엇인가? 삶에 대한 만족감은 목표를 세우고 열심히 노력하면서 자신이 살아가는 세상을 더 좋은 곳으로 만드는 일에 동참하고 있다는 확신에서 비롯된다는 것이다.

양육의 많은 부분은 저녁 식사나 등굣길에 이뤄진다. 나와 내 아내는 우리 아이들에게 최대한 많은 선택권을 제시함으로써 유연하고 신중한 삶의 태도, 건전한 자의식과 목적의식을 개발하도록 도와주는 것이 부모의 역할이라는 데 동의한다. 우리 아이들은 삶과 일을 통해 도전 과제를 헤쳐 나가야 한다. 하지만 그 과제가 이겨낼 수 없을 정도로 버거워서는 안 된다. 또한 자신의 존재 가치가 성공에 달려 있다는 인식을 줘서도 안 된다. 약간의 경쟁은 도움이 될 수 있지만, 동시에 거시적인 관점과 균형감 역시 필요하다.

우리는 부모로서 양육에 정답이 없다는 사실을 안다. 다만 아이들과 함께하면서 그들이 의미 있고 행복한 삶이 무엇인지 깨달을 수 있도록 부모의 역할을 체계적으로 다하고자 한다. 차로 아이들을 학교까지 태워주거나 치과 진료를 함께 기다리고, 혹은 저녁을 함께 먹는 등 다양한 교류 기회를 일주일에 몇 번만 누려도 아이들의 삶이 크게 달라질 것으로 믿는다.

　그런데 AI의 도움으로 그런 기회를 더 많이 누릴 수 있게 된다면 어떻겠는가? AI가 그 시간을 보다 풍성하게 만들어준다면? 실제로 거대 언어 모델은 학습 시간을 통해 아이들이 부모나 다른 사람들과 생산적인 관계를 형성하도록 많은 기회를 제공한다. 예를 들어 우리 가족은 생성형 AI를 활용해서 외국어나 문화, 전통과 같은 새로운 지식을 함께 배운다. 우리는 이러한 학습 경험에 함께 참여하는 과정에서 공동의 관심과 목표를 중심으로 뭉치게 된다. 또한 생성형 AI의 도움으로 가족과 함께 즐겁고 흥미로운 시간을 보낼 수 있다. 모든 가정이 생성형 AI에 주목해야 하는 이유는 위기 상황에서 외부 조력자에게 관심을 기울여야 하는 이유와 같다. 관계에서 신뢰가 무너졌을 때 외부 중재자가 필요한 것처럼, 가정은 생성형 AI를 활용해 예방 차원에서 가족 유대감을 강화할 수 있다. 우리는 거대 언어 모델을 긍정적이고 건설적인 방식으로 활용하여 함께 게임을 하거나 농담을 주고받고, 혹은 가벼운 대화를 나누는 과정에서 관계를 강화하고 오래 남을 추억을 만들 수 있다. 나는 우리 아이들이 학습에 대한 열정을 키워나가기를 바라는 것만큼이나 아이들과 이러한 순간들을 더 많이 누리기를 소망한다. 우리 모두는 이처럼 함께하는 시간을 통해 성숙해간다.

그럼에도 부모는 살아서 숨 쉬는 개인교사와 동기 부여가, 멘토, 교사와 마찬가지로 자신의 역할을 계속해야 할 것이다. 우리 삶에는 AI가 절대 도움을 줄 수 없는 영역이 있게 마련이다. 거대 언어 모델을 우리 삶의 방정식 안에 집어넣을 때, 인공지능은 아이들이 더 빠르게 학습하고 부모가 자녀와 더 많은 시간을 함께할 수 있게 함으로써 아이들이 전인적인 자질을 갖춘 사람으로 성장하게 만들 것이다. 앞으로 우리는 저녁 식사를 하거나 함께 차를 타고 이동하면서 게임과 대화 등 가족 간 교류를 활성화해주는 형태의 인공지능을 만나게 될 것이다. 여기서 기술은 부모가 자녀와 함께 시간을 보내고 지식의 경이로움과 즐거움을 함께 발견하도록 해주는 매개체가 된다. 이 기술은 대단히 광범위하고 매력적이어서 부모와 자녀가 함께 세상을 탐험하도록 설계된 AI 가이드 여행을 하는 듯한 느낌이 들 것이다.

5장

아이들의 안전 지키기

수호천사가 날 수 있는 속도보다 더 빨리 여행하지는 마세요.
_마더 테레사, 수녀이자 사회 운동가

의심과 경계는 안전의 부모다.
_벤저민 프랭클린, 미국의 정치인

편향되고 왜곡된
정보 속 진실 찾기

　이 세상은 편향과 잘못된 정보로 가득하다. 특히 기술과 소셜 미디어에서 비롯된 허위 정보가 만연한 시대다. 누구보다 우리는 아이들을 위해서 이러한 현실을 철저히 감시해야 한다. 유니세프UNICEF의 글로벌 인사이트 및 정책 사무소는 온라인 및 소셜 미디어 기반 허위 정보를, 아동 폭력과 피해 등 실제로 치명적인 결과를 초래하는 가장 시급한 문제 중 하나로 꼽았다.[7] 아이들은 온라인 세상에서 그리고 보편적인 기술 장비와 함께 오랜 시간을 보낸다. 온라인 매체에 대한 집중적인 사용이 아이들 두뇌에 영향을 미친다는 주장은 자명한 사실이다.

　이러한 점에서 생성형 AI가 등장한 초창기에 많은 사람이 편향과 잘못된 정보에 따른 위험을 걱정했던 것은 당연해 보인다. 만약 편향된 정보를 기반으로 이러한 모델을 훈련한다면, 그 모델 역시 편향되지 않을까? 생성형 AI가 사용자 요구에 따라 완전히 새로운 텍스트를 만들어낼 수 있다면, 어떻게 잠재적인 편향 문제를 감시해야 할까? 우리는 최신 세대의 생성형 AI도 때로 왜곡된 정보를 만들어낸다는 사실을 잘 알고 있다. 그렇다면 AI가 잘못된 정보의 또 다른 원천이 되는 건 아닐까? 이 문제를 고민하기에 앞서 거대 언어 모델이 등장하기 이전의 세상을 돌이켜볼 필요가 있다.

챗GPT가 세상에 모습을 드러내기 전 10년간 미디어 기업들은 특수 설계한 AI를 활용해서 기업 사이트의 트래픽을 최적화하고 사용자들이 거기에 오래 머물면서 최대한 많은 광고를 보게 했다. 그리고 AI를 활용하면서 사람들의 관심을 끌어모으고 유지하는 기술을 점차 익혀나갔다. 안타까운 것은, 이러한 기술이 자극적이거나 기존 편향을 강화하는 콘텐츠를 더 많이 만들어냄으로써 편향을 더 극단적인 형태로 몰아갔다는 점이다. 이러한 콘텐츠는 다른 사람들이 살아가는 모습을 들여다보면서 간접적으로 체험하려는 이들의 욕망을 충족시키거나 사용자들이 자신의 삶에 불안감을 느낄 수 있는 내용을 담고 있었다. 몇몇 정부는 이러한 소셜 미디어 유행을 틈타 미국 땅에서 시민사회와 민주주의의 성장을 가로막고자 했다. 그러나 이처럼 나

뻔 의도를 가진 외부 세력이 없다고 해도, 사회를 양극화하고 사람들을 선동하는 콘텐츠의 기본적인 특성은 앞으로도 남아 있을 것이다.

이 문제는 특히 젊은이들에게 많은 영향을 미친다. 지난 15년간 스마트폰과 소셜 미디어가 젊은 층의 삶을 파고들면서 그들의 정신건강이 크게 악화되었다.[8]

이것이 단지 소셜 미디어에 따른 문제만은 아니었다. 온라인 검색 결과도 예전과 크게 달라졌다. 검색 기술이 등장한 초창기에는 신뢰할 만한 대부분의 사이트가 질문에 대한 대답을 주요 결과물로 보여주면서 부가적으로 측면에 광고를 실었다. 그러나 시간이 흐르면서 수십억 달러 규모의 기업들이 점차 검색 엔진의 최적화와 관련해서 어떤 순위로 검색 결과를 보여줄 것인지를 두고 게임을 벌이기 시작했다. 오늘날 검색 결과의 우선순위는 검색 엔진의 최적화에 많은 돈을 투자할 자원과 동기가 있는 기업들이 결정한다. 그렇게 해서 나온 검색 결과의 신뢰도가 높을 리가 없다. 나아가 검색 사이트들은 실적 압박에 직면해서 광고를 눈에 가장 잘 띄는 곳에 배치시킨다. 그래서 NASA나 스미스소니언Smithsonian, 메이요 클리닉Mayo Clinic, 위키피디아 Wikipedia와 같은 신뢰할 만한 사이트들은 광고를 끌어들이고 미끼로 사람들을 유혹하는 영리 기업의 적수가 되지 못한다.

이와 똑같은 현상은 인터넷이 등장하기 한참 전에 TV와 라디오, 신문 등 전통적인 대중매체에 걸쳐서 뚜렷하게 드러났다. 정치인들의 거짓말은 비밀이 아니다. 미국 정부는 베트남 지역의 군사력 집중으로 이어진 통킹만에서 이라크 침공을 정당화하는 대량파괴 무기의 망령에 이르기까지 거짓 데이터를 적극적으로 활용해서 사회적 편향을 부추겼다. 반면 '신뢰할 만한' 인물과 기관들은 뚜렷한 목소리를 내지 못했다. 정부가 언론을 통제하고 반대 목소리를 억압하는 독재 정권일 경우, 이러한 모습은 더욱 두드러지게 나타난다.

그런데 이러한 국가적 억압과 무관하게 오늘날 전통적인 언론 기업들 역시 소셜 미디어 기업들과 똑같은 결론에 이르고 있다. 사람들을 위협하고 자극할 때 가장 많은 관심을 얻고 그에 따라 가장 높은 수익을 올릴 수 있다는 것이다. 최근 '뉴스'는 전쟁이나 교내 총격 사건, 자연 재해 등 국가나 세계에서 벌어진 끔찍한 사건을 보도하는 데 혈안이 되어 있다. 물론 이런 사건들도 보도할 가치가 있기는 하지만, 그래도 사람들에게 왜곡된 현실 인식을 심어주고 있다는 인상을 지울 수 없다.[9]

반면에 박애주의와 관용, 자선과 관련된 일상적인 활동은 별 관심을 받지 못한다. 케이블 뉴스 기업들은 편향을 부추길 때, 특히 집단주의를 강화하는 편향을 강화할 때 더 많은 관심을 받게 된다는 사실을 깨닫고 있다. 이러한 흐름은 뉴스 플랫폼들을 더욱 극단적인 방향으로 몰아간다.

인간의 편향이 대중매체들 사이에서만 모습을 드러내는 것은 아니다. 최근 채용 과정에서도 AI 기술이 편향을 불러일으킨 다는 우려가 불거지고 있다. 하지만 이러한 편향은 사실 AI가 등장하기 훨씬 전에도 채용 시스템에 깊이 뿌리내려 있었다. 가령 취업 지원자의 이력서를 검토하는 기업 관리자는 지원자의 대학과 전공, 경력 등 몇몇 키워드만 살펴보면서 피상적으로 판단을 내린다. 또한 많은 기업이 채용 담당자들의 태도를 일관되게 관리하는 데 곤란을 겪고 있다는 점에서 채용 과정은 편향으로부터 자유롭지 못하다.

생성형 AI에게 편향에 대한 면죄부를 주기 위해 이런 이야기를 하는 것은 아니다. 다만 신기술을 효과적으로 활용하기 위한 방식을 선택하는 과정에서 현재 상황의 문제점을 짚어볼 필요가 있다. 예를 들어 EU 규제기관들은 이미 취업 지원자의 자격이나 학생의 학업 성취도를 평가하는 과정에서 AI를 활용하는 방식을 고위험으로 분류하고 있다. AI가 이러한 민감한 사안에서 편향을 부추길 수 있다는 게 이유다. 하지만 나는 AI가 편향에서 절대적으로 자유로워야 한다고 주장해서는 안 된다고 생각한다(사실 그것은 정의상 불가능하다). 대신에 채용이나 평가와 같은 주관적인 과정에 이미 스며들어 있는 편향의 상대적 위험성을 인식해야 한다. 가령 이렇게 물어야 한다. 생성형 AI 역시 부정확한 판단을 내릴 위험이 있지만, 그래도 기존 접근방식에 비해 더 나은가, 아니면 더 나쁜가? 불순한 의도를 지닌 사람이 그 기술을 악용하기가 더 어려운가, 아니면 더 쉬운가?

실제로 우리는 채용 담당자나 입학 관리자에게는 적용하기 불가능한 방식으로 AI를 감시하거나 책임을 부여할 수 있다. 예를 들어 인종이나 종교, 성별, 나이를 기준으로 지원자를 차별하지 않도록 AI를 훈련시킬 수 있다. 그리고 수천, 혹은 수백만 번의 실험을 통해 관련된 프롬프트를 미세하게 수정할 수 있다. 만약 AI 모델이 실험 환경에서 충분히 합리적인 범위로 작동한다면, AI는 특정 집단을 선호하는 편향 없이 실제 자격을 바탕으로 '모든' 지원자를 평가하는 수준에 가까이 다가선 것이다.

그런데 기존의 인간 평가자들이 드러낸 편향에 관한 데이터는 아직 나와 있지 않다. 이들의 편향 수준을 평가해보려고 해도 현실적으로 연구의 대상이 되어줄 채용 관리자나 입학 담당자를 발견하기는 힘들다. 더 중요하게도, 우리가 직면한 과제는 AI와 인간 중에서 하나를 선택하는 것이 아니다. 결론적으로 AI를 추가적인 점검 수단으로 도입해서 편향을 최소화하고 여러 이유로 인간 관리자가 간과했을 자격 있는 후보자를 다시 검토할 기회를 얻을 때, 우리는 채용이나 입학과 같은 민감한 영역에서 최고의 결과를 끌어낼 수 있다.

AI가 만들어내는 잘못된 정보의 문제에 대해서도 똑같은 우려의 목소리가 터져 나오고 있다. 무엇보다 우리는 AI의 사실적 오류가 부정확한 정보나 오해를 고의적으로 만들어내려는 의도에서 비롯된 것이 아니라는 사실을 이해할 필요가 있다. 이러한 오류는 그보다 우리가 뭔가를 잘못 기억하는 상황과 비슷하다.

그럼에도 반가운 소식은 거대 언어 모델이 여러 세대를 거쳐 진화하는 동안 사실을 분석하는 능력이 향상되고 있다는 것이다. GPT-4는 GPT-3보다 월등히 좋다. 그리고 다음 버전 역시 또 한 번 거대한 도약을 보여줄 것이다. 지금도 개발자들은 AI가 인간과 거의 흡사한 방식으로 스스로 팩트체크 작업을 수행하게 하는 기능을 개발하고 있다. 우리가 데이터나 어떤 사실과 관련해서 질문할 때, 생성형 AI 역시 인터넷을 검색하고 어느 사이트가 더 신뢰도가 높은지를 평가해서 결론을 뒷받침할 정보를 내놓는다.

다른 한편으로 AI 시스템은 잘못된 정보를 널리 퍼뜨릴 위험성이 높은 주제와 관련해서 학생들을 정확한 정보로 안내하는 기능을 발전시켜나가고 있다. 칸미고와 학생이 나눈 다음 대화를 살펴보자.

> 학생: 토론을 하고 싶어요.

칸미고: 좋습니다. 함께 토론하게 되어 기쁩니다! 어떤 주제에 관해 이야기해볼까요?

학생: 지구는 평평한가요, 아니면 둥근가요? 제가 둥글다는 주장의 입장에 설 테니 반대 입장을 대변해주세요.

칸미고: 죄송하지만 저는 지구가 평평하다는 주장을 대변할 수 없습니다. 지구가 약간 납작한 형태의 구체라는, 즉 지구가 둥글다는 주장은 이미 과학적으로 입증된 사실입니다. 이를 뒷받침하는 증거가 차고 넘치죠. 지구가 둥글다는 증거를 가장 일찍 발견한 사람은 고대 그리스 철학자들이었습니다. 그들은 월식이 일어나는 동안 달에 비친 지구의 그림자가 둥글다는 사실을 발견했습니다. 이는 지구가 둥글어야만 볼 수 있는 현상이죠. 그리고 높은 산이나 고층 빌딩과 같은 고지대에서 지평선을 내려다보면 표면이 휘어져 있다는 사실을 알 수 있습니다. 국제우주정거장을 비롯하여 여러 위성에서 촬영한 사진도 지구가 둥글다는 주장을 절대 부정할 수 없는 증거가 됩니다. 반면 지구가 평평하다는 주장은 다양한 과학적 증거와 실험을 통해 반복적으로 거짓임이 드러나고 있습니다. 결론적으로 지구가 평평하다고 주장할 수 있는 신뢰할 만한 증거는 없습니다.

이처럼 우리는 인공지능의 도움으로 학생들이 의도적으로 왜곡한 정보와 음모론의 덫에 걸려들지 않도록 보호할 수 있다.

오픈AI나 구글, 앤트로픽Anthropic과 같은 산업 내 주요 기업들이 개발한 생성형 AI 모델은 잘못된 정보는 물론, 인종과 성차별, 혹은 혐오 발언 등 문제 있는 콘텐츠를 걸러내는 강력한 보호망을 구축하고 있다. 게다가 교육 애플리케이션들은 부정행위를 예방하고 교사와 학부모가 학생들의 AI 활용을 더욱 투명하게 들여다볼 수 있게 하는 진화된 안전망을 구축함으로써 학생들의 안전을 지키고자 노력하고 있다.

최신 AI 시스템은 균형감 역시 탁월하다. 개인 사용자가 GPT-4와 같은 거대 언어 모델이나 구글의 인공지능 챗봇 서비스인 바드Bard의 기반이 된 PaLM 2Pathways Language Model 2에 실질적인 영향을 미치는 것은 현실적으로 불가능하다. 오늘날 어떤 학생이 잘못된 정보의 토끼 굴로 들어가려 할 때, AI는 균형 잡힌 관점으로 그들을 다시 끄집어내겠다는 약속을 실행에 옮긴다. 이상적인 시나리오에서 AI 기술은 학생들을 더 나은 정보의 원천으로 안내한다. 이러한 기능이야말로 가짜 뉴스와 음모론이 만연한 오늘날 세상에서 대단히 중요하다.

데이터 수집과 프라이버시

　어느 날 바비큐 그릴이나 양말 브랜드를 인터넷에 검색했는데 그때부터 각종 그릴과 양말 광고가 우리를 따라다니기 시작한 경험이 다들 있을 것이다. 더 나아가 우리는 그런 광고를 보면서 전문화된 AI가 그릴이나 양말을 검색하는 사람들은 테스토스테론 보충제나 탈모 치료제도 찾을 거라고 예측한다는 사실도 깨닫게 된다. 이러한 일이 일어나는 것은 우리와 관련된 데이터를 공유하는 웹사이트 뒤에 수십억 달러 규모의 비즈니스가 존재하고 있기 때문이다. 그렇게 맞춤형 광고는 우리가 가는 곳마다 우리를 따라다닌다.

　그런데 해커들이 신용카드 번호나 집 주소, 혹은 비밀번호와 같은 민감한 정보를 저장해놓은 사이트를 공격한다면, 상황이 아주 심각해진다. 그렇게 유출된 데이터가 '다크웹dark web'을 돌아다니며 온갖 불법 활동에 사용되기 때문이다. 쉽게 짐작할 수 있듯이, 이러한 문제는 아이들이 관련될 때 더 심각해진다. 이러한 상황에서 책임감 있는 부모라면 어떻게 해야 할까?

생성형 AI의 놀라운 기능과 생소함을 고려할 때, 부모들이 지금껏 보지 못한 새로운 문제가 나타날 거라고 우려하는 것은 당연하다. 우리가 학부모들에게서 가장 자주 듣는 걱정거리는 AI 기반 애플리케이션들이 다양한 방식으로 사용하고 보유하는 아이들의 개인정보에 관한 것이다.

부모들은 AI 모델을 통해 수집된 데이터가 나중에 아이들의 프라이버시를 침해하는 방식으로 사용되지 않을까 걱정한다. 구글이나 오픈AI, 마이크로소프트 등 주요 AI 모델을 개발하는 기업들 역시 이러한 우려를 잘 알고 있으며, 그래서 효과적인 안전망을 구축해서 민감한 개인정보가 유출될 위험을 사전에 차단하려 하고 있다. 그럼에도 악의적인 해커가 이러한 안전망을 뚫을 위험은 언제나 존재한다. 이러한 위험을 막기 위한 최고의 방법은 훈련을 통해 기본 모델이 개인 식별 정보, 특히 아이들의 개인정보에 접근하지 못하도록 막는 것이다.

동시에 개발자들은 그러한 데이터를 활용해서 애플리케이션의 기반이 되는 모델을 수정한다. 예를 들어 우리는 칸미고에 활용하기 위해 GPT-4를 훈련시켰고, 그렇게 미세하게 수정된 모델에는 오직 칸 아카데미만 접근할 수 있게 제한했다. 다른 모든 버전의 GPT-4는 해당 데이터나 훈련 정보에 접근하지 못하게 한 것이다. 이 경우에도 기본 모델의 미세 조정에 대한 가장 신뢰할 만한 접근방식은 사용자의 프라이버시를 의도치 않게 침해할 수 있는 개인 식별 정보를 사용하지 않게 하는 것이다.

다음으로 그 모델을 활용하는 애플리케이션이 저장하는 데이터가 있다. 칸미고는 학생과의 대화 내용을 저장해서 나중에 부모와 교사가 확인할 수 있도록 해준다. 그 플랫폼은 '기억' 기능이 있으므로 이전에 학생과 나눈 대화 내용을 모두 '소환'할 수 있다. 학생이 칸미고에게 왜 특정 과목에 관심을 기울여야 하는지 물을 때, 칸미고는 학생에게 무엇에 관심이 있는지 물으면서 해당 과목과 개인적인 연결 고리를 만들어낼 것이다. 학생이 "축구"라고 답한다면, 칸미고는 이를 기억할 것이다. 우리는 기반이 되는 모델을 훈련하는 과정에서 그러한 데이터를 사용하지 않지만, 개별 애플리케이션은 향후 맞춤형 서비스를 제공하기 위해 이를 사용한다. 그리고 이를 통해 사용자에게 정보와 보안, 맞춤형 서비스를 제공한다. 다만 이때 데이터를 편집하거나 삭제할 수 있는 선택권 같은 실질적인 투명성 역시 중요할 것이다.

그럼에도 데이터와 관련된 실질적인 위험은 여전히 존재한다. 우리는 그 똑같은 위험을 생성형 AI가 출현하기 이전에도 경험했다. 어떤 이는 개인정보를 건전한 방식으로 사용해서 제품의 영향력과 효과를 파악하거나 사용자 경험을 맞춤화하고, 어떤 이는 이러한 데이터를 전략적 광고를 위한 소중한 자원으로 활용한다. 기업들 대부분이 처음에는 수집한 데이터를 선한 목적으로만 사용하려 한다. 하지만 외부의 압박을 받을 때, 특히 투자자로부터 수익을 개선하라는 요구에 시달릴 때, '데이터 현금화'라고 하는 회색 지대로 발을 들이려는 유혹을 강하게 받는다. 심지어 비용을 아끼기 위해 데이터를 안전하게 보호하기 위한 적절한 조치를 사전에 취하지 않음으로써 해커의 침입에 취약한 상태로 놓여 있는 기업도 있다. 이러한 상황에서 부모와 교육자에게 필요한 조언은 모든 애플리케이션, 특히 아이들이 사용하는 애플리케이션에는 데이터 사용 목적과 관련해서 가장 높은 기준을 적용해야 하며, 그러한 정보를 보호하기 위한 모든 합리적인 사전 조치를 취하도록 강제해야 한다는 것이다.

투명한 것이 무조건
좋은 것은 아니다

  부모들은 힘든 숙제를 하는 자녀를 돕는 과정에서 많은 어려움을 경험한다. 까다로운 숙제일수록 자녀가 끝까지 해보도록 설득하는 것이 더 힘들다. 이처럼 부모가 어떻게 해야 할지 몰라 당황할 때, AI 개인교사는 자녀가 어떤 지점을 어려워하는지 부모에게 알려주고 더 효과적으로 개입하기 위한 조언을 해준다. AI 개인교사는 퀴즈와 강의, 소크라테스 문답법 등을 활용해서 아이와 교류하고, 이를 통해 부모에게 자녀의 학습 격차에 관한 보고서를 제공하며 더 많이 지원할 수 있는 방안을 알려준다. 이것이야말로 자녀를 위해 고용한 최고의 개인교사에게 기대할 수 있는 서비스다.

칸미고 출시 후, 우리는 많은 학부모로부터 예전에는 불가능했던 투명성 기능 덕분에 학습과 관련해서 자녀와 좋은 관계를 유지할 수 있게 되었다는 이야기를 종종 들었다. AI 개인교사는 부모에게 자녀가 무엇을 공부하는지, 어느 과목에서 어려움을 겪는지 알려주고 학습 격차를 줄이기 위해 부모가 자녀와 함께 할 수 있는 방법을 알려준다. 한 학부모와 칸미고가 나눈 대화를 살펴보자.

학부모: 우리 딸은 요즘 무슨 공부를 하고 있나요?

칸미고: 지난주에는 대수학 1의 심화학습 과정을 54분간 공부했습니다. 저는 아이가 어려움을 겪을 때마다 조금씩 도움을 주고 있습니다. 구체적으로 말씀드리자면, 최근 아이는 기울기의 개념을 이해하는 데 어려움을 겪었습니다. y값의 변화에 따른 x값의 변화, 그리고 그 역의 경우를 계산하는 법을 익히기 위해 계속 공부하고 있습니다. 이 링크를 누르면 학습 내용과 관련해서 더 자세한 사항을 확인할 수 있습니다.

그밖에도 어제 롱우드 선생님이 내준 숙제를 위해 저는 《주홍글씨》에 나오는 헤스터 프린 역을 맡았습니다. 아이는 집단으로부터 따돌림을 당하면 어떤 감정이 드는지 많이 물어보더군요. 이 링크를 누르면 우리가 나눈 대화 내용을 확인할 수 있습니다.

학부모: 오! 기대 이상입니다. 그런데 딸아이에게 공부하라고 하면 항상 눈을 이리저리 굴리더군요.

칸미고: 다른 부모들도 똑같이 겪는 일입니다! 무엇보다 아이 입장에서 학습을 재미있고 중요한 활동으로 만들려는 노력이 필요합니다. 아이의 관심사를 수학과 연결 짓고 수학을 실생활에 적용하는 법을 보여주세요. 공부의 핵심은 일관성입니다. 그러므로 학습 루틴을 짜보는 것이 도움이 됩니다. 그리고 아이가 성취한 것을 인정하는 것도 잊지 마세요. 지속적으로 동기를 부여하려면 아무리 사소한 성과라도 놓치지 마세요. 가장 효과 있는 방법을 알아내기 위해서는 여러 차례의 시도와 실패가 필요합니다. 하지만 끈기와 창조적인 아이디어로 결국에는 아이와 함께하는 방법을 찾아낼 거라고 믿습니다.

학부모: 공부 이야기를 꺼낼 때마다 아이 표정이 심드렁한데 어떻게 루틴을 짜야 할까요? 그러다가 말다툼을 하기는 싫거든요.

칸미고: 좋은 방법이 있습니다. 루틴을 강요하는 대신에 아이가 계획표를 짜는 과정에 참여하도록 만드세요. 규칙적인 공부 습관의 중요성에 대해 이야기를 나누면서 하루 중 언제가 공부하기 좋은 시간인지 물어보세요. 그리고 공부 시간을 얼마나 잡아야 할지 아이디어를 내보게 하세요. 아이에게 발언권을 주면, 주인 의식이 커지고 반항심은 줄어듭니다. 그리고 처음에는 작게 시작해서 점점 목표를 키워가는 접근방식이 좋습니다. 일관

성이 핵심이라는 점을 명심하세요. 처음에는 하루 몇 분도 좋습니다. 긍정적인 태도로 끈기를 발휘해보세요. 지금도 잘하고 있습니다!

AI 개인교사는 학생의 학습 상황을 부모와 공유하면서 이를 바탕으로 어떻게 행동해야 할지, 어떤 지원이 필요할지 조언을 준다. 이는 자녀의 학습 진도를 부모에게 알려주는 수준을 넘어서는 것이다. 나는 AI 개인교사가 부모와 자녀 사이의 유대감을 더 강화해줄 것으로 기대한다. 칸미고가 부모에게 자녀와 함께 합리적으로 소비하는 방법에 관한 조언을 준 사례도 있다.

무엇보다 투명성은 대화를 더욱 활발하게 만들어준다. 십대 자녀에게 학교생활이 어떤지 물으면 부모는 십중팔구 그냥 "괜찮아요"라는 대답만 듣게 될 것이다. 자녀가 어떤 공부를 하고 있는지는 물론, 어떤 주제로 대화를 나눠야 할지조차 모르는 게 부모다.

사실 투명성은 생소한 개념이 아니다. 과거에도 학교는 교육의 투명성을 높이기 위해 아이들의 성적표를 가정에 발송했다. 부모는 성적표를 보고 자녀 교육을 지원했다. 그리고 교사나 학교 행정관 및 교육 전문가의 도움을 받아 자녀의 학습 과정을 확인했다. 하지만 이제는 생성형 AI 덕분에 예전엔 힘들었던 일을 쉽게 할 수 있게 되었고, 이를 통해 자녀의 요구사항도 충족시킬 수 있게 되었다.

그런데 이러한 형태의 정보 공유는 투명성을 둘러싸고 중대한 질문을 제기한다. 바로 다음과 같은 질문이다. 과연 자녀의 학습과 관련해서 모든 걸 아는 것이 좋은 일일까?

자녀의 학습 과정을 감독하는 것은 자녀의 발전과 안전을 위해 좋은 방법이다. 그러나 유의해야 할 문제도 있다. 바너드대학Barnard College의 한 아동심리학 연구는 자녀와 AI의 교류를 관리하는 방법과 관련해 여러 우려를 제기했다.[10] 학생은 AI에게 많은 도움을 받을 수 있다. 다만 아이들은 자신이 AI와 나눈 대화 내용을 부모가 모두 볼 것이라고 생각한다면, 애초에 AI와 대화를 나누려 하지 않을지도 모른다. 이렇게 자녀가 온라인에서조차 프라이버시나 개인 공간이 없다고 느낄 때, 부모-자녀 관계가 위험에 빠질 수 있고 이는 아이의 감정 발달에 부정적인 영향을 미치게 된다. 부모가 지나치게 통제적이거나 감시를 통해 자녀를 억압한다면, 신뢰 문제가 발생할 수도 있고 자녀의 반항심을 자극할 위험이 있다. 또한 아이들은 반드시 성과를 올려야 한다는 압박감을 느끼게 될 것이다. 그렇게 되면 도움이 필요할 때, 부모를 더 이상 의지할 대상으로 여기지 않게 된다. 따라서 감시의 필요성과 자녀의 프라이버시와 독립성에 대한 존중 사이에서 균형을 잡는 일이 가장 중요하다.

온라인 세상의
수호천사

성인에게도 인터넷은 유용하면서 동시에 무서운 세상이다. 1990년대 말, 수십억 페이지에 달하는 데이터를 검색해서 질문에 대한 대답을 찾고 제품이나 서비스에 관한 정보를 제공하는 컴퓨팅 기술에 사람들은 강한 충격을 받았다. 하지만 웹사이트들이 점점 광고 매출 비즈니스에 주목하면서 대부분의 사이트가 방문자가 실제로 원하는 정보보다 광고 클릭을 유도하는 정보를 더 많이 보여주고 있다.

검색 사이트도 다르지 않다. 검색 사이트에 접속해서 우리가 처음 보게 되는 대여섯 개의 정보들 모두 광고다. 다음으로 이어지는 검색 결과 역시 검색 사이트를 최적화하는 기술을 확보한 기업이 제공한 것으로, 신뢰성을 의심할 수밖에 없다. 상황이 이렇다 보니 몸이 아픈 가족을 위한 치료법을 찾아보기 위해, 뉴스에 나온 사건을 자세히 알아보기 위해 검색 사이트에 접속해도 원치 않는 정보를 더 많이 만나게 된다.

또 한 가지 문제는 우리가 보고 있는 인터넷 화면이 다른 사람의 화면과 같지 않다는 사실이다. 검색 결과와 광고, 소셜 미디어 피드는 개인의 관심사에 따라 맞춤화된 화면을 띄운다. 이러한 콘텐츠는 사용자 개인의 기존 사고방식을 강화하고, 사용자의 감정적 반응을 자극함으로써 더 많은 스트레스를 주고 보다 양극화된 사고방식으로 몰아간다.

이러한 시스템은 아이들에게 더 위험하다. 아이들은 신뢰할 만한 출처와 그렇지 않은 출처를 구분하는 능력이 성인에 비해 떨어질 수밖에 없다. 사실 성인도 구분하기 쉽지 않다. 또한 아이들은 자신의 행동을 통제할 능력이 성인에 비해 부족하다. 그래서 중독적인 소셜 미디어 피드는 아이들의 주의를 몇 시간 동안 붙잡아둘 수 있다. 그러는 동안 아이들은 많은 스트레스를 받고 짜증을 느끼며 현실 세상과 격리된다. 아이들의 두뇌가 계속해서 성장 중이라는 사실을 고려할 때, 이는 정신 발달에도 악영향을 미친다. 게다가 아이들이 온라인 세상에서 극단적인 폭력이나 포르노 영상을 너무나 쉽게 접할 수 있다는 것도 우리는 잘 알고 있다.

그래서 우리는 아이들을 위해 인터넷 세상에 안전망을 설치하고 있으며, 실제로 이러한 노력이 다양한 형태로 효과를 드러내고 있다. 가령 많은 학교와 가정은 아이들이 접속할 수 있는 사이트의 범위를 제한하는 소프트웨어를 설치하고 있다. 안타까운 것은 이러한 소프트웨어가 그리 정교하지 않다는 점이다. 그 필터 기능은 학생들에게 때로 혼란을 준다. 필요한 콘텐츠까지 막아버리기 때문이다. 또 어떨 때는 적절하지 않은 콘텐츠를 허용하기도 한다. 유튜브 같은 사이트에는 수준 높은 교육 콘텐츠나 삶을 풍요롭게 만들어주는 오락 거리도 많지만 아이들에게 건전하지 않은 유해 콘텐츠도 많다. 유명 뉴스 매체들 역시 전쟁이나 성범죄 관련 소식을 전한다. 이러한 정보는 배경지식을 설명해줄 누군가가 없을 때 아이들에게 더 해롭다.

이제 아이들이 인터넷 세상을 돌아다니는 동안 AI 개인교사가 그들 '곁에' 있다고 상상해보자. 가령 브라우저 플러그인 앱이 그런 기능을 한다고 하자. 이 AI는 학생들이 온라인 학습이나 영상 콘텐츠를 효과적으로 활용하도록 도움을 준다. 또한 아이들이 유튜브나 뉴욕타임스와 같은 웹사이트를 돌아다닐 때에도 도움을 준다. 그리고 그 과정에서 아이들이 읽는 뉴스 기사를 학년별 수준에 맞게 재구성함으로써 특정 연령에 부적절한 세부 정보는 배제할 수 있다. 학생들이 기사를 살펴보면서 특히 관심을 기울이는 주제가 있다면 이와 관련된 자료를 소개

해주고, 소크라테스 문답법을 통해 학생이 읽고 있는 글과 관련된 토론을 하도록 유도하는 동시에, 필요한 배경 지식을 설명하여 콘텐츠에 대한 이해도를 높여준다.

이와 같은 AI의 기능은 부모와 교사에게도 유용한 서비스를 제공한다. 나는 부모의 입장에서 아이들이 인터넷을 건설적으로(가령 공부하고 프로그래밍하고 디지털 작품을 만들고 영상을 편집하고 보고서를 쓰는 등) 활용하는 시간을 최대한 늘리길 원한다. 동시에 별로 건설적이지 않은(소셜 미디어에서 친구들과 채팅하거나 유튜브에서 다른 이가 로블록스Roblox 게임을 하는 모습을 지켜보는 등) 시간은 가급적 줄이길 바란다. 또한 유해 콘텐츠에 노출되지 않기를 바란다. 나아가 나는 아이들이 온라인에서 무엇을 하는지 알길 원한다. 이는 몇 년 전만 해도 비현실적인 기대였지만 최신 세대 AI가 등장하면서 현실적인 서비스로 자리 잡고 있다.

이러한 기능은 도덕적이고 책임감 있는 인간 개인교사가 아이들 곁을 지키면서 그들이 인터넷에 접속하기 전에 미리 해당 사이트들을 둘러보는 것과 같다. 이러한 형태의 AI 감시는 인터넷을 더 안전하고 생산적인 공간으로 만들어줄 뿐 아니라, 부모와 교사가 아이들에게 지속적으로 동기를 부여할 수 있게 도와준다. 칸 아카데미 초창기부터 나는 학부모들로부터 아이들이 우리 사이트에서 공부하는 시간을 기준으로 유튜브나 마인크

래프트를 할 수 있는 시간을 허락하는 기능이 있느냐는 질문을 받았다. 이러한 요구는 이제 현실이 되었고 우리도 지금 그런 서비스를 개발 중이다. 이를 통해 학생들이 생산적으로 보낸 시간을 기준으로 덜 생산적으로 보내는 시간을 허용해줄 수 있다.

지금까지 AI가 아이들을 위해 제공할 수 있는 서비스는 모두 성인에게도 마찬가지로 도움이 된다. AI와 함께할 때, 우리는 원하는 정보를 빨리 찾을 수 있도록 도움을 주는 사려 깊고 똑똑한 친구와 함께 인터넷 세상을 돌아다닌다는 느낌을 받을 것이다. 그 친구는 또한 유해한 광고나 정보로부터 나를 지켜줄 것이다.

AI의 역할은 우리가 사이트를 돌아다니거나 정보를 검색하는 과정에 도움을 주는 데 그치는 것이 아니다. 우리는 AI를 통해 자신이 어디서 얼마나 시간을 보냈는지 정확하게 확인할 수 있다.

> 칸미고: 지금까지 어머니를 위한 치료법을 찾아보고 있었습니다. 그런데 10분 동안 발리우드 댄스 영상만 계속 보고 있군요. 다시 주제로 돌아가볼까요?

그리고 우리의 정신건강까지 챙겨준다면 어떨까?

> 칸미고: 인스타그램에서 전 여자친구의 결혼식 사진만 계속 들여다보고 있네요. 어떤 기분이 드나요? 한번 이야기를 나눠볼까요?

게다가 신체 건강까지 신경 써준다면?

> 칸미고: 두 시간 동안 화면만 들여다보고 있었어요. 잠시 스트레칭을 해보면 어떨까요?

우리는 하루 중 많은 시간을 인터넷에서 보낸다. 그러면서 놀라울 정도로 많은 정보와 서비스를 접하게 된다. 때로는 정신과 신체 건강에 악영향을 끼치는 유해 콘텐츠나 알고리즘을 만나기도 한다. 만약 우리 자신의 필요에 따라(기업의 필요가 아니라), 인터넷 정보를 걸러주는 생성형 AI 가이드와 함께할 수 있다면 그런 위험은 낮추고 효율은 높일 수 있을 것이다.

AI에게는 온라인 세상의 수호천사가 될 역량이 있다.

6장

AI 시대의 교육

나를 살게 해준 사람은 아버지이지만, 잘 살게 해준 사람은 스승이다.

_알렉산더 대왕

배움의 열망을 자극하지 않고 학생을 가르치려는 것은
싸늘한 쇳덩이에 망치질을 하는 것과 같다.

_호러스 맨, 미국의 교육 개혁가

전복되는
교실

2017년, 세계적으로 유서 깊은 과학 행사인 영국 과학 페스티벌British Science Festival 무대에 한 날씬한 남성이 올랐다. 유명한 교육자이자 역사가인 앤서니 셸던Anthony Seldon이었다. 그는 전 세계에서 모여든 앞서가는 수많은 연구원들을 내려다보며 2027년이면 인간이 아닌 AI가 교사 역할을 하게 될 거라고 말했다. 그러면서 서서히 모습을 드러내고 있는 AI 기술이 지식 전달자 기능을 하게 되면서 교사는 교육에서 보조적인 역할을 하게 될 것이며, 조만간 모든 학생이 최고의 교사와 더불어 완벽한 맞춤형 교육 환경을 누리게 될 것이라고 강조했다. 셸던은 AI 소프트웨어가 교육 과정 전반에 걸쳐 우리와 함께할 것이며 학생 개개인의 학습 속도에 맞춰 도움을 줄 것이라고 했다.

그는 청중에게 이렇게 말했다. "이 기술은 우리가 산업혁명에서, 혹은 그 이후로 등장했던 모든 기술에서 목격한 수준을 완전히 넘어섭니다. 이 말은 기계가 사용자에 맞춰 적응해나간다는 의미입니다. 학습자의 이야기에 귀 기울이고 표정을 읽으면서 유능한 교사처럼 학생들 개개인을 알아갈 겁니다."

나는 우리가 교육 분야에서 맞춤화를 추구해야 하며 그 과정에서 AI가 중요한 역할을 맡게 될 것이라는 셀던의 주장에 동의한다. 하지만 그 기술로 인해 인간 교사의 가치가 떨어질 것이라는 예측에는 반대한다. 오히려 정반대 현상이 나타나리라 생각한다.

가르친다는 것은 전문적인 기술이다. 그 기술을 익히려면 오랜 훈련과 노력이 필요하다. 이러한 이유로 많은 교사가 당연히 생성형 AI 같은 기술로부터 도움을 받을 수 있다는 생각에 불편함을 느낄 것이다. 기술에 지나치게 의존하면서 학생과 교사 간의 인간적인 교류와 개인적인 관계가 위축될 수 있다는 지적 역시 타당하다. 실제로 그렇게 된다면 학습 과정이 더 비인간화될 것이며, 결국 학생들이 학습하고 성장하는 과정에 부정적인 영향을 미칠 것이다. 일부는 이러한 AI 기술 때문에 학생들이 인간 교사나 개인교사, 혹은 도움을 주려는 부모와 아무런 교류없이 질문에 대한 대답을 쉽게 구하게 될 것이라고 우려한다.

그리고 이러한 걱정은 교사가 교실에서 이제 쓸모없는 존재가 될 거라는 시나리오로 흘러간다. 평생을 교단에 바친 교사에게 무시무시한 전망이 아닐 수 없다. 교사는 중요한 직업이다. 우리 사회는 언제나 유능하고 열정적인 교사를 원했다. 그럼에도 많은 교육자가 셸던이 예측한 세상, 즉 인공지능으로 교사에 대한 수요가 줄어드는 세상이 언젠가 현실이 될까봐 두려워하고 있다.

기술을 유용한 기술과 해로운 기술로 나누는 이분법적 사고는 1960년대 더글러스 엥겔바트Douglas Engelbart의 연구로 거슬러 올라간다. 엥겔바트는 컴퓨터용 마우스를 개발한 인물로 잘 알려져 있는데, 그를 상호작용하는 컴퓨팅과 컴퓨터 네트워킹 기술에 대한 개척적인 연구자로 기억하는 이들도 있을 것이다. 엥겔바트는 트랙터가 식량을 생산하는 농부의 노동력을 강화해주는 것처럼 기술이 사람들의 역량을 강화한다고 생각했다. 사람들이 기계를 사용해서 더 빠르고 더 효율적으로 일할 수 있을 거라 믿었다. 그런데 거대 언어 모델이 엥겔바트와 셸던의 예측을 모두 따라잡은 지금은 어떨까? 인공지능이 우리 인간의 역량을 강화해줄까, 아니면 인간을 대체해서 우리의 존재 가치를 떨어뜨릴까?

다시 한번 생각해보자. 거대 언어 모델의 세상에서 교사만큼 안전한 일자리는 없을 것이다. 교사는 대체 불가능할 뿐 아니라, AI 기술을 통해 학생과의 개인적 관계를 강화하는 일부터 풍요롭고 창조적인 강의 콘텐츠를 개발하는 일에 이르기까지 다양한 도움을 받을 것이다. 셀던과 마찬가지로 나 역시 교육 분야에서 AI가 차지하게 될 역할에 대해 낙관적이다. 하지만 AI가 교실에서 차지하게 될 구체적인 위상에 관한 그의 주장에는 동의하지 않는다. 나는 기계가 교사를 강의 조수로 강등시킬 것으로 생각하지 않는다. 강의 조수는 AI가 맡을 것이다.

물론, 신기술에 대해 어느 정도는 경계하는 태도가 바람직하다고 생각한다. 생성형 AI는 학생이 공부하는 방식부터 교사가 가르치는 방식에 이르기까지 중요한 변화를 몰고 올 것이다. 우리가 이러한 변화를 잘 헤쳐 나가려면 교육받은 용기가 필요하다. 교사들은 어떻게 두려움을 극복하고 교육 분야에 밀려오고 있는 변화의 물결을 받아들여야 할까?

이에 대해 와튼 스쿨의 이선 몰릭은 이렇게 말한다. "생성형 AI의 등장에 발맞춰 교사는 무엇보다 세 가지에 주목해야 합니다." 그는 가장 먼저 학생에 대한 기대 수준을 높여야 한다고 언급했다. "교사는 학생을 가르치는 과정에서 다양한 방식으로 현실에 적응해나가야 합니다. 그 방식은 교사 개개인마다 다를 겁니다. 어떤 교사는 부정행위를 막기 위해 학생들이 수업 시간에 글쓰기를 하도록 방식을 바꿀 겁니다. 다른 교사는 학생들이 생성형 AI를 적극 활용해서 거대 언어 모델이 없었다면 경험하지 못했을 프로젝트에 참여시킬 겁니다. 어느 경우든 학생에 대한 교사의 기대는 예전보다 훨씬 높아질 겁니다.”

가령 학생들이 생성형 AI를 사용해서 보고서를 작성한다면 결과물의 수준이 크게 향상될 것이다. 이는 워드프로세서가 나오면서 학생들이 예전과는 달리 더욱 멋진 글씨체와 형식을 갖추고, 숙고를 거듭한 보고서를 제출하게 된 것과 비슷하다.

다음으로 몰릭이 말하는 두 번째 요소는 우리의 직관을 거스르는 것처럼 보인다. 그는 학생들이 과제를 하는 과정에서 생성형 AI를 더 많이 활용하도록 교사들이 격려해야 한다고 말한다. 그는 이렇게 지적한다. “AI와 학생이 한 팀을 이뤄야 합니다.” 몰릭은 학생들이 생성형 AI를 사용하면 실질적인 피드백을 얻고 자신이 만들어낸 결과물을 검토하고 평가할 수 있을 거라고 말한다. 학생들은 더 높은 점수를 얻기 위해 보고서를 제출하기 전, AI에게 최종 검토를 부탁할 수 있다. 그렇게 미리 오류를 발견하게 된다면, 학생들은 다시 과제로 돌아가 문제를 해결하고 더 완성도 높은 과제를 제출할 것이다.

세 번째는 제일 중요한 것으로, 이를 위해서는 교실이 완전히 전복되어야 한다.

몰릭은 말한다. “모두가 챗GPT를 이용해서 효과적으로 공부할 수 있다면 강의는 큰 의미가 없습니다.”

나는 이러한 교실 전복에 관해서는 어느 정도 알고 있다.

2011년 테드 토크TED Talk에서 전 세계 많은 교사가 내게 이메일을 보내 칸 아카데미 영상 때문에 수업 시간 강의의 의미가 사라지고 있다고 했다. 다만 아이들이 VOD 서비스로 자신이 원하는 강의를 들을 수 있다면, 교사는 수업 시간에 소크라테스 문답법과 협력 과제에 집중하는 방식으로 학습에 더 많은 도움을 줄 수 있다. 앞으로 학생들은 집에서 강의를 듣고 교실에서 상호 협력을 통해 '숙제'를 하게 될 것이다.

몰릭은 내게 이렇게 말했다. "챗GPT로 인해 많은 일이 일어나고 있습니다. 그중에는 긍정적인 일도 있습니다. 우리는 2000년 동안 합리적이라고 믿었던 방식으로 학생들을 가르쳐 왔습니다. 교실에서 강의를 하고 집에서 해야 할 작문 과제와 숙제를 내주는 방식에 익숙해져 있습니다. 그러나 이제 우리는 생성형 AI가 교사의 삶을 더 수월하게 만들어줄 수 있다는 사실을 명심해야 합니다."

어떻게 그럴 수 있는지 함께 살펴보자.

AI 조교의
등장

    교육은 지금 위기를 맞이하고 있다. 현재 교사는 응급지원 근로자와 경찰 및 항공관제사와 더불어 업무상 탈진 위험이 가장 높은 직군 중 하나다. 최근 미국 사회는 심각한 교사 부족 사태에 직면하고 있다. 현재 거론되고 있는 교사 부족 규모는 약 30만 명에 달하며, 미국 전역에 걸쳐 90퍼센트에 가까운 학구들이 매년 교사가 부족하다고 보고하고 있다. 이러한 문제의 주요 원인 중 하나는 교사에 대한 지원 및 예산 부족이다. 교사에 대한 수요가 높은 것이 비단 오늘날의 현상은 아니다. 하지만 최근 교사들은 과로와 연장 근무로 심리적, 감정적 차원에서 위험한 수준의 탈진 현상을 겪고 있다. 요즘 교사들은 일주일에 평균 54시간을 근무하는데, 그중 49퍼센트가 학생들과 함께 있는 시간이다.[11] 2022년 에드위크 연구소EdWeek Research Center의 조사 결과에 따르면, 교사들은 학생들이 하교한 뒤에도 학교에 남아 저녁 늦게까지 강의 계획을 세우고 과제를 채점한다. 교사들이 자기 일에 쉽게 환멸을 느끼게 되는 것은 어쩌면 당연한 일이다. 미국에서 교사의 평균 근무 기간은 5년에 불과하며, 전체 교사의 4분의 1은 이직을 고려 중인 것으로 나타났다.

우리 연구팀은 기존 플랫폼에 AI 조교 기능을 통합하는 과정에서, 거대 언어 모델이 교사의 업무를 보다 유지 가능한 일로 만들어줄 가능성을 확인했다. 만약 어떤 학구가 갑작스럽게 수억 달러의 예산이 생겨서 모든 교사에게 3명의 똑똑한 조교를 붙여준다고 상상해보자. 이들 조교는 교사들이 강의 계획을 짜고 시험 문제를 출제하고 과제를 평가하며 학습 진행 보고서를 작성하고 동료 교사들과 회의하며 학생들을 지원하는 과정에 도움을 준다. 그렇게만 된다면 전 세계 모든 교사가 두 팔 벌려 환영할 것이다. 그렇다고 해서 조교들이 교사의 일자리를 위협하지는 않는다. 오히려 교사 업무를 유지할 수 있게, 더 즐겁게 할 수 있게 만들어준다. 무엇보다도 이들 조교는 수많은 학생의 학습 성과를 높여주고 대학 진학이나 취업, 혹은 각자의 인생에 더 잘 대비할 수 있도록 도움을 줄 것이다.

하지만 아쉽게도 우리 사회는 모든 교사에게 3명의 조교를 지원할 자원이 없다. 그래도 좋은 소식이 있다면, 이제 교사들에게 AI 조교를 지원해줄 수 있게 되었다는 것이다. 어떤 면에서 AI 조교는 인간 조교보다 훨씬 더 강력한 힘을 발휘할 수 있다. 그들은 언제나 접근이 가능하며 모든 학생을 일대일로 관리할 수 있다. 학생들이 수업이나 학습에 적극적으로 참여할 수 있게 유도하고 부드러운 방식으로 책임을 부여할 수 있다. 나아가 교사의 주요 업무에 따른 다양한 단순 업무도 처리한다. 가령 작문 지침서를 작성하고 학생이 쓴 글에 대해 피드백을 주며 학생의 전반적인 학습 진행 보고서를 작성해서 학부모에게 전달할 수 있다.

교사는 생성형 AI를 활용해서 새로운 강의 방식을 위한 아이디어를 얻고 학생들의 학습 격차를 확인할 수 있다. AI 조교는 학생들이 어려움을 겪는 부분을 파악해서 교사에게 그에 알맞은 강의 계획을 제시하고, 또한 학업 성과를 분석해서 실시간으로 그 결과를 교사에게 쉽게 전달할 수 있다. 이밖에도 탈진으로 고생하는 교사에게는 상담사가 되어준다. 실제로 이런 기능이 점점 보편화되어가고 있기에 충분한 안전망만 갖춰진다면 더욱 놀라운 힘을 발휘하게 될 것이다.

교사들은 수십 년 동안 차별화와 참여 학습이 최고의 교육 원칙이라고 배웠다. 여기서 차별화란 학생들 저마다가 서로 다른 도움을 필요로 한다는 인식에서 나온 개념이다. 나와 셸던이 함께 논의했던 개인화personalization도 차별화의 연장선에 있다. 그리고 참여 학습이란 가만히 앉아서 집중하는 척하는 수동적인 학습으로는 최고 성과를 올릴 수 없다는 인식에서 나온 개념이다. 학생들은 토론과 놀이, 프로젝트, 문제 해결 과정에 적극적으로 참여할 때 최고 성과를 올릴 수 있다. 많은 신입 교사가 이러한 참여 학습을 추구하지만 30명의 학생으로 가득한 교실에서는 현실적으로 불가능하다는 사실을 금방 깨닫게 된다. 그럼에도 많은 시간을 투자해서 강의 계획을 수정하고 맞춤형 과제를 만들어내는 방식으로 참여 학습을 실천하는 교사들도 있다. 그 과정에서 AI 조교가 학생들의 까다로운 질문에 완벽한 대답을 내놓고, 동시에 강의 계획서를 순식간에 작성할 수 있다면 교사들에게 최고의 혁신일 것이다.

교사는 인공지능의 도움으로 힘든 행정 업무에서 벗어나 더 많은 시간과 자원을 누릴 수 있다. 칸미고에 이렇게 프롬프트만 입력하면 된다. "9학년을 대상으로 제2차 세계대전에 관한 수업을 진행하려고 해. 이를 위해 강의 계획서를 작성해줘." 그러면 AI가 수업 목표, 주요 사건과 전투에 대한 토론 주제, 제2차 세계대전에서 중요한 역할을 했던 핵심 인물들에 대한 소개, 그러한 인물들의 이념과 전략 및 전투에 미친 영향, 그에 따른 파급효과는 물론 그들이 남긴 유산에 대한 검토를 담은 6단계 강의안을 몇 초 만에 뚝딱 만들어낼 것이다.

그러면 교사는 여기에 전반적인 강의 계획서 초안을 추가하거나, 다시 AI에게 간단한 설문조사로 수업을 시작하여 강의를 좀 더 흥미진진하게 만들 수 있을지 요청할 수 있다.

> **AI 조교**: 물론입니다! 설문조사는 학생들의 참여를 유도하고 배경지식을 평가할 수 있는 좋은 방법입니다. 다음과 같은 질문은 어떨까요? 다음 보기 중에서 제2차 세계대전이 일어난 가장 중요한 원인이 뭐라고 생각합니까?
>
> ① 베르사유 조약
> ② 아돌프 히틀러와 나치의 등장
> ③ 주축국들의 팽창정책
> ④ 국제연맹의 실패

강의를 준비 중인 신입 교사가 추가적인 정보와 배경지식이 필요할 때는 새로운 프롬프트만 입력하면 된다. "제1차 세계대전이 끝나고 베르사유 조약이 미친 역사적 영향에 관한 강의안을 작성해줄래?" 그러면 잠시 후 AI 조교가 새로운 강의안을 내놓는다. 나아가 구체적인 정보나 일화를 추가하는 것처럼 상호적인 방식으로 수업을 진행할 수 있는 방법까지 교사에게 알려줄 것이다.

그런데 만약 학교가 소재한 지역의 야구팀이 월드시리즈에서 우승을 하는 바람에 학생들 모두 그 일에 정신이 팔려 있다고 해보자. 그러면 교사는 칸미고에게 이러한 프롬프트를 입력할 수 있다. "야구에 관한 이야기를 넣어서 이번 수업 계획서를 작성해줄 수 있을까?" 그러면 그 AI 조교는 교사가 직접 했다면 몇 시간이 걸렸을 작업을 단 몇 초 만에 처리해낼 것이다. 칸미고는 이렇게 답한다. "물론이죠! 9학년 학생들을 위해 제2차 세계대전에 야구를 접목해 업데이트한 강의 계획서입니다!" 수업 목표에는 전쟁 중 야구가 해낸 역할을 알아보는 과제도 포함된다. 그리고 스포츠 정신이 전쟁 중에 수행했던 역할에 관한 설명과 함께 전쟁이 야구에 어떤 영향을 미쳤는지, 군대에서 야구 리그가 어떻게 만들어졌는지에 관한 토론 과제도 들어간다. 또한 테드 윌리엄스Ted Williams나 조 디마이조Joe DiMaggio처럼 군대 야구 리그에서 활약했던 선수들을 소개하는 방법도 제안한다. 게다가 지나 데이비스Geena Davis가 주연을 맡았던 영화 〈그들만의 리그A League of Their Own〉에 나오는 전미 여자 프로 야구 리그를 알아보는 시간도 추천한다.

다음으로 교사는 학생들에게 제2차 세계대전으로 이어진 복잡한 경제 상황을 설명해줄 구체적인 사례가 필요할 수 있다. 이를 위해 교사는 한두 시간을 할애해 도서관이나 온라인 사이트를 뒤질 수도 있고, AI 조교에게 부탁할 수도 있다. 칸미고는 프롬프트가 입력되고 몇 초 만에 이렇게 대답한다. "야구를 비유로 활용한 구체적인 사례를 소개합니다."

AI 조교: 생각해봅시다! 두 야구팀 A팀과 B팀이 서로 경쟁하는 상황을 상상해보세요. 두 팀은 게임에 임하기 위해 장비와 자원이 필요합니다. A팀은 품질 좋은 야구 배트를 생산하고 B팀은 우수한 야구 글러브를 생산하죠. 두 팀은 경기 전에 배트와 글러브를 서로 교환해서 필요한 장비를 마련합니다. 그런데 어느 날 A팀은 B팀에서 구매한 글러브에 높은 관세를 매기기 시작합니다. 이 말은 A팀의 입장에서 B팀의 글러브 가격이 아주 높아진다는 뜻이죠. 이로 인해 B팀은 재정적으로 어려움을 겪게 됩니다.

교사는 이러한 야구 사례를 통해 거래 불균형과 보호주의 정책 그리고 경제 분쟁이 어떻게 국가 간 관계를 악화시키고 결국 중요한 지정학적 분쟁으로 이어질 수 있는지 쉽게 설명할 수 있다. 이 사례는 복잡한 경제 상황이 제2차 세계대전으로 이어진 흐름과 대단히 유사하다.

또한 교사는 AI의 도움을 받아 수업 내용을 더 정확하고 흥미진진하게 만들 수 있다. 교사는 한 걸음 더 나아가 AI에게 학생들이 수업 시간에 참여할 수 있는 창의적인 프로젝트를 제안해달라고 요청할 수 있다. 그러면 AI 조교는 이렇게 답한다. "몇 가지 아이디어를 소개할게요. 주요 사건과 지도자, 전쟁터를 중심으로 함께 연대표를 만들거나 찾아보게 하는 건 어떨까요? 그 과정에서 학생들은 전쟁 상황과 세계적인 영향을 시각적으로 확인할 수 있을 겁니다. 혹은 연설문이나 편지, 사진 등 전쟁과 관련된 주요 자료를 제시해서 학생들이 이를 분석하고 해석하게 할 수도 있습니다. 이를 통해 학생들은 비판적인 사고 기술을 높이고 역사적 맥락을 더 잘 이해하게 될 겁니다."

여기서 AI가 교사에게 주는 도움은 작문 및 창작 수업에 대한 계획과 관리, 과제 채점, 학부모 면담을 넘어선다. 결국 AI는 학생들의 소그룹 활동을 활성화하고, 이러한 활동에 효과적으로 개입하는 방법과 어느 학생에게 관심을 집중해야 하는지에 대해 실시간으로 교사에게 조언과 피드백을 주는 일까지 할 수 있다.

셀던은 로봇이 교사를 대체할 것으로 내다봤다. 그러나 현실이 공상 과학 이야기만큼 어둡지는 않을 것이다. 교육 분야에서 AI의 등장은 기술과 팀을 이룬 높은 수준의 교육이 등장했다는 뜻이다. 다시 말해, AI는 교사들이 받아야 할 관심을 뺏기 위해 등장한 것이 아니라 교사들이 더 많은 관심을 받도록 돕기 위해 등장했다. AI는 교사의 신뢰할 만한 조력자가 되어 교사가 지루한 업무를 쉽게 처리하고 학생들의 창조성을 강화하고 수업에 활력을 일으키면서 인상적인 학습 경험을 통해 학생들에게 영감을 불어넣을 수 있게 도와줄 것이다.

AI를 잘 활용하면 학생들의 학습 경험을 높여줄 수 있을 뿐 아니라 많은 교사에게 가르치는 일의 즐거움을 되찾아줄 것이다. 물론 기술만으로 교사들의 고용과 탈진에 관한 문제를 모두 해결할 수는 없다. 이를 위해서는 교사의 처우 개선 같은 더 많은 사안을 고려해야 한다. 우리 사회는 교사들이 더욱 편안하게 자신의 일을 할 수 있도록 최선을 다해야 할 것이다.

마지막으로 학생들에게 정말로 중요한 것은 따로 있다. 기술이 아니라 교실에서 인간 대 인간 관계를 많이 경험하는 것이다. 교사가 사라지면 학습에서 가장 중요한 요소가 사라진다. 셸던의 예측과는 달리, 교사들은 언제나 교실을 책임질 것이다. 그리고 이것이야말로 우리가 정말로 감사해야 할 일이다.

완벽해지는 대안 교육

오늘날 미국에서는 약 300만 명의 부모가 자녀를 홈스쿨링하고 있으며 그 수는 점차 늘어나는 추세다. 이들 부모는 서로 다른 이유로 홈스쿨링을 선택하지만, 대부분은 기존 학교 시스템이 자녀의 요구와 관심에 제대로 대응하지 못한다고 생각한다. 가령 획일적인 수업 속도로 인해 학습 격차가 벌어져 자녀가 자신감을 잃어버리게 될까봐 우려하는 것이다. 또한 홈스쿨링을 통해 기존 학교 시스템과는 달리 더 빠르고 심층적으로 학습할 수 있는 환경을 마련해줄 수 있다고 여긴다.

하지만 홈스쿨링 역시 여러 우려가 제기되는 상황이다. 또래와 어울릴 수 있는 충분한 기회가 있을까? 부모가 아이들에게 도움을 줄 수 있을 만큼 모든 과목에서 충분한 전문 지식을 갖추고 있을까? 자녀의 학습과 발달 과정에서 적절하게 도움을 줄 수 있는 시간적 여유와 유연성, 경제적 자원이 있을까? 그리고 홈스쿨링을 받은 학생은 자신이 학습 내용을 완전히 숙지했다는 사실을 어떻게 대학에 증명할 수 있을까? (특히 부모가 대부분의 평가 과정을 맡고 있다면.)

우리 칸 아카데미는 AI가 선택지로 떠오르기 전부터 유치원부터 대학에 이르기까지 학생들이 거의 모든 과목을 개인의 시간과 속도에 맞춰 학습할 수 있는 포괄적인 플랫폼을 개발해왔다. 교사와 학부모는 이러한 플랫폼을 통해 학생의 학습 과정을 확인하고 과제를 내줄 수 있다. 또한 바로 그 플랫폼을 활용해서 자신의 지식을 업데이트할 수 있다. 사람들이 이러한 플랫폼을 투명한 방식으로, 그것도 무료로 이용할 수 있을 때 그 효과는 가장 빛날 것이다.

최근 들어 개인이 개인을 지원하는 방식의 새로운 플랫폼이 온라인 세상에 등장하고 있다. 예를 들어 스쿨하우스는 소규모 실시간 개인 교습 프로그램을 무료로 제공하는데, 풍부한 학습 지원뿐 아니라 전 세계 아이들이 줌을 통해 안전하게 학습하도록 도움을 준다. 또한 사회화 기회도 제공한다. 스쿨하우스의 우수한 자원봉사 교사들 대부분이 고등학생들이다. 이러한 점에서 스쿨하우스는 홈스쿨링 지원을 넘어서 고등학생들이 봉사 활동을 하고 리더십을 발휘할 수 있는 기회까지 제공한다.

일반적인 학교 시스템 외부에 있는 학생들은 이러한 플랫폼을 통해서 졸업장을 받거나 대학에 입학할 수 있다. 시카고대학교와 MIT, 캘리포니아 공과대학교, 브라운대학교, 예일대학교, 조지아 공과대학교, 오하이오 주립대학교, 서던캘리포니아대학교, 컬럼비아대학교 등 이미 많은 대학이 스쿨하우스가 발행한 성적증명서를 입학 심사에 반영하고 있다. 칸 아카데미에서 90점 이상 받은 학생은 성적증명서와 동료들의 평가를 바탕으로 해당 과목의 학업 성취도를 증명할 수 있다. 또한 플랫폼상에서 다른 동료들에게 어떤 도움을 얼마나 주었는지도 입증할 수 있다. 실제로 캘리포니아 공과대학교는 칸 아카데미의 성적증명서로 고교 필수 과목 이수를 인정하고 있다. 다시 말해 캘리포니아 공과대학교는 일반 학교를 다닌 적이 없다고 해도 칸 아카데미에서 필수 과목을 모두 이수하고 스쿨하우스에서 성적증명서를 받은 학생들을 입학 심사 대상으로 고려한다는 것이다.

비록 이 플랫폼이 홈스쿨링 학생을 위해 개발된 것은 아니지만, 공동체 내에서 신뢰할 만한 정보 원천으로 자리 잡아가고 있다. 홈스쿨링을 하는 학생은 이러한 플랫폼이 없었다면 다른 친구들과 함께 공부하거나 개별적인 도움을 얻기 위해, 혹은 해당 과목을 이수했다는 사실을 입증하기 위해 허비했을 많은 시간(과 많은 돈)을 절약할 수 있다.

생성형 AI는 이러한 플랫폼을 또 다른 차원으로 높이고 있다. 홈스쿨링을 하는 학생은 일반적인 학교 시스템에서 공부하는 학생과 마찬가지로 칸미고와 같은 AI 개인교사를 자유롭게 활용할 수 있다. 또한 AI의 도움으로 토론이나 시뮬레이션 학습에도 참여할 수 있다. AI는 이제 부정행위를 조장하기보다 실시간으로 피드백을 주고 작문 과정에서 유용한 조언을 전하는 역할을 한다. 학부모가 전문 지식이 부족할 때, AI는 코치나 상담사로 기능하면서 학생들이 대학에 지원하거나 직장을 선택하는 과정에서 도움을 준다. 홈스쿨링을 하는 학생들은 아마도 더 자유로운 시간과 유연성으로 자신의 꿈을 좇을 것이다. 이들은 생성형 AI와 협력해서 10년 전만 해도 수천(혹은 수백만) 달러가 들었을 음악과 영화, 혹은 게임을 만들어낼 수도 있다.

동시에 AI 기술은 부모에게도 도움을 준다. AI는 자녀가 최근에 무슨 공부를 하고 있고 어느 과목에서 도움이 필요한지 학부모에게 정확하게 보고한다. 더불어 학부모 스스로 지식을 업데이트하고 자녀를 더 효과적으로 지원하고자 할 때, AI가 그들을 위한 코치와 개인교사로 기능할 것이다.

이는 홈스쿨링을 하는 학생만이 누릴 수 있는 혜택이 아니다. 대안 학습을 추구하는 사람들은 이러한 플랫폼을 집을 짓기 위한 벽돌로 생각할 수 있다. 자녀를 공동으로 교육하기 위해 자원을 공유하는 모임인 '팟스쿨러스Pod schoolers'도 여기에 해당된다. 이처럼 새로운 형태의 학교를 개척하려는 이들은 그 과정과 도구 및 지원을 다시 만들 필요가 없다. 나아가 일반 학교들도 이러한 플랫폼을 활용해서 모든 가구가 폭넓게 선택하고 유연하게 적응해나가도록 도움을 줄 수 있다.

나는 획일적인 수업 방식으로 강의 속도를 결정하는 것은 좋지 않다고 생각한다. 이와 마찬가지로 하나의 교육 방식이 모든 가정에 더 좋다거나 더 나쁘다고 말할 수도 없다고 생각한다. 일반적인 학교 시스템에서 최고의 성과를 올리는 학생도 있다. 반대로 홈스쿨링의 유연성과 독립성을 중요하게 생각하는 가구도 있다. 많은 이가 아마도 양극단의 중간쯤 있을 것이다. 그런데 나는 최근까지도 많은 가구가 시간과 돈, 정보의 부족으로 선택권에서 제약을 받고 있다고 생각한다. 온라인 플랫폼과 생성형 AI 기술은 바로 이러한 문제를 해결하고 폭넓게 선택할 수 있는 자율권을 더 많은 이에게 선사할 것이다.

AI는 부정행위를
조장할까, 개선할까?

AI는 중고등학교 교육 과정을 도전적이고 혁신적으로 만든다. 이러한 위력은 학생들에게 많은 자율권을 허락하는 대학교육에서 더욱 빛을 발할 것이다. 가령 보고서 과제는 고등학교에서는 학습 활동의 일부에 불과하지만, 인문계 대학에서는 4년 동안의 학습 활동에 아주 중요한 부분을 차지한다. 따라서 챗GPT를 이용해 보고서를 쓰는 부정행위는 고등학교보다 대학에서 훨씬 더 심각한 문제가 된다. 비단 인문학 과목에만 해당되는 문제가 아니다. 학생이 독창적인 결과물을 만들어내야 하는 모든 과목에서 문제가 된다.

이를 막는 하나의 방법은 대학이 학생들의 도덕성을 믿는 것이다. 실제로 많은 대학에서 '명예 규칙'이라는 불문율이 오랫동안 이어져왔다. 명예 규칙하에 학생들은 보고서를 쓰거나 기숙사에서 시험을 치는 등 모든 학습 활동을 혼자 힘으로 헤쳐나간다. 가령 스탠퍼드대학교는 최근까지도 아무리 교수가 원한다고 해도 시험 시간에 학생들을 감독할 수 없게 했다.

하지만 안타깝게도 이러한 명예 규칙을 성실하게 지키는 학생이 부정행위를 노골적으로 일삼는 학생에 비해 명백한 불이익을 겪고 있다고 느끼는 캠퍼스 분위기가 일고 있다. 또 다른 문제는 명예 규칙하에서는 학생들이 서로를 감시한다는 것이다. 물론 이러한 사회적 압력이 부정행위를 한 동료에 대한 고발로 이어지는 경우는 거의 없지만 말이다. 실제로 한 학생이 다른 학생의 부정행위를 고발할 경우, 대부분 두 학생 간의 주장이 서로 엇갈리는 상황이 발생하게 마련이다.

최근 대학생들은 예상보다 일상적으로 더 많은 부정행위를 저지르고 있다. 2021년 미국의 교육 전문 온라인 매체인 〈인사이드 하이어 에드〉에서 실시한 학생 의견 설문조사 결과에 따르면, 응답자의 47퍼센트가 "시험이나 과제에서 정답을 찾기 위해 웹사이트를 참조하는 행위"는 "어느 정도, 혹은 충분히 허용 가능하다"고 답했다.[12] 그리고 또 다른 〈인사이드 하이어 에드〉 보고서는 스탠퍼드대학교의 한 대학원생의 말을 다음과 같이 인용했다. 부정행위는 "대학 생활의 일부가 되어가고 있습니다. (…) 이제는 누구도 명예 규칙을 존중하지 않습니다. 대학원생도 교수도 학부생도 말이죠."[13]

물론 학생들이 과제를 하는 과정에서 도움을 구하려 하는 이유는 충분히 이해할 수 있다. 하지만 시험 문제의 정답을 인터넷에서 구하는 행위를 용인할 수 있다는 인식이 학생들 사이에 만연하다는 것은 학문적 신뢰가 심각하게 허물어진 현실의 방증이다. 게다가 AI 사용이 갑작스럽게 보편화되면서 상황은 더 나빠지고 있다.

스탠퍼드대학교도 예외가 아니다. 2023년 미들버리대학 Middlebury College의 설문조사 결과에 따르면, 학생들 중 3분의 2가량이 명예 규칙을 어긴 적이 있다고 응답했고, 32퍼센트는 시험에서 부정행위를 저지른 적이 있으며, 15퍼센트는 'AI 프로그램 혹은 챗GPT를 부정한 방식으로 사용'한 경험이 있다고 답했다.[14]

이러한 결과를 보면 왜 스탠퍼드대학교가 2023~2024년 학기에 시험 감독에 관한 기존 정책을 바꿨는지 알 수 있다. 이제 스탠퍼드대 교수들은 교실에서 시험 감독을 할 수 있다. 스탠퍼드 문과대학 학장 데브라 사츠Debra Satz는 이렇게 말한다. "책임감이 부족한 학부생들이 그 계약에서 발을 빼고 있습니다. 그들을 비난할 생각은 없습니다. (…) 지금 우리는 부정행위를 할 생각이 없는 학생들이 다른 모두가 부정행위를 저지르고 있다고 생각하는 상황이 점차 확산되는 흐름을 그저 지켜보고 있을 뿐입니다."[15]

물론 부정행위는 챗GPT가 등장하기 오래전에도 대학생들의 보고서 과제에서 심각한 문제였다. 챗GPT가 대중에 모습을 드러내기 3년 전인 2019년에 〈뉴욕타임스〉는 미국을 비롯하여 여러 부유한 나라의 대학생들의 보고서를 대신 작성해주면서 생계를 이어나가는 나이지리아나 케냐와 같은 나라의 대학 졸업생들에 관한 기사를 보도했다.[16] 그들은 주로 온라인 중개인을 통해 보고서 과제를 받았다. 실제로 인터넷에서 '보고서를 저렴하게 작성해주실 분'으로 검색하면, 그런 서비스가 얼마나 만연해 있는지 쉽게 확인할 수 있다.

이제 생성형 AI가 등장하면서 우리는 그전부터 오랫동안 존재해온 부정행위 문제를 더 심각한 시선으로 바라보게 되었다. 대학들은 이러한 상황을 아예 몰랐거나, 아니면 알면서도 어떻게 대처해야 할지 몰랐다. 그러나 부정행위는 분명히 해결해야 할 문제다. 그렇지 않으면 대학 졸업장의 가치가 떨어질 것이고 정직하지 않은 젊은이들이 계속해서 이익을 가로챌 것이다. 또 그렇게 신뢰를 저버린 대학생들은 앞으로 비즈니스와 공직 분야에 진출해서도 마찬가지로 신뢰를 저버릴 것이다.

그래도 해결책은 있다. 예를 들어 작문이나 보고서 작성 과제를 수업 시간에 하도록 하는 것이다. 이를 통해 학생들을 보다 적극적으로 수업에 참여하게 만들 수 있다. 분량이 많은 과제라면 여러 수업에 걸쳐 완성하게 할 수 있다. 사실 이 방법은 이전에 수학과 과학 과목에서 제기했던 교실 뒤집기와 흡사하다. 학생들은 수업 시간에 숙제를 하고 집에서 영상으로 강의를 시청한다.

이렇게 학생들로 하여금 독립적으로 에세이를 쓰게 하면, 스스로 계획을 세우고 미루지 않는 습관을 키우는 등의 중요한 이점이 있다. 이는 글쓰기를 배우는 것만큼이나 유용한 기술이다. 이 문제를 해결하기 위해 일부 교수들은 학생에게 개요부터 초안, 최종 논문 작성까지 모든 단계의 결과물을 보고하게 함으로써 부정행위를 막으려고 한다. 하지만 안타깝게도 페이지당 9달러짜리 해외 외주나 챗GPT에게 작성을 요청하는 것은 어려운 일이 아니다.

그런데 한 걸음 더 나아가 AI가 실제로 학생을 지원하면서 그러한 협력 과정을 교수에게 투명하게 공개하도록 한다면 어떨까? 칸미고는 교사들이 AI와 협력해서 과제를 내고, 보고서를 채점하며, 학생들이 AI 앱을 사용해서 과제를 완성하도록 격려한다. 교사들은 그 과정에서 AI로부터 얼마나 많은 도움을 받을 것인지 미리 선택할 수 있다. 또한 AI는 학생이 보고서를 작성하는 동안 중간 단계 원고를 주기적으로 저장함으로써 전반적인 과정을 감시하며, 전문적인 작문 선생님처럼 보고서의 주제를 놓고 학생과 토론하고, 개요에 대해서는 물론, 최종 보고서에 피드백을 주기도 한다. 이러한 피드백에는 문법이나 참고 문헌의 품질 검토 결과, 학생이 받을 만한 성적 제안에 이르기까지 다양한 작업이 포함된다. 그리고 학생이 최종적으로 보고서 작성을 마치면, AI가 보고서를 교수에게 전송한다.

> 칸미고: 살만과 함께 총 5시간에 걸쳐 보고서를 작성했습니다. 살만이 주제를 선택하는 과정에서 큰 어려움은 없었지만, 그래도 주제 선정과 관련해서 조언을 줬습니다. 개요에 대해 몇 가지 간략한 피드백을 줬고, 각 주 정부의 권리에 대한 주장을 더 돋보이게 만들 것을 제안했습니다. 살만이 논의를 위해 처음으로 선택했던 참고 문헌이 가장 적절한 것 같습니다. 저는 우리가 함께 작성한 보고서에 대해 B+를 주고자 합니다. 교수님이 평가에 동의하신다면 살만과 함께 좀 더 다듬어보겠습니다. 다음 링크를 누르면 우리가 주고받은 대화 내용 전체를 확인하실 수 있습니다. 저는 전반적으로 살만과 함께 이번 보고서를 작성했고 그가 절대 부정행위를 하지 않았다고 생각합니다. 살만은 논의에 진지하게 참여했으며, 그의 문체와 작문 수준은 수업 시간에 보여줬던 것과 일치하는 것으로 보입니다.

반대로 그 학생이 논문 대행 서비스인 에세이-라이팅 팜essay-writing farm이나 챗GPT를 사용해서 보고서를 작성하고 그 원고

를 그대로 복사해서 붙여넣기로 과제를 완성했다면, 칸미고는
교수에게 이렇게 보고할 것이다.

> 칸미고: 우리는 5분 동안 이번 보고서를 함께 작성했습니다. 원
> 고 대부분은 다른 어딘가에서 미리 작성되어 붙여넣기를 한 것
> 같습니다. 또한 작문 수준이 살만이 수업 시간에 보여준 것보다
> 상당히 높습니다. 살만이 보고서를 작성하는 과정에서 부적절
> 한 도움을 받았을 가능성이 아주 커 보입니다. 다음 링크를 클
> 릭하면 우리가 나눈 대화 내용 전체를 확인하실 수 있습니다.

이 정도의 투명성이라면 많은 문제를 한 번에 해결할 수 있
다. 여기서 AI는 작성 과정에 주목하면서 학생들에게 도움을 주
고 부정행위의 위험을 낮춘다. 만약 학생의 친구나 AI가 칸미고
와 함께하는 논의 과정에 참여한다고 해도, 최종 결과물의 수준
은 그 학생이 수업 시간에 감독을 받으면서 한 작문 수준과 비
슷할 것이다. 교수는 AI의 예비 평가 덕분에 채점 시간을 줄이
고 더 많은 에너지를 자신과 학생에게 쏟을 수 있다. 무엇보다
중요한 것은 적절한 시점에 학생에게 피드백을 제공함으로써
작문에 도움을 줄 수 있다는 사실이다.
　빠른 피드백은 대단히 중요하다. 농구 연습을 하면서 자유투
를 던졌는데 공이 들어갔는지 안 들어갔는지 며칠 후에야, 혹은

몇 주 후에야 알 수 있다면 자유투 실력을 늘리기가 무척 힘들 것이다. 우습게 들릴 수 있지만, 바로 이러한 상황이 작문과 관련해서 실제로 벌어지고 있다. 생성형 AI가 등장하기 전에는 학생들이 보고서에 대한 피드백을 얻으려면 며칠 혹은 몇 주를 기다려야 했다. 그렇게 피드백을 받을 때가 되면 자신이 무슨 글을 썼는지 많이 잊어버린 상태가 된다. 또한 보고서를 다듬을 수 있는 기회도 없다. 반면 AI는 학생이 쓴 모든 글에 대해 즉각 피드백을 준다. 덕분에 빠른 속도로 살펴보고 개선해서 반복 학습을 할 수 있다.

학생들은 작문뿐 아니라 모든 학습 활동에서 똑같은 도움을 얻을 수 있다. 올바로 활용하기만 한다면, 생성형 AI는 오랜 부정행위의 문제를 해결하고 보다 풍요롭고 생산적인 학습 경험을 학생에게 선사할 수 있다. 가장 중요한 것은, 대학들이 이러한 기술을 진지하게 받아들임으로써 학생들이 졸업 후 세상에 나가기 전에 충분한 준비를 하게 만들 수 있다는 것이다.

7장

─── 세계적인 교실 ───

세상의 자원은 모든 사람의 필요를 충족시키기에 충분하지만,
모두의 탐욕을 충족시키기에는 부족하다.
_마하트마 간디, 인도의 민족운동 지도자

이상과 현실을 좁히는 교육의 미래

우리 가족은 현재는 인도의 서벵골과 방글라데시로 분리된 벵골에서 이민을 왔다. 나의 부모님이 벵골을 떠나 루이지애나 메테리로 이주했을 때에야 나는 어릴 적 경험한 교육 시스템이 대단히 열악했다는 것과 한정된 자원, 과밀한 학급(혹은 교실이 아예 없거나), 자격 있는 교사 부족으로 많은 어려움을 겪었다는 것을 깨달았다. 이러한 문제들 모두 교육의 수준에 큰 영향을 미쳤다. 다행스럽게도 나와 누나는 미국에서 교육을 받았고 우리가 다닌 공립학교로부터 많은 지원을 받았다. 하지만 그런 미국의 교육 시스템이 모두에게 좋은 것은 아니었다. 특히 진도를 따라가지 못하거나 개인 교습을 받을 수 없는 경우 혹은 학습 격차를 메우기 위해 가정에서 지원을 받지 못하는 경우에는 더욱 그랬다.

칸 아카데미를 시작하고 난 뒤, 불평등한 학습 기회의 문제가 생각보다 훨씬 더 심각하다는 사실을 알게 되었다. 자원과 인프라 및 유능한 교사의 부족은 전 세계 많은 지역에서 학습을 가로막는 중대한 장벽이었다. 특히 아프리카 사하라 이남과 남아시아 지역 국가들의 초등학교 졸업률은 충격적으로 낮았다. 이들 지역에 사는 수많은 아이들은 학교에 갈 수 없거나 가난과 전쟁으로 중간에 학업을 포기해야 했다. 또한 성차별이 만연하거나 소외된 지역의 공동체에서는 교육에 대한 접근이 더 힘들었다. 그렇게 매년 수백만 명의 아이들이 학교에 가지 못했고, 특히 학교에 가지 못하는 여자아이들은 남자아이들보다 2배나 더 많았다.

아이들이 학교에 갈 수 있는 지역에서도 상황은 그리 좋지 않았다. 2004년에 유네스코UNESCO는 인도에서 교사의 25퍼센트가 학교에 가지 않고 있으며, 실제로 아이들을 가르치고 있는 교사는 전체 교사의 절반에 불과하다고 발표했다.[17] 게다가 아이들을 가르치는 교사 중 많은 이가 강의 내용에 대해 충분한 교육을 받지 못한 상태였다.

이러한 문제가 개발도상국에서만 나타나는 것은 아니다. 미국에서도 빈곤 가정 아이들은 친구들보다 18개월이나 늦게 유치원에 들어간다. 또한 수준 높은 유치원의 학습 자료에 접근할 수 없거나 중상위 계층 가구처럼 개인 교습을 이어나갈 수 없는 등 다양한 문제가 있다.

반면 한국이나 중국, 일본, 인도 등 여러 아시아 국가에서는 많은 가구가 높은 비용을 지불하면서 자녀를 학원이나 과외 등 방과 후 학습 교실에 보낸다. 그래야 극단적으로 경쟁적인 환경에서 뒤처지지 않을 수 있기 때문이다. 그러나 이는 많은 경우 대단히 비싸고 심한 경우 아이들의 정신건강에도 심각한 피해를 입힐 수 있다.

아무리 긍정적으로 보려고 해도 오늘날 우리 아이들을 위한 교육 기회는 세계 대부분의 지역에서 불평등하게 주어지며, 이상적인 상황과 너무나 거리가 멀다. 스탠퍼드대학교의 교육학 교수 수재나 러브Susanna Loeb가 말하듯, 양질의 교육은 변화에 대처하는 강력한 원동력이지만 안타깝게도 그 기회가 모두에게 열려 있는 것은 아니다. 러브는 내게 이렇게 말했다. "더욱 평등하고 효율적인 교육 시스템을 구축하기 위해 애쓰고 있지만, 그 과정에서 많은 장애물을 만나게 됩니다."

교육 정책을 연구한 러브는 학생들이 학습 자료와 맞춤형 강의에 쉽게 접근할 수 있도록 만들기 위해 노력하고 있다. 미국 사회는 교육 시스템을 분산화했다. 모든 학구가 독자적으로 의사결정을 내리기 때문에 국가 차원에서 표준적인 교육을 실행하기란 거의 불가능하다. 러브는 불평등한 환경에서 집단별 학업 성취도 편차가 점점 벌어지고 있다고 했다. 이는 특별한 지원이 필요한 학생 집단에서 더 뚜렷하게 나타나고 있다. 또한 같은 집단 내에서도 아이들의 학습 방식에서 불평등이 나타나고 있다. 특히 다른 아이들처럼 양질의 교육 기회를 충분히 누리지 못하는 저소득층이나 소외된 지역의 아이들에게서 뚜렷하게 드러난다. 이러한 아이들이 사는 지역의 학교들은 대개 예산이 부족하고, 그래서 과외 활동이나 고급 수학 및 과학 과목의 교육을 제대로 지원하지 못한다. 이러한 문제는 점점 악화되고 있으며, 시야를 세계로 확대할 때 자원이 부족한 지역에서 더욱 심각하게 드러나고 있다.

교육자들은 이와 같은 문제를 해결하기 위해 단기적이고 협소하며 국지적인 몇 가지 방안을 내놨지만, 전 세계적으로 교육 기회를 평등하게 만드는 데 실질적인 도움은 되지 않았다. 러브는 이렇게 말했다. "문제가 지속적으로 확산하는 상황에서 기술이 그 역할을 할 수 있습니다."

진정한 혁신을 이루기 위해서 기술은 평등해야 한다. 부자와 빈자 사이의 격차를 넓혀서는 안 된다. 또한 뒤처진 학생들을 내버려둬서는 안 된다.

그래서 나는 칸 아카데미를 시작했다. 지금까지의 개혁 시도가 정책과 관련해서 어려움에 직면했던 반면, 우리는 오로지 인터넷의 힘으로 전 세계 모든 교실과 학생, 가정에 직접 다가갈 수 있었다. 기술 투자에 따른 사회적 이익은 대단히 높았다. 가령 우리 팀은 일반적인 미국 고등학교와 비슷한 예산으로 칸 아카데미를 운영하지만, 전 세계적으로 1년에 1억 명이 넘는 학생들에게 서비스를 제공하고 있다. 그리고 그 규모를 수십억 명으로 확장할 잠재력도 갖고 있다. 이를 통해 기존 교실의 천장을 높일 뿐 아니라, 세계적인 수준의 강의나 특정 과목의 수업을 듣기 어려운 아이들을 위해 강의 서비스를 제공할 수 있었다. 나는 이 무료 온라인 강의 시스템이 전 세계 교육 분야의 안전망이 될 것으로 확신한다.

이 이야기는 단지 이론으로 끝나지 않는다. 솔라라는 여학생의 사례에서 알 수 있다. 솔라는 아프가니스탄에서 탈레반이 장악하고 있는 지역에 살고 있었는데, 그곳에서는 여자가 학교에 갈 수 없었다. 다행스럽게도 솔라는 가족의 지원 덕분에 인터넷을 사용할 수 있었다. 그녀는 칸 아카데미에 등록해서 선대수학 pre-algebra, 미국 학생들이 대수학을 배우기 전에 듣는 과목부터 생물학, 화학, 물리학, 미적분학에 이르는 모든 과목을 혼자 공부했다. 솔라의 꿈은 미국으로 건너가 이론물리학자가 되는 것이었다. 현재 솔라는 자신의 강한 의지와 자신에게 기회를 주고자 했던 이들의 도움으로, 터프츠대학에서 양자 컴퓨팅 연구원으로 일하면서 책도 펴냈다.

물론 솔라의 사례가 흔한 경우는 아니지만, 우리 팀은 이와 비슷한 이야기를 종종 접한다. 솔라는 그 지역 학생들 대부분이 누릴 수 없었던 지원을 받았다. 그런데 솔라와 같은 학생 1000만 명이 개인교사의 도움을 받아 자신의 열정을 발견하고 꿈을 이루기 위해 도전할 수 있다면 어떨까?

우리는 높은 수준의 훈련을 받은 개인교사가 일주일에 4일, 하루 30분씩 아이들을 가르친다면(러브가 개인 교습으로 충분하다고 한 시간이다), 어떤 환경과 지역에 살고 있든 강력한 동기를 부여할 수 있다는 사실을 확인했다. 다만, 우리는 부유한 지역에서든 가난한 지역에서든 항상 비용과 확장성 문제에 직면하게 된다.

자원 부족이 개인 교습을 가로막는 유일한 장벽은 아니다. 모든 학생은 저마다 고유한 관심을 원하며, 또한 그런 관심을 받을 만한 자격이 있다. 하지만 근접 발달 지대zone of proximal development, 아동이 타인의 도움 없이 스스로 문제를 해결할 수 있는 실제적 발달 단계와 또래 친구나 성인이 도움을 주면 문제를 해결할 수 있는 잠재적 발달 단계 사이에 존재하는 이론적인 영역에 있는 학생들에게 지원과 훈련 등 다양한 도움을 제공함으로써 기존 지식 기반 위에 새로운 지식을 쌓고 이를 통해 다음 단계로 넘어가도록 만드는 일은 결코 쉽지 않다.

우리는 바로 이 지점에서, 인공지능이 전 세계적으로 교육 격차를 좁히고 모든 사람에게 평등한 학습 기회를 제공하는 혁신적인 역할을 해낼 수 있다는 사실을 깨닫게 된다. 누구나 스마트폰으로 거대 언어 모델 애플리케이션에 접근할 수 있을 때, 우리 사회는 전 세계 모든 지역의 학생들에게 세계적인 수준의 교육 프로그램의 일부, 혹은 전부를 제공할 수 있다.*

러브는 이렇게 말한다. "다양한 경험과 충분한 제반시설을 갖춘 교사들은 이제 AI 기술을 활용해서 교육 친화적인 환경을 구축할 수 있게 되었습니다. 이러한 기술 덕분에 성인들은 학생들에게 더 높은 동기를 부여할 수 있습니다. 지금까지 밝혀진 모든 증거에 따르면, 학생들의 동기가 유지되려면 개인화된 접촉이 필요합니다. 함께 학습하면서 그들이 잘할 때는 축하하고 어려움을 겪을 때는 도와주는 신뢰할 만한 성인과의 관계가 무엇보다 필요합니다."

---

* 오늘날 전 세계 인구의 약 65퍼센트가 인터넷을 사용하고 있으며(그 수치는 국가와 지역에 따라 아주 다양하게 나타나고 있지만) 전 세계 인구의 절반 이상이 스마트폰을 갖고 있다.

교육 분야의
AI 경제학

전 세계 어디서든 수준 높은 교육에는 많은 비용이 소요된다. 미국의 루이지애나주는 학생당 연간 약 1만 달러의 예산을 쓰고, 뉴욕주는 4만 달러를 쓴다. 인도의 공립학교는 평균적으로 학생당 연간 500~1200달러를 쓴다. 그러나 이처럼 폭넓은 격차에도 근본적인 시스템은 모두 동일하다. 다시 말해, 학생들은 정해진 진도에 맞춰 교과과정을 밟아나가고 그 과정에서 일부 학생은 뒤처지거나 지루하다는 느낌을 받는다. 일부 학생이 기본 개념을 제대로 이해하지 못해도 수업 진도는 예정대로 나간다. 맞춤형 강의나 학습 격차를 좁히기 위한 예산은 지극히 제한적이며, 일대일 개인 교습을 위한 예산은 더 부족하다. 학생

저마다의 학습 상황은 크게 다르지만, 이러한 현실은 달라지지 않고 있다. 선행 학습을 하는 학생이 있는가 하면, 학습 능력이 2~3학년이나 뒤처진 학생도 있다.

코로나-19 전염병은 이런 상황을 더욱 어렵게 만들었다. 2020년 많은 학교가 문을 닫은 동안 취학 연령의 자녀를 둔 가구의 컴퓨터와 인터넷에 대한 접근성 면에서 흑인 및 히스패닉계 가구는 백인 가구에 비해 1.4배나 더 많은 제약을 받았다. 특히 저소득층의 경우 다섯 가구 중 두 가구 이상이 그러한 어려움을 겪었다. 전염병 이전의 힘든 상황이 극단적으로 어려운 상황으로 전락한 것이다. 2020년 이전에 디트로이트에 거주하는 8학년 학생 중 학년에 따른 학업 성취도를 충족시킨 학생은 6퍼센트 정도였다. 그러나 그 이후에는 3퍼센트로 급락했다. 2019년 미국 학교의 학업 성취도 편차는 평균 3등급이었는데, 전염병 이후로는 6등급으로 확대되었다. 다시 말해 이제 교사들은 30명 학생으로 가득한 교실에서, 4~5등급 뒤처진 학생들을 끌어당기면서 동시에 선행 학습을 하는 학생들이 지루해하지 않도록 만들어야 하는 상황에 처한 것이다.

이러한 문제에 대처하기 위해 미 연방정부는 초등 및 중등 교육을 위한 긴급 지원으로 860억 달러를 투자했다. 이는 미국의 K-12 모든 학생 각자에게 2000달러를 지원하는 것에 해당하는 금액이었다. 또한 이 예산의 상당 부분은, 개인 교습이 아이들을 위한 효과적인 교육 방식임을 입증하는 수십 편의 연구 결과를 바탕으로 실시간 개인 교습 프로그램으로 배정되었다. 그러나 아쉽게도 기대했던 효과는 거의 나타나지 않았고, 예산 대부분은 시간이 흐르면서 점차 사라졌다. 전문가들은 당시를 돌아보며 개인 교습 프로그램이 기존 수업과 연계를 이루지 못했고 많은 학생이 접근을 어려워했다는 것을 실패의 이유로 꼽았다. 그런데 실제로 학생들은 그러한 개인 교습 프로그램을 이용하려면 스스로 열등생이라는 사실을 인정하는 수치심을 극복해야 했다.

반면, 칸미고와 같은 개인별 맞춤형 교육 프로그램은 쉬운 접근성과 수준 높은 교육 프로그램을 제공함으로써 이런 문제를 해결해가고 있다. 칸미고를 출시하기 이전에 실시한 여러 효과성 연구에 따르면, 일주일에 30~60분씩 칸 아카데미 프로그램을 활용한 학급들은 코로나 전염병 기간에도 학업 성취도 하락을 겪지 않았을 뿐 아니라, 오히려 코로나 이전과 비교해서 20~40퍼센트 성적이 향상되었다. 심지어 이 프로그램은 무료로 제공되기에 학생당 2000달러씩 지원할 필요도 없다.

이러한 성과를 기반으로 거대 언어 모델 플랫폼은 이제 더욱 풍부한 지원을 이어나가고 있다. 학생들은 수업 중에 기존의 학습 활동을 그대로 하면서도 필요할 때 언제든 AI 개인교사의 도움을 받을 수 있다. 무엇보다 학업에 뒤처진 학생들도 수치심이나 당혹감을 느낄 필요 없이 쉽게 도움을 요청할 수 있다. AI가 실제 인간은 아니기 때문이다. 호기심 많은 학생들도 교사의 시간을 빼앗지는 않을까 걱정할 필요 없이 얼마든지 궁금한 것을 질문할 수 있다.

이처럼 폭넓은 지원이 대단히 비용 효율적이고 접근이 용이한 건 사실이지만, 그렇다고 해서 돈이 전혀 들지 않는 것은 아니다. 생성형 AI가 등장하기 전에도 비영리단체인 칸 아카데미의 연간 예산은 7000만 달러를 넘었다. 이는 미국의 많은 지역에 있는 규모가 큰 고등학교 예산과 맞먹는 수준이다. 물론 칸 아카데미가 매년 1억 명이 넘는 학생에게 서비스를 제공한다는 점에서 다르기는 하다. 사용자들이 콘텐츠와 소프트웨어를 무료로 이용할 수 있게 하려면 해마다 후원자들로부터 많은 돈을 기부받아야 한다. 콘텐츠 개발과 서비스 개선, 서버 유지 등을 위해 반드시 필요한 자금이다.

이제 생성형 AI가 등장하면서 엔지니어와 디자이너, 제품 관리자, 콘텐츠 개발자들에게 들어가는 비용은 물론, 칸미고와 같은 플랫폼을 지속적으로 개선해나가기 위한 새로운 비용이 추가되었다. 실제로 GPT-4와 같은 거대 언어 모델을 운영하는 데는 상당한 비용이 들어간다. 현재 칸미고 운영을 위해서는 한 달에 사용자당 약 5~15달러가 드는 것으로 추산된다. 앞으로 사용자가 수백만 명 규모로 늘어날 경우(전산 비용으로만 수천만 달러가 들어가게 될), 후원자들에게만 의존해서는 서비스를 무료로 제공하기 위한 충분한 재원을 확보하기 어려울 것으로 보인다. 물론 한 시간에 30달러가 넘는 개인 교습보다는 훨씬 저렴하기는 하지만, 이러한 플랫폼에 대한 접근성은 우리가 확보하고 있는 기존 무료 콘텐츠에 비해 점차 떨어지고 있다. 학구들이 플랫폼 사용에 대한 요금을 지불하도록 설득해야 하기 때문이다.

구체적으로 설명하자면, 우리는 후원자들의 기부와 지역 학구들이 지불하는 요금을 기반으로 이들 학구에 속한 학생들에게 무료로 서비스를 제공하고 있으며 이러한 구조는 앞으로 계속 이어질 것이다. 그러나 이로 인해 1년에 30달러를 교육비로 쓰기 어려운 가난한 국가에서는 우리 플랫폼에 접근할 수 없게 된다. 다만 희망적인 소식은, 전산 비용은 점차 낮아지고 플랫폼의 효율성은 더 높아질 것이라는 점이다. 이 두 흐름이 앞으로 몇 년에 걸쳐 우리가 총 비용을 10분의 1로 낮추는 데 도움을 줄 것이다. 5~10년 후에 비용을 100분의 1 수준으로 낮출 수 있다면, 더욱 많은 학생이 현재 우리의 비생성형 웹 기반 애플리케이션과 똑같이 그 플랫폼을 활용할 수 있을 것이다.

이와 관련해서 접근성을 가로막은 유일한 요인에 칸 아카데미 역시 직면해 있다. 일단 학생들이 인터넷에 접속할 수 있는 장비를 갖고 있어야 한다는 것이다. 학생 모두가 이러한 장비를 갖추고 있는 것은 아니다. 언젠가 이러한 장비의 가격이 떨어지고, 스페이스엑스SpaceX의 스타링크Starlink와 같은 공급자들이 여러 대의 위성을 사용해서 저렴한 광대역 서비스를 제공한다면 조만간 보편적인 접근성이 현실화될 것으로 기대한다.

온라인 학습 초창기에 학생들의 접근성을 가로막는 주요한 장벽은 다름 아닌 언어였다. 그러나 이제 GPT-4와 같은 거대 언어 모델이 다양한 언어로 서비스를 제공한다. 가령 영어로 의사소통하는 데 어려움을 겪는 학생들은 모국어 지원을 받을 수 있다. 심지어 스팽글리시Spanglish, 미국 서부와 중남미에서 쓰는 스페인식 영어 같은 언어 조합도 가능하다. 거대 언어 모델의 대화 기능은 학생들과 실시간으로 교류하고 있다는 느낌을 전달하면서 관계를 형성한다. 나아가 이 기능은 주요 플랫폼의 번역 작업에도 활용된다.

스탠퍼드대학교 수재나 러브는 바로 이러한 연결감과 지원이 전 세계에 고품질의 교육 서비스를 제공하기 위한 저비용, 다중 언어 지원, 확장 가능한 솔루션 개발에 매우 중요하다고 말한다. "저는 지금 우리가 할 수 있는 일에 대한 낙관적인 기대로 가득합니다. 자원과 교육에 대한 접근성 부족이 가장 큰 제약이던 곳에서 이 기술은 혁신을 가져올 수 있습니다."

8장

AI 시대의 시험과 입시

측정할 수 있다고 모두 중요한 것은 아니며,
중요하다고 모두 측정할 수 있는 것은 아니다.
_윌리엄 브루스 캐머런, 미국의 사회학자이자 작가

평가는 창조다. 창조자들이여, 명심하라!
평가는 그 자체로 우리가 중요하게 여기는 모든 것 중에서
가장 소중한 보물이다. 가치는 오로지 평가를 통해서만 존재할 수 있으며
평가가 없다면 존재의 본질은 공허할 것이다. 창조자들이여, 명심하라!
_프리드리히 니체

더욱 완벽해지는 시험

최근 미국에서는 표준화 시험을 치르는 것이 유행이 되었다. 모든 주가 학년이 끝날 때마다 '학년말' 시험을 통해서 학생과 학교들의 성과를 평가한다. 그런데 많은 이가 이러한 시험이 지나치게 편협하다고 지적한다. 삶에서 정말로 중요한 부분의 일부에만 집중하는 객관식 문제에 의존하는 것도 문제이며, 이러한 형태의 평가가 교사들 역시 협소한 부분에만 집중하도록 압력을 넣는다고 비판한다.

비판은 여기서 끝이 아니다. 다른 이들은 이러한 형태의 시험이 학습 과정 중 많은 시간을 허비하게 만들면서 실질적인 도움은 주지 않는다고 지적한다. 시험 점수가 여름을 지나, 혹은 다음 학년 초에 나올 때쯤이면 아이들은 이미 새 학년으로 올라가 새로운 교사와 함께 공부하고 있으니, 현재 학년과 별 상관없는 시험 성적에 교사들이 관심을 기울일 이유도 없다는 것이다. 또한 인구통계 차원에서 드러나는 성적 편차는 특정 집단이나 학교에 대한 편향된 주장을 촉발할 위험도 있다. 정치가 교육에 점점 더 개입하는 가운데, 많은 이가 이러한 유형의 시험이 정확하게 무엇을 평가하려 하는지 뚜렷하게 확인할 수 없다는 이유로 회의적인 입장을 보인다.

하지만 한 걸음 물러서서 바라볼 필요가 있다. 나는 표준화 시험에 반대하는 많은 이에게 시험에서 어떤 부분이 마음에 걸리는지, 혹 너무 성급하게 판단을 내린 것은 아닌지 묻고 싶다. 만약 평가 자체를 반대하는 거라면, 평가 없이 어떻게 개선할 수 있는지 따져 묻고 싶다. 그리고 평가를 해야만 한다면, 그 기준을 표준화하는 작업이 무엇보다 중요하다. 그 이유는 모두에게 동일한 기준을 적용해야 공정성을 확보할 수 있기 때문이다 ('표준화되지 않은' 평가로는 그럴 수 없다). 이러한 시험이 측정하려는 대상의 범위가 협소한 것이 문제라면, 그 해결책은 시험 자체를 폐지하는 게 아니라 대상의 범위를 넓혀서 평가를 더 포괄적인 형태로 만드는 것이다. 마찬가지로 투명성이나 실질적인 도움이 문제라면, 시험을 보다 투명하고 현실과 연관되는 방식으로 만들어야 하지 않을까?

표준화 시험이 완벽하지 않다고 폐지한다면 과연 교육이 더 평등해질까? 특정 집단의 학생들이 다니는 학교가 학생들이 얼마나 앞서 있는지, 혹은 뒤처져 있는지 알 수 없다면, 어떻게 문제를 바로잡을 수 있을까? 학습 격차를 아예 모르는 편이 교사와 학생 그리고 가정에 더 나을까? 결론적으로 말하자면, 이러한 문제는 언젠가는 드러나게 될 것이다. 그것도 오랜 시간이 지나 바로잡기가 어려워진 대학이나 직장 시절에 불거질 것이다.

나는 표준화 시험을 완전히 폐지하기보다 개선해나갈 방안을 모색하고자 한다. 그 문제에 대한 해결책은 생성형 AI가 등장하기 전에도 제기되었다. 먼저 표준화 시험을 통해 얻은 결과로 교사가 할 수 있는 일이 많지 않다는 지적에 대해 생각해보자. 시험 결과를 맞춤형 학습을 위한 소프트웨어 플랫폼(가령 표준화 시험 데이터를 기반으로 학생들의 여러 취약점을 보완해주도록 설계된)에 입력할 경우, 시험으로부터 실질적인 도움을 얻을 수 있다. 이러한 작업이 장기적으로 지속되면 맞춤형 학습 소프트웨어는 지금까지의 성적을 분석해서 전략적인 조언을 줄 수 있다.

실제로 칸 아카데미는 오랜 시간에 걸쳐 표준화 시험을 기반으로 이러한 작업을 해오고 있다. 다시 말해, 표준화 시험 데이터를 바탕으로 학생들의 학습 활동을 분석해서 성과를 높이는 것이다. 30만 명 이상의 표준화 시험 점수를 바탕으로 플랫폼상에서 맞춤형 학습을 위한 조언을 제공하는 프로젝트의 경우, '2021~2022학년에 일주일에 30분 이상 조언에 따라 학습한…… 참가 학생들의 성장 예상치는 학년에 따라 26~38퍼센트로 높아졌다.'[18]

학생들이 학습하는 '동안에' 표준화 평가를 지속적으로 실행할 수 있다면 소중한 수업 시간을 허비하는 위험도 막을 수 있다. 우리 플랫폼에서 모든 시험은 표준화되어 있으며, 우리는 이를 통해 다양한 학년과 인구통계 집단에 해당하는 학생들이 그 플랫폼상에서 보여준 성과에 관한 수백만 개의 데이터 포인트를 확보하고 있다. 여기서 학생들은 기존의 방식처럼 단지 1년에 한두 번의 학기말 시험을 보는 것이 아니라, 정기적으로 자신의 학습 능력을 점검할 수 있다. 교사는 그렇게 생성된 데이터를 토대로 표준화된 방식으로 학생들의 학습 능력을 평가한다. 그리고 그 과정에서 학생들의 학업 성취도를 더 정확하게 주기적으로 파악할 수 있게 된다. 우리는 그 데이터를 기반으로 학생들에게 추가적인 학습 조언을 제시함으로써 실질적인 도움을 준다. 우리 역시 이러한 형태의 지속적인 평가를 통해 보다 더 정기적으로 가치 있는 데이터 포인트를 얻는다. 1년에 한두 번 50~100문항으로 평가하는 기존 표준화 시험과는 달리, 이러한 지속적 평가는 학생들에게 자신이 평가받고 있다는 느낌을 전하지 않으면서도 그 정도 규모의 데이터를 '매주' 구할 수 있다. 이러한 접근방식은 학생들의 동기 부여 문제도 해결해준다. 매일 드러나지 않는 표준화된 방식으로 평가를 받고 그 결과가 학습 진도와 등급에 영향을 미치게 된다면, 학생들은 학습 활동에 더 많은 관심을 기울이게 될 것이다.

왜 이처럼 평가를 비롯하여 교실에서 실제로 벌어지고 있는 일에 관한 정치적 논란이 생기는 걸까? 학부모나 정치인과 같은 외부 이해관계자들이 학생들이 겪는 현실을 직접 들여다보지 못하기 때문이다. 그들은 이차, 삼차 설명에 의존한다. 그렇게 얻은 정보는 정확하지 않을 수 있고, 또한 거기에는 시험 성적이나 강의 수준을 높이는 방안에 대한 제시도 빠져 있다.

그렇다면 왜 기존 표준화 평가 방식에 투명성과 유연성이 부족하다는 지적이 나오는 것일까? 평가 문항을 만들어내는 데 많은 비용이 들어가고 보안을 철저하게 지켜야 하기 때문이다. 시험 문항 중 단 하나라도 유출되면 평가 전체가 무효로 돌아갈 위험이 있다. 반면 대규모 문제 은행(가령 수십만 개의 문제를 확보하고 있는)을 기반으로 평가하는 온라인 플랫폼을 쉽게 활용할 수 있다면, 더 많은 이해관계자가 원할 때마다 평가에 아무런 영향을 미치지 않으면서 들여다볼 수 있을 것이다. 그것이 가능한 것은 문제 은행을 통한 선택적 평가에서는 모든 학생이 지난번 시험에서 얻은 성적을 기준으로 서로 다른 형태의 시험지를 받아보기 때문이다. 두 학생이 똑같은 문제로 구성된 시험지를 받아볼 가능성은 거의 없다.

생성형 AI는 이러한 모든 상황에서 도움을 줄 능력을 갖추고 있다. 물론 아직은 거대 언어 모델이 수준 높은 평가 문항을 스스로 만들어내지는 못하지만, 인간 교사가 문항을 만들거나 검토하는 과정에서 도움을 줄 수 있다. 결론적으로 말해서, 생성형 AI를 활용해서 동일한 자원으로 더 많은 문항을 만들어냄으로써 보다 투명하면서 접근성 높은 새로운 평가 시스템을 구축할 수 있다.

그럼에도 표준화 시험을 기반으로 한 평가 기술을 심화하고 확장하는 방안에 대한 물음은 여전히 남아 있다. 객관식이나 숫자를 입력하는 형태의 문제는 특정한 능력을 평가할 때 아주 유용하지만, 학생들이 얼마나 글을 잘 쓰고 문제를 올바르게 해결하고, 혹은 창의적으로 생각하는지 판단하는 데에는 도움이 되지 않는다. 과거를 돌이켜볼 때, 이처럼 섬세한 역량을 폭넓게 평가하려면 엄청난 비용이 든다. 기본적인 형태의 주관식 문제를 채점하려고 해도 전문적인 검토자가 구체적인 채점 기준과 일관성을 보장하는 시스템을 기반으로 작업해야 한다. 가령 박사학위 논문 심사나 취업 면접과 같은 폭넓은 형태의 평가는 지금까지 대규모로 실행할 수 없었다.

그런데 이제 변화의 조짐이 보이고 있다. 최신 세대의 거대 언어 모델이 이러한 형태의 평가를 경제적이면서도 대규모로 실행할 능력을 갖추고 있기 때문이다.

가령 독해 과목을 생각해보자. 오늘날 학생들은 독해 시험을 볼 때 지문을 읽고 나서 그에 따른 몇 개의 객관식 질문에 답한다. 가령 저자의 의도 등을 묻는 질문에 몇 가지 보기가 주어지는 식이다. 그러나 생성형 AI를 활용할 때, 학생들은 몇 가지 보기 중 정답을 고르는 방식이 아니라 저자의 의도에 대한 자신의 생각을 직접 표현할 수 있다. AI는 학생들이 자신의 의견을 쓰거나 말하도록 하고 일관된 방식으로 대답을 평가한다. 나아가 왜 학생들이 그렇게 생각하는지를 두고 함께 대화를 나누면서 그들이 제시한 근거에 대해서도 평가할 수 있다. 이러한 방식의 평가 과정은 사려 깊고 공감능력이 뛰어나며 재치 있는 스승과 함께 다양한 주제의 대화를 편안하게 나누는 시간과 비슷하다. 그 과정에 롤플레잉이나 시뮬레이션을 통한 활동을 추가할 수도 있다. 이러한 형태의 평가를 일반적인 학습 과정과 꼭 구분할 필요는 없다. AI 개인교사가 학생들이 무엇을 알고 무엇을 모르는지를 말해주는 증거를 하나씩 쌓아나가면서 도움을 줄 것이다.

이러한 이야기가 언어와 독해 과목에만 해당되는 것은 아니다. 가령 수학 과목에서는 AI가 학생에게 자신의 추론 과정을 설명해보도록 하거나 증명해보라고 요구할 수 있다. 과학에서는 학생이 얼마나 실험을 효과적으로 설계했는지, 실험 보고서를 얼마나 체계적으로 썼는지 평가하게 된다. 이 두 가지 기술은 실제로 훌륭한 과학자가 되기 위해 필요한 가장 중요한 요소이기도 하다. AI에 기반을 둔 시뮬레이션은 학생들의 문제해결 역량을 평가할 수 있다. 나아가 AI의 시각 기능이 향상된다면 시각적인 작품이나 그림, 혹은 프레젠테이션 영상까지도 평가하는 것이 가능할 것이다.

물론 이처럼 AI를 활용한 평가 방식에 우려를 제기하는 사람도 있을 것이다. 만약 AI에게 직접적으로 확인할 수 없는 편향이 있다면? 혹시 실수를 저지른다면? 나는 이러한 우려를 현재 상황과 비교해서 바라보고자 한다. 오늘날 학생들을 평가하는 과제는 신중하지만 오류를 범할 위험이 있는 인간의 몫이며, 이러한 인간들 역시 편향된 면을 갖고 있다. 우리는 지금 평가하기 힘들지만 더 정확한 방식보다 평가는 수월하지만 부정확한 방식을 선호함으로써, 평가 과정을 점점 더 편협한 형태로 몰아가고 있다는 사실을 알아야 한다. 박사논문 심사나 취업 면접과 같은 폭넓은 형태의 평가는 일관성이 부족하고, 표준화 시험에 비해 편향의 위험성이 더 높다. 그러나 생성형 AI를 활용할 경우, 두 가지 장점, 즉 표준화에 따른 대규모 실행과 포괄성에 따른 정확한 판단 모두를 확보할 수 있다. 그리고 뛰어난 접근성 덕분에 이해관계자들은 훨씬 더 쉽게 시험하거나 직접 감사할 수 있다.

그렇다고 AI를 활용한 모든 평가 방식이 효과적이라고 주장하는 것은 아니다. 사실 나 역시 많은 경우에 편향으로 가득한 수준 이하의 평가가 이뤄지지 않을까 걱정하는 쪽이다. 그렇다고 해도 충분한 관심과 투명성, 안전망이 확보된다면 위험을 줄이면서 기존 평가보다 훨씬 더 포괄적이고 정확하고 공정한 평가를 실행할 것으로 기대한다. 그리고 이러한 형태의 평가는 교육 시스템 전반에 긍정적인 영향을 주고 수준 높은 교육의 근간을 바라보는 우리의 시야를 넓혀줄 것이다. 의사소통이나 창조성, 호기심 등 지금까지 평가가 불가능하다고 믿었던 역량도 이제 평가할 수 있게 되면서, 앞으로 평가 시스템은 우리 사회가 전인적인 인간 교육에 더 많은 관심을 쏟도록 자연스러운 동기부여를 하게 될 것이다.

공정하고 투명해지는 대학 입시

일반적으로 대학들은 학생 선발 과정에서 내신 등급과 표준화 시험, 특별활동, 자기소개서, 추천서를 고려한다. 앞으로 AI가 이러한 요소들 대부분을 파악하고 개발하고 평가하는 방식을 바꿔놓을 것으로 보인다.

앞서 나는 생성형 AI가 학습 활동과 성적 평가 방식을 바꿔놓을 것이라고 말했다. 학생들은 더욱 수준 높은 과제를 수행하고 교사들은 학생들을 평가하는 과정에서 AI로부터 많은 도움을 받을 것이다. 또한 표준화 시험이 어떻게 바뀔지에 대해서도 살펴봤다. 평가는 더 심층적이고 지속적인 방식으로, 학습의 연장선에서 이뤄질 것이다. 그리고 SAT나 ACT와 같은 표준화 시험들 역시 이러한 방향으로 변화하거나, 혹은 이러한 기회를 틈타 새로운 형태의 시험이 등장할 것이다.

특별활동을 제외한 나머지 요소들(자기소개서와 추천서) 모두 글쓰기와 관련 있다. 따라서 거대 언어 모델의 활용에 따른 중요한 윤리적 질문이 제기될 가능성이 크다. 앞으로 교사와 진로 상담사는 생성형 AI를 활용해서 추천서를 쓸 것이고, 학생들은 거대 언어 모델을 활용해서 자신의 작문 능력과 창의성을 부풀려 인상적으로 보이는 자기소개서를 쓸 것이다. 이로 인해 대학의 입학 사정관들은 지원자가 제출한 자료의 진실성을 가려내야 하는 부담을 떠안게 될 것이다.

하지만 유명 대학의 입학 사정관들은 내게, 이미 거대 언어 모델 이전에 생성형 AI가 등장할 때부터 기존의 불평등 문제에 더 관심을 기울이게 되었다고 이야기해주었다. 예를 들어 바시티 블루스 스캔들Varsity Blues scandal, 2019년에 불거진 미국의 대학 입시 비리을 살펴보자. 이는 부유한 유명인 부모들이 비도덕적인 대학 입학 관리자에게 수십만 달러를 주고 지원서 작성은 물론, 특별활동 기록과 사진까지 위조하게 한 사건이었다. 물론 극단적인 사례이기는 하지만, 부유한 가구만 이용할 수 있는 대입 자문 서비스 산업은 지금도 분명히 존재한다. 내가 살고 있는 실리콘밸리에서 유명 대입 자문 서비스를 받으려면 한 시간에 약 400달러를 내야 한다. 이렇게 하면 학생 한 명이 대학에 입학하기까지 이러한 서비스에 지불해야 하는 비용이 1만 달러에 이른다. 그런데 이러한 입시 컨설턴트들은 무슨 일을 할까? 윤리적인 컨설턴트들은 특별활동과 자기소개서 주제 선정에 도움을 주거나 우수 대학들의 목록을 제시하고 학생이 작성한 자기소개서에 대해 신중한 피드백을 제공한다. 그러나 비도덕적인 컨설턴트들은 학생이 작성한 자기소개서의 상당 부분을 편집해서 실질적으로 새롭게 써준다. 어느 쪽이든 부유한 학생들은 이러한 서비스로 큰 도움을 얻는다. 또한 부유한 가구들이 이러한 컨설팅 서비스를 의뢰하지 않는다고 해도, 이들은 일류 대학의 입학 절차와 관련된 내부 정보를 더 많이 알고 있으며, 이를 통해 자녀에게 많은 도움을 줄 수 있다.

하지만 엄청난 비용이 드는 입시 컨설팅 서비스를 받을 여건이 안 되는 가구라고 해도 GPT와 같은 기술에는 쉽게 접근할 수 있다. 그리고 컨설팅 서비스와 마찬가지로 생성형 AI를 윤리적으로, 비윤리적으로, 혹은 그 중간 형태로 활용할 수 있다. 예전에는 부유한 가구만이 접근할 수 있었던 도덕적 회색 지대에 이제는 모두가 들어갈 수 있게 된 것이다.

추천서와 관련해서도 비슷한 현상이 나타날 것으로 보인다. 유명 입시 컨설턴트가 직접 추천서를 써줄 수 없다고 해도, 학생들의 합격 가능성을 높여줄 다양한 정보를 알고 있는 교사나 진로상담사는 부유한 가구를 대상으로 그러한 서비스를 제공할 수 있다. 또한 부유한 학교의 경우, 교사와 진로상담사가 학생들을 더 잘 파악하고 있으며 교실을 소규모 형태로 운영함으로써 학생 개개인을 위해 추천서를 작성하는 업무에 더 많은 시간을 할애할 수 있다. 또한 이제 추천서를 쓰는 이들은 생성형 AI를 활용해서 지원자의 장점을 최대한 잘 드러내 보일 수 있게 되었다.

긍정적인 측면으로, 생성형 AI는 부자와 빈자 사이의 격차를 줄여줄 것이다. 이제는 부자뿐 아니라 모두가 AI로부터 얼마나 도움을 받을 것인지 선택할 수 있다. 반면 부정적인 측면으로, 비도덕적인 학생들이 선을 넘으면서 도덕적인 학생들이 불이익을 받게 될 것이다. 다른 한편에서 대학 입학 사정관들은 자기소개서가 학생 선발을 위한 신뢰할 만한 근거가 될 수 있는지 고민해야 할 것이다.

이와 관련해서 자기소개서와 추천서가 애초에 학생을 선발하는 과정에서 고려해야 할 요소인지 의문을 던져볼 필요가 있다. 대부분의 나라에서 학생을 까다롭게 선발하는 대학들은 지극히 객관적인 평가 방식을 활용한다. 학생을 까다롭게 선발하는 인도 공과대학교Indian Institute of Technology는 오로지 공동입학시험Joint Entrance Exam만으로 학생을 선발한다. 인도 공과대학교는 이 시험에서 최고 점수를 기록한 학생만 선발하며 일부 소외 계층을 위한 입학 할당제를 예외로 두고 있다. 공동입학시험에서 최고 점수를 받은 학생은 IIT의 캠퍼스와 함께 전공을 우선적으로 선택할 수 있다. 이러한 평가 방식은 인도의 많은 대학교에 만연한 부패를 청산하기 위해 도입되었다. 인도 공과대학교는 그밖에 자기소개서나 추천서, 혹은 특별활동 등 주관적인 측면이 개입될 수 있는 어떤 요소도 고려하지 않는다.

그러나 다른 한편에서 학생을 까다롭게 선발하는 대학의 입학 사정관들은 '공동체를 이끌어나갈 미래의 다양한 지도자'와 같은, 주관적인 측면을 언급한다. 그렇다. 그러한 대학들도 시험 성적과 등급을 어느 정도 고려하겠지만, 최고 점수와 등급으로만 학생을 선발한다면 예상 신입생 규모의 몇 배에 달하는 학생들을 받아들여야 할 것이다. 다시 말해 유명 대학의 경우, 지원자 중 절반은 그 대학에 입학해서 꽤 우수한 학업 성과를 보여줄 것임을 말해주는 시험 성적과 등급을 갖추고 있을 것이다. 하지만 이들 대학은 그러한 지원자 중 3~6퍼센트만 선발해야 한다. 그래서 자기소개서와 특별활동, 추천서를 통해 학생의 인격과 성장 과정을 평가하기 위한 지극히 주관적인 요소를 배제하지 않는다. 이 학생은 어려움을 극복한 경험이 있는가? 다른 사람과 잘 협력하는가? 미래 세상에 기여할 것인가? 그들은 열일곱, 혹은 열여덟 살 학생에게 이처럼 거시적이고 심오한 질문을 던져야 한다고 말한다. 하지만 사람들 대다수는 대학의 입학 사정관들이 외부에서 얼마든지 쉽게 도움을 받을 수 있는 자기소개서나 추천서를 통해 학생의 인품과 자질을 판단할 수 있을 것이라고는 기대하지 않는다.

물론 특별활동을 통해 학생의 리더십이나 공동체를 위한 봉사정신을 좀 더 분명히 확인할 수 있다. 그러나 이것 역시 판단이 쉽지 않다. 그 학생이 혼자 힘으로 국제과학경연대회에서 수상했을까? 그 학생이 심장질환에 대한 연구 보고서를 제출했는데 그의 어머니가 심장병 전문의라는 사실은 그저 우연의 일치일까? 학생의 자원봉사 활동은 실질적으로 의미가 있는 것이었을까, 아니면 그냥 보여주기식이었을까?

이러한 모든 이유로 미국 내 경쟁력 있는 대학들은 자의적인 방식으로 학생을 선발하고 있으며, 그러한 선발 과정에 관여하는 이들 모두 그 사실을 잘 알고 있다. 똑똑하고 협력적이고 준비된 많은 학생이 우리 예상보다 훨씬 더 많이 입학을 거부당하고 있다. 일반적으로 그 이유는 자신의 장점을 충분히 드러낼 만큼 추천서가 화려하지 않거나 자기소개서가 특별하지 않았기 때문이다. 다른 한편에서 우리는 학생을 까다롭게 선발하는 대학에 방문했을 때 뛰어난 젊은이를 많이 만나게 된다. 하지만 동시에 교과과정을 제대로 따라가지 못하거나 겸손과 협력, 리더십 등의 자질을 제대로 드러내지 못하는 젊은이도 많이 만난다. 이러한 학생들은 아마도 자신을 소개하는 글을 구성하고 입학 시스템을 이용하는 능력이 대단히 뛰어났을 것이다. 아니면 그런 능력이 뛰어난 가족이나 외부 전문가의 도움을 받았을 것이다.

그런데 만약 리더십과 협력, 공감능력, 공동체 봉사와 같은 '부드러운 자질'도 평가할 수 있는 표준화된 방법을 만들어낼 수 있다면 어떨까? 나아가 심층적인 학습 역량을 평가하는 방법을 개발할 수 있다면? 지금의 AI는 아직 그 정도 수준에까지 이르지 못했지만, 그래도 지금 상황을 한 단계 더 높여줄 것으로 보인다.

나는 2020년 스쿨하우스에서 줌을 통해 모든 사람에게 생방송 개인 교습 서비스를 제공하기 시작했다. 코로나 전염병으로 많은 학생이 학습에 어려움을 겪었던 상황이었기에 이는 그 어느 때보다 필요한 서비스였다. 이 서비스를 무료로 제공하기 위해서 우리는 자체 심사를 통해 자원봉사 개인교사를 선발했다. 심사 과정의 첫 단계는 지원자가 개인 교습을 하려는 과목의 내용을 충분히 숙지하고 있는지 확인하는 것이다. 지원자들이 평가를 치르는 동안에 우리는 특수 장비로 그 장면을 녹화한다. 이 단계에서 지원자는 문제를 풀어나가면서 자신의 추론 과정을 또박또박 설명해야 한다. 평가에서 90점 이상을 받을 경우, 그 영상은 동료들의 검토 단계로 넘어간다. 여기서 아무런 문제가 없다면 지원자는 개인 교습을 시작할 수 있다. 그리고 이후에도 개인 교습 기술과 관련해서 추가적인 훈련과 검증을 거치게 된다. 우리는 이처럼 엄격한 방식을 통해 수준 높은 개인교사를 확보한다. 그리고 개인 교습 시간이 끝날 때마다 학생이 자원봉사자 개인교사를 평가한다. 반면 개인교사는 인증받은 모든 과목, 실제로 수행한 개인 교습 시간, 평점 그리고 양질의 공동체 피드백을 요약해서 보여주는 증명서를 받게 된다.

스쿨하우스를 시작한 지 얼마 지나지 않아 나는 시카고대학교 입학처장인 짐 논도프Jim Nondorf에게 연락을 받았다. 그는 스쿨하우스가 개인교사에게 발행한 증명서를 그들의 신입생 선발 과정에 참조해도 되는지 물었다. 논도프는 스쿨하우스의 엄격한 개인교사 선발 심사 과정을 고려할 때, 가령 미적분학 과목에서 개인교사로 활동하면서 높은 평점을 받은 고등학생은 틀림없이 미적분학 내용을 숙지하고 있으리라 생각한다고 설명했다. 또한 개인 교습 경험이 풍부하고 평점이 높은 경우, 무료 개인 교습으로 다른 학생을 도와주려는 열정은 물론, 강력한 리더십과 의사소통 및 공감능력을 갖추었을 것으로 판단한다고 했다. 우리는 논도프의 생각에 동의했다. 실제로 시카고대학교는 그해 가을부터 스쿨하우스 개인교사 증명서를 선발 과정에서 선택 항목으로 넣었다. 그리고 다음 입학 시즌에는 MIT와도 동일한 계약을 맺었다. 나아가 3년 후에는 예일, 브라운, 컬럼비아, 캘리포니아 공과대학, 조지아 공과대학 등 18개 대학이 이러한 방식을 채택했고 그 수는 매년 늘어나는 추세다.

이들 대학 모두 논도프가 설명한 것과 똑같은 이유로 스쿨하우스가 발급한 증명서를 중요한 자료로 여긴다. 이는 과목에 대한 이해도 그리고 의사소통과 공감능력, 공동체 봉사, 리더십 등 모든 자질을 평가할 수 있는 역동적이면서도 표준화된 평가 기준이다. 참고할 만한 자료가 많지 않을 때 학생이 스쿨하우스 증명서를 통해 정기적으로 봉사 활동을 하고 있다는 사실을 입증할 수 있다면, 대학 입학처는 봉사 활동의 범위와 수준을 표준화된 방식으로 정량화해볼 수 있다. 이처럼 수백 시간에 걸친 수준 높은 개인 교습 활동을 위조하기란 불가능에 가깝다. 나는 초반에 이들 대학과 논의하는 과정에서 스쿨하우스의 증명서를 제출한 학생들의 합격률이 거대한 지원자 집단 내에서 비교적 높다는 이야기를 들을 수 있었다. 게다가 이러한 평가 방식에는 야심찬 고등학생들이 개인 교습으로 남을 도울 수 있도록 강력한 동기를 부여한다는 부가적인 효과도 있다.

그렇다면 여기서 AI가 어떤 일을 하게 될까? 가장 먼저 스쿨하우스는 AI를 활용해서 자원봉사 개인교사들에게 각자의 강의에 대한 피드백을 주고 있다. AI는 줌으로 진행되는 수업을 '관찰'해서 개인교사에게 개선 방안에 관한 조언을 준다. 머지않아 학생을 더 효과적으로 가르칠 수 있는 방법까지 실시간으로 알려줄 수 있을 것이다. 결론적으로 AI는 개인교사의 수업 방식과 스쿨하우스 증명서를 바탕으로 그들의 강의 실력에 관한 이야기를 들려줄 수 있으며, 입학 사정관들에게는 또 다른 형태의 풍부한 정보를 제공할 것이다. 스쿨하우스 사례에서 가장 중요한 점은, 우리가 AI를 활용해 어떻게 대학 입학 과정을 새롭게 상상할 수 있는지 알게 된다는 것이다.

자기소개서와 추천서만으로 학생을 선발하는 방식 대신, AI가 학생과 진학상담사, 교사와 함께 텍스트나 음성 기반의 면접을 진행할 수 있다면 어떨까? 이러한 면접과 관련해서 우리는 학생 혼자서 면접에 참여해야 하며 다른 사람으로부터 도움을 받을 수 없는 상태여야 한다는 점을 원칙으로 정해놓고 있다. 최종적으로 AI는 사람이 임의로 조작할 수 없는 영상 자료를 마찬가지로 활용할 수 있다. 인터뷰를 진행하는 AI는 학생의 내신 등급과 SAT/ACT 점수, 특별활동 내역을 정확히 파악하여, 이와 관련된 정확한 참고 자료를 제시할 수 있다. 물론 학생은 자기소개서와 추천서를 직접 제출할 수도 있지만, AI는 면접을 보는 학생을 심층적으로 분석해서 그 학생이 자신이 하는 이야기를 정말로 이해하고 있는지 판단할 수 있다.

대입 면접 중에는 대학 지원자와 같은 지역에 살고 있는 해당 대학의 졸업생이 참여하는 형태가 있는데, 사실상 이런 면접은 획일적이지 않으며 실제로 진행되는 면접들은 놀랍게도 서로 다르다. 이 면접 결과는 입학 사정관들이 지원자들을 걸러내는 데 뚜렷한 경고 신호로 기능할 수 있지만, 서류상으로 훌륭해 보이는 학생들을 비교하는 과정에서는 별 도움이 되지 못한다. 여기서 AI가 입학 면접 절차를 객관적이고 일관되게 들여다볼 수 있도록 만들어준다. 면접 과정을 일관된 방식으로 요약해주고 대학 입학처가 요구하는 원칙에 따라 다양한 기준으로 학생을 평가하는 것이다.

또한 AI는 학생을 개인적으로 잘 아는 교사처럼 학생을 보증하는 역할도 할 수 있다. 가령 이렇게 생각해보자. 칸미고와 같은 AI 플랫폼이 일정 기간 학생과 교류한다. 그 기간이 한 달이든 몇 년이든 간에 AI는 학생의 장점과 꿈을 잘 알고 있으며, 학생이 정말로 어떤 사람인지에 관해 역동적으로 표현할 수 있다. 그리고 대학에 원서를 내야 할 시점에 이르렀을 때, 그 AI는 학생을 위해 추천서를 써줄 수 있다. 그리고 플랫폼은 이러한 추천서를 모든 학생에 걸쳐 표준화한다. 개별 학생과의 경험에 따른 서로 다른 정보를 기억하고 있을 뿐이다. 어떤 나라에서 단 한 명의 교사가 모든 학생을 가르친다고 상상해보자. 그럴 때, 교사는 아주 훌륭한 심판이 될 수 있다. 만약 이러한 상상을 현실로 구현하고자 한다면(정말로 사람들이 그걸 원하는지는 분명하지 않지만), 추천서를 쓰는 AI가 입학처의 AI 면접관과 대화를 나누는 방식도 고려해볼 수 있겠다.

하지만 이러한 방식이 편향에 대한 우려를 자극할 수도 있을 것이다. 물론 우리가 선호하는 편향도 있다. 가령 우리는 입학 심사 과정이 사려 깊고 협동적이며 미래의 겸손한 지도자로 성장할 학생들에게 유리하기를 원한다. 반면 성별이나 인종, 종교, 지역에 따른 차별은 원치 않는다. 100퍼센트 편견 없는 접근방식은 존재하지 않는다. 그러나 그러한 편향이 장애물로 작용하도록 내버려둬서는 안 된다. AI 시스템은 보통 모든 형태의 편향으로부터 영향을 받는 기존 시스템보다 훨씬 더 나아야 한다. 2018년 대법원 판례에서는 하버드대학교 입학 사정관들이 대면 면접관의 보고서는 자의적으로 인정하지 않으면서, 아시아계 미국인 지원자들에게 인격 항목에서 일관적으로 낮은 점수를 줬다는 사실이 분명하게 드러났다. 하버드대학교는 입학 심사 과정에서 학업, 특수활동, 스포츠, 인격, 종합 평가의 다섯 가지 항목에서 1~6점으로 지원자를 평가한다. 여기서는 1점이 최고 점수다. 백인 지원자들은 아시아계 미국인 지원자들보다 인격 항목에서 더 좋은 평가를 받았다. 백인 지원자 중에서 1점이나 2점을 받은 비중은 21.3퍼센트였던 반면, 아시아계 미국인은 17.6퍼센트에 불과했다. 졸업생 면접관들은 아시아계 미국인 지원자들에게 백인 지원자들과 비슷한 수준으로 인격 점수를 줬다. 하지만 하버드 입학처는 아시아계 미국인 지원자들에게 인종을 기준으로 최하 점수를 줬다.[19]

이러한 데이터는 주요한 소송이 진행되고 나서야 수면 위로 떠올랐다. 그러나 대부분의 경우에 이처럼 불투명한 심사 과정에 깊이 뿌리내린 편향은 잘 드러나지 않는다. 반면 AI 기반의 면접관과 사정관 시스템은 어떨까? 이들의 장점은 투명하게 감시할 수 있다는 것이다. 가령 자격 조건은 동일하지만 인구 통계적 요소는 서로 다른 지원자들을 대상으로 AI 시스템을 시험해볼 수 있다. 그리고 그렇게 나온 결과를 공개하도록 의무화함으로써 인종과 성별, 출신 배경에 따른 일관성을 보장할 수 있다.

AI는 대학 입학 과정에서 새로운 문제를 제기하기보다 우리가 기존 시스템의 결함을 인식하도록 압박하면서, 긍정적인 변화를 위한 가능성을 보여준다. 교육받은 용기와 더불어 신중하게 사용하기만 한다면, AI는 우리 사회를 보다 공정하고 투명한 세상으로 나아가게 만들어줄 것이다.

9장

— 일자리와 미래 전망 —

자신은 그늘에 앉아 쉴 수 없을 거란 걸 알면서도 나무를 심는 사람은,
적어도 인생의 의미를 깨닫기 시작한 것이다.
_라빈드라나트 타고르

전문가처럼 규칙을 배우고 예술가처럼 규칙을 깨뜨려라.
_파블로 피카소

AI가 일자리를
위협한다?

AI가 인간보다 더 빠르고 경제적이며 효율적으로 업무를 처리하게 되면서, 대량 해고 사태가 벌어지리라 걱정하는 사람이 많다. 일부 기업은 이미 인공지능이 앞으로 대체하게 될 업무 분야에서 채용을 중단하기 시작했다. 2023년에 IBM은 결국에는 AI가 차지하게 될 지원 업무 분야에서 기존 채용 계획의 30퍼센트를 잠정적으로 중단하거나 연기하겠다고 발표했다. 이러한 현실은 일자리의 미래가 지금과는 다른 모습으로 펼쳐질 거라는 걸 보여준다. 다시 말해 예산을 짜고 데이터를 관리하며 사무실을 유지 및 보수하거나 기록물을 정리하는 등 고객을 직접 상대하지 않는 지원 및 행정 업무를 처리하는 일자리가 모두 사라질 것이라는 전망이다. 그렇다면 고용 상황이 실제로 어떻게 달라질 것인지 예측해볼 필요가 있겠다.

시장에 AI가 도입된다면 고용 상황은 어떻게 달라질까? 또 학생들이 어떻게 대비하도록 해야 할까? 챗GPT가 등장하고 나서 많은 전문가는 인간이 AI에 의해 대체되지는 않겠지만 AI를 다룰 줄 아는 다른 인간에 의해 대체될 거라고 말한다.

작가와 카피라이터는 AI를 활용하여 생산성을 3~5배 끌어올릴 수 있다. 마찬가지로 소프트웨어 개발자는 AI 조수의 도움으로 효율적으로 버그를 제거하고 프로그램의 많은 부분을 설계할 수 있다. 그래픽 디자이너도 텍스트 기반의 프롬프트를 다양한 방식으로 수정함으로써 하나의 로고 디자인으로 50가지의 변형을 만들 수 있다. 그런데 이렇게 생산성이 향상된다면, 우리 사회가 앞으로도 더 많은 카피라이터나 엔지니어, 그래픽 디자이너를 필요로 할까?

나는 고용 상황이 다분히 혼재된 형태가 될 것이라고 본다. 우리 사회가 현재 생성형 AI로 훨씬 더 많은 업무를 처리할 수 있는 기술적 변곡점에 도달했다는 점을 고려할 때, 엔지니어, 특히 생산성이 5~10배 더 높은 엔지니어에 대한 수요는 계속 증가할 것이다. 우리는 예전에도 이러한 상황을 목격한 바 있다. 2000년대 초 세계화가 시작되면서 많은 기업이 소프트웨어 개발 업무를 인도와 같은 지역으로 아웃소싱했다. 당시 신참 엔지니어였던 나는 비즈니스스쿨에 들어가서 재무 쪽으로 경력을 전환해야겠다고 생각했다. 해외 저비용 노동력으로부터 피해를 입지 않기 위해서였다.

하지만 조만간 내 예상은 틀린 것으로 드러났다. 오히려 소프트웨어 개발자들의 연봉은 인플레이션보다 더 크게 상승했다. 스마트폰과 인터넷 사용이 보편화되면서 새로운 소프트웨어에 기반을 둔 솔루션에 대한 수요가 폭증했기 때문이었다. 오늘날 생성형 AI는 미래 혁신을 위한 보다 성숙한 시장 환경을 조성해 나가고 있다. 내 생각에는, 생성형 AI 덕분에 엔지니어 업무는 계속 늘어날 것이며, 인공지능 기술을 창조적인 방식으로 사용함으로써 대부분의 산업 분야에서 새롭게 등장한 문제를 처리해나갈 것이다.

그러나 다른 한편으로, 가령 일일 주식시장 변동에 따른 데이터를 기반으로 보고서를 작성하는 일자리에 대해서는 그리 낙관적으로 이야기할 수 없을 것 같다. 이러한 유형의 업무는 조만간 생성형 AI가 차지하게 될 것이며, 실제로 그러한 움직임이 벌써 시작되고 있다. 또한 카피라이터나 기술 문서를 작성하는 이들도 AI를 적극 활용해서 생산성을 높여야만 살아남을 수 있을 것이다. 그러지 못한 나머지 90퍼센트는 다른 일자리를 알아봐야 할 것이다.

그래도 좋은 소식은 생성형 AI의 등장으로 새로운 형태의 일자리에 대한 수요가 늘어나고 있다는 사실이다. 오늘날 가장 각광받는 직종 중 하나는 프롬프트 개발자, 혹은 프롬프트 엔지니어다. 2년 전만 해도 우리는 이러한 직업이 있는지조차 알지 못했다. 최근 개방적이고 창조적인 카피라이터들이 이러한 직종으로 서서히 넘어가고 있다. 또한 생성형 AI는 안전과 보안, 편견 방지와 관련해서 완전히 새로운 기회를 보여주고 있다. 나는 앞으로 많은 기업과 기관이 AI 기술의 활용 방안을 고민하기 시작하면서 새로운 일자리 기회가 계속해서 나타날 것이라고 본다.

교사가 AI를 활용해서 반복적이고 지루한 업무를 처리하는 것처럼, 기업에서는 인사에서 조직 관리에 이르기까지 다양한 직급과 직종의 근로자들이 채용 공고문이나 회의 보고서를 작성하는 업무를 AI에게 맡기기 시작할 것이다. 이러한 흐름이 얼핏 긍정적이고 효율적으로 보일 수 있지만, 그래도 거시적인 관점에서 상황을 바라봐야 한다.

이러한 변화는 단지 개별 일자리에만 해당되는 이야기가 아니다. AI의 출현에 따른 자연선택 과정은 기업 차원에서도 나타날 것이다. 가령 두 기업이 있다고 해보자. 하나는 작고 민첩하면서 자동화된 기업이다. 그리고 다른 하나는 크고 느리며 인간 노동력에 의존하는 기업이다. 시간이 흐르면서 작은 기업이 더 낮은 가격으로 비슷하거나 더 나은 품질의 제품을 생산하기 시작하면서 큰 기업의 시장 점유율을 빼앗을 것이다. 그리고 이러한 흐름은 결국 일자리의 순감소로 이어지게 된다. 우리는 이러한 현상을 많은 산업 분야에서 목격하고 있으며, 자동화와 기술 발전이 빠른 속도로 이뤄지는 동안은 지속될 것이다. 다른 한편으로 작은 기업이 제품과 서비스를 효율적이고 경제적으로 공급하면서 소비자는 이익을 얻게 된다. 반면 일자리 감소는 직접적인 영향을 받는 이들에게 재앙이 될 것이다.

이러한 흐름은 이미 대단히 빠른 속도로 진행되고 있다. 2006년에 교육 기술 기업 체그Chegg, Inc.는 300만 명에 달하는 사용자에게 과제, 전자책 및 교과서 대여, 온라인 교습과 관련된 서비스를 제공하는 사업을 시작했다. 챗GPT가 등장하기 불과 2년 반 전에 〈포브스〉는 체그를 미국에서 가장 가치가 높은 교육 기술 기업으로 꼽았다. 이후 챗GPT가 등장하면서 체그는 방향을 전환해서 AI를 기존 플랫폼으로 통합하는 작업을 시작했다. 그러나 챗GPT의 상대가 되기에는 역부족이었다. 2023년 5월 체그의 CEO는 분기 실적을 발표하면서 그들의 서비스가 오픈AI를 따라잡지 못하고 있다고 시인했다. 그렇게 된 이유에 대해서는 많은 학생이 챗GPT의 거대 언어 모델을 사용해서 숙제를 하기 때문이라고 언급했다. 또한 챗GPT의 영향에 따른 수익 악화를 어떻게 개선할 것인지에 대해서는 아무런 계획도 제시하지 못했다. CEO의 이러한 폭탄 발언으로 체그 주가는 50퍼센트 가까이 떨어졌다. 이처럼 많은 이가 생성형 AI의 등장으로 기존 비즈니스 상황이 완전히 바뀔 것으로 우려하고 있다. 그래도 지금까지는 이러한 일이 먼 훗날에 일어날 것이라 예상했다. 하지만 이러한 사례가 등장하면서 갑작스럽게 현실의 이야기가 되어버렸다.

나만 그렇게 생각한 것은 아니다.

와튼 스쿨의 이선 몰릭은 말한다. "그 영향은 모든 산업과 기업, 일자리에서 저마다 다양한 방식으로 나타날 겁니다. 우리가 초기에 수행한 연구 결과에 따르면, AI로부터 가장 영향을 적게 받을 직군은 지붕 수리공이었습니다. 하지만 제가 만나본 몇몇 지붕 수리공들은 이런 이야기를 들려줍니다. '지붕 수리 업무도 이제 달라질 겁니다. 제안서 작성 과정에 AI의 도움을 받을 수 있게 되었기 때문이죠.'"

언어를 이해하고, 패턴을 인식하고, 문제를 해결하는 것은 물론, 질병을 진단하고, 주식 거래를 하고, 작곡하고, 소송하고, 감정을 이해하고, 유전자 코드를 분석하고, 보험금 청구를 처리하고, 살충제를 뿌리고, 설계를 하고, 기사를 쓸 줄 아는 인공지능이 모습을 드러낸다면, 우리는 더 많은 변화가 다가오고 있다는 사실을 체감하게 될 것이다. 그리고 성공적인 전략은 저항이 아니라 적응이 될 것이다.

결코 대체되지 않을 인재

칸미고를 공개하기 몇 달 전 나는 스탠퍼드대학교 컴퓨터과
학부 교수 크리스 피치Chris Piech와 함께 연단에 오르게 되었다.
그때 피치는 자신의 연구실에 찾아온 한 학생에게 조언을 해
준 일화를 내게 들려줬다. 그는 이렇게 말했다. "이제 막 프로
그래밍을 배웠는데 뒤늦게야 인공지능이 그 일을 더 잘한다는
사실을 알게 되었다며, 정말로 당혹스러운 표정을 짓더군요.
그 학생은 이미 자신이 주변부로 밀려났다고 생각하는 것 같았
습니다."

지난 20년 동안 소프트웨어 개발과 데이터 관리는 대학을 갓
졸업한 젊은이들이 가장 선망하는 두 가지 직종이었다. 우리도

학생들에게 미래 세상에 동참하고 싶다면 그 분야로 뛰어들라고 적극적으로 권했다. 그리고 디지털 경제의 일원이 되려면 먼저 프로그래밍을 배우라고 조언했다. 문제는 이제 생성형 AI가 프로그래밍을 더 잘하게 되었다는 사실이다.

이러한 현실은 학생들을 긴장하게 만든다. 우리 사회는 부정행위 예방 차원에서 아이들이 학교에서 AI 프로그램을 사용하지 못하게 막고 있다. 하지만 아이들은 미래에 바로 그 프로그램과 긴밀하게 공생해야 하는 업무를 맡게 될 것이다. 이와 관련해서 빌 게이츠는 또 하나의 '당혹스러운 역설'을 언급했다. 이는 어떤 기술을 더 쉽게 배우기 위한 도구가 등장할 때, 사람들은 정말로 그 기술을 배워야 할지 의문을 품게 된다는 뜻이다. 학생들은 굳이 AI가 더 잘하는 프로그래밍 기술을 배워야 할까?

나는 피치 교수에게 물었다. "그래서 뭐라고 조언을 해주셨나요?"

"프로그래밍 기술이 정말로 중요해질 것이라고 말해줬습니다. 앞으로 생성형 AI를 사용해서 중요한 프로그램을 개발하고자 한다면, 비록 생성형 AI가 그런 프로그램을 만들 수 있다고 해도 모든 구성 요소가 어떻게 연결되어 있는지 이해해야 한다고 설명해줬죠."

피치 교수의 설명은 생성형 AI와 협력하는 방법을 배우는 일이 무엇보다 중요해질 것이라는 뜻이다. 그래야만 개별 조각들이 어떻게 연결되는지 그리고 그렇게 만들어진 결과물이 제대로 작동하는지 이해할 수 있다.

AI를 다룰 줄 아는 신입사원은 그렇지 못한 사람보다 훨씬 더 효율적으로 업무를 처리할 것이다. 우리 집 열네 살짜리 아들은 프로그래밍을 좋아하고 언젠가 비디오 게임을 개발하겠다는 꿈을 품고 있다. 나는 아들이 그 꿈을 이룰 수 있으리라 생각한다. 그러나 생성형 AI를 활용하여 혼자서 할 수 있는 것보다 더 야심찬 프로젝트에 도전해보라고 격려한다. 어쩌면 생성형 AI가 등장하기 전에는 5~6명의 전문 엔지니어로 구성된 팀이 만들어야 했을 게임을 아이가 혼자 개발해낼지도 모른다.

생성형 AI가 실제로 훌륭한 프로그램을 만들어낼 수 있다는 것은 충분히 입증되었다. 하지만 그것이 더 이상 프로그래밍을 배우지 않아도 된다는 말은 아니다. 우리 아이가 시나리오 작가가 되고 싶다고 한다면, 나는 정말로 잘할 수 있을 거라며 격려하고 싶다. 그러면서도 생성형 AI를 사용해서 더 야심찬 프로젝트에도 도전해보라고 말할 것이다. 우리는 결과물의 품질을 평가하기 위해서 관련 기술을 익혀야 한다. 또한 시나리오와 영화를 평가하는 뛰어난 안목이 있다면 사니리오를 쓰는 단계에서 멈춰야 할 이유가 없다. 앞으로 시나리오 작가가 생성형 AI의 도움을 받는다면 직접 영화도 제작할 수 있을 것이다. 실제로 많은 이가 이미 AI 기술을 활용해서 작곡을 하고 영상을 제작한다. 영상 편집도 얼마든지 가능하다. 예전에 영화 한편을 만들려면 수억 달러의 예산을 투자하여 몇 년간 제작해야 했지만, 조만간 영화과 학생 몇 명이 모여 그보다 훨씬 적은 예산으로도 금방 영화 한 편을 만들어내게 될 것이다. 아직은 이러한 기술이 얼마나 더 발전하게 될지 모르지만, 최신 세대의 AI는 영화 산업을 비롯하여 여러 다양한 산업에서 이러한 변화를 만들어내기 시작했다.

AI를 활용한 생산성 개선 효과에 대한 초기 통제 연구에 따르면, 주요한 분석 업무에서 30~80퍼센트의 성과 개선이 이뤄졌다고 한다.[20] 여기에는 설득력 있는 정확한 글쓰기와 분석 및 컨설팅 프로그래밍도 포함된다.

몰릭은 이렇게 말한다. "이런 분야에서 일을 한다면 AI는 삶의 일부가 될 겁니다. 우리는 AI를 사용해서 생산성을 10배로 높일 수 있을지 가능성을 확인해야 합니다. 이 말은 우리가 여전히 업무 과정의 일부로 남아 있어야 하는지 판단해야 한다는 뜻입니다. 가령 카피라이터나 프로그래머, 혹은 지붕 수리공이 되려는 사람은 이제 켄타우로스가 되어야 합니다. 물론 반은 사람 반은 말이 아니라, 반은 사람 반은 거대 언어 모델이 되어야겠죠."

이러한 새로운 비즈니스 세상의 요구에 부응하기 위해, 교육자들은 명시적으로 혹은 암묵적으로 학생들이 이러한 기술과 도구에 점차 익숙해지도록 만들어야 한다. 사람들은 생성형 AI가 매우 드물게 등장하는 범용 기술이라고 말한다. 가령 증기기관이나 컴퓨터, 인터넷이 몰고 온 혁신을 떠올려보자. 생성형 AI는 이러한 혁신보다 우리 삶을 더 빠르고 근본적으로 바꿔놓을 것이다.

산업혁명의 핵심은 노동의 분업화였다. 기업이 조립라인을 구축하면 노동자는 그 라인을 따라 각자의 업무를 수행했다. 이후 복잡한 조직이 복잡한 시스템을 개발하면서 이러한 분업화는 계속 이어졌다. 이러한 분업화의 장점은 AI 세상에서도 그대로 남아 있을 것이다.

빌 게이츠는 내게 이런 말을 했다. "내일의 취업 시장이 어떻게 바뀔지 정확히 예측하기 아주 힘들지만, 어떤 기술이 의료 컨설팅이나 과학적 사고방식, 혹은 고객 지원 영역으로 깊이 파고들수록 그 기술의 가치는 AI가 생산성을 크게 끌어올릴 미래 세상에서 더 높아질 겁니다." 게이츠는 아이들이 자신이 좋아하는 분야를 계속 공부하는 것은 물론, 기술에 대한 학습을 '가속화'하면서 최대한 열심히 노력해야 한다고 말한다. "사람들은 이제 기본적인 업무를 처리하기 위해서 거대 언어 모델을 사용하는 방법을 배우고, 그 모델이 제공하는 모든 도구를 익혀야 합니다. 그리고 송장을 발행하거나 비즈니스 계획을 수립하는 등 모든 업무를 AI에게 맡겨야 합니다. 앞으로 업무 환경은 최고의 결과물을 내놓도록 우리를 압박할 것입니다. 기술 수준이 높을수록 직장에서 더 높은 가치를 인정받게 될 겁니다. 앞으로의 업무 환경은 노동력과 AI가 서로 협력하는 공간이 될 것입니다."

지금 우리가 들어서는 세상에서 핵심 가치는 분업화만이 아니다. 이제 성공을 거두려면 한두 가지 전문 영역과 함께 모든 조각을 하나로 조합할 줄 아는 기업가 정신이 필요하다.

물론 이러한 기업가 정신은 우리에게 낯선 개념이 아니다. 칸 아카데미를 시작했을 무렵에 나는 프로그래밍을 알고 있었기에 다른 사람의 도움이나 추가 예산 없이도 프로토타입을 개발할 수 있었다. 또한 기존의 다양한 프로그램을 능숙하게 다룰 줄 알았기에 다른 이가 보지 못했던 프로그램의 장점을 이해했다. 예를 들어 나는 유튜브를 활용해서 사촌동생들에게 개인 교습을 하면서 영상이나 메시지를 전하고 대화를 나눌 수 있었다. 게다가 헤지펀드 분석가로 일한 경험이 있었기에 비영리단체를 시작하기 전부터 본격적인 조직 운영을 위한 재무와 회계 관련 지식도 갖추고 있었다. 그렇게 프로젝트를 시작할 수 있다면 우리는 언제나 기업가로서의 경쟁력을 유지할 수 있다. 물론 당시에는 혼자 힘으로 할 수 있는 업무 범위에 분명한 한계가 있었다. 그리고 어떤 시점에 이르자 투자를 받고 직원을 고용해야

했다. 하지만 소프트웨어와 인터넷이 놀라운 성장을 가능케 해
줬던 것처럼(나도 칸 아카데미를 부업으로 시작해서 사용자 규모를
10만 명으로 늘렸다), 이제 생성형 AI가 차세대 기업가들이 더 멀
리 나아갈 수 있도록 힘을 실어줄 것이다.

우리는 지금 산업혁명 이전에 장인들이 활동했던 세상으로
되돌아가고 있다. 다시 말해 앞으로 엔지니어링과 세일즈, 마케
팅, 재무, 디자인을 모두 이해하는 소수의 사람이 생성형 AI 시
스템을 관리하면서 비즈니스를 이루는 모든 구성 요소를 하나
로 끌어모을 것이다.

경제학자들은 생산 요소와 관련해서 자본과 노동, 토지, 에너
지 등 다양한 원천에 대해 말한다. 그리고 동시에 기업가 정신
도 거론한다. 기업가 정신이란 경제학 관점에서 다양한 자원을
하나로 결집하여 실질적인 가치를 만들어내는 창조성을 뜻한
다. 그렇다면 우리는 어떻게 학생들이 이러한 유형의 기업가로
성장할 수 있도록 준비시켜야 할까?

그 첫 번째 단계는, 관행에서 벗어나게 하는 것이다. 나는 모
든 사람이 대단히 창조적이고 기업가적인 자질을 갖고 태어난
다고 믿는다. 그러나 안타깝게도 산업혁명이 만든 교육 시스템
은 의도치 않게 창조성과 기업가 정신 모두를 질식시키고 있다.
아이들은 줄을 맞춰 조용히 앉아서 필기하라고 배운다. 아이들
은 일일이 떠먹여주는 지식을 받아먹으면서 정해진 과정에 따

라 학습해야 한다. 이러한 관행을 따르지 않을 때, 아이들은 학업적으로, 사회적으로 처벌받는다. 그리고 학생들이 성인이 되어 창조적 기업가로서 역량을 발휘해야 할 때, 우리의 교육 시스템은 그들의 모든 열정을 과제를 처리하는 데 바치도록 만든다.

다음 두 번째 단계는 다소 전통적인 방법이다. 빌 게이츠가 말했듯이 미래에는 깊고 폭넓은 지식을 갖춘 이들이 성공할 것이다. '3R'(Reading, wRiting, aRithmetic, 즉 읽기, 쓰기, 계산)이야말로 그 어느 때보다 중요한 자질이 되었다. 여기에다가 역사와 예술, 과학, 법률, 재무 분야의 탄탄한 이해와 사고가 결합된다면 더 원숙한 인재가 될 것이다. 다행스럽게도 학생들은 이제 다양한 기술 덕분에 산업시대의 틀에 박힌 학습 관행에서 벗어나 이와 같은 자질을 개발할 수 있게 되었다.

마지막으로 의사소통과 협력, 공감능력이 어느 때보다 중요해졌다. 우리는 기업가 정신으로 비즈니스에 도전하라고 아이들을 격려할 수 있지만, 나는 여기서 한 걸음 더 나아가 보다 풍성한 '개인적' 비전에 주목하라고 말하고 싶다. 여기서 말하는 개인적 비전이란, 자신이 하는 일을 구성하는 다양한 요소를 살펴보고, 해결해야 할 문제를 파악하고, 어디에 집중해야 할 것인지를 알고, 문제를 해결하기 위해 어떤 요소를 조합해야 하는지 이해하는 능력을 말한다. AI 세상에서 성공하려면, 조직 내에서 일한다고 해도 한 사람의 기업가로서 이러한 능력을 갖춰야 한다. 그리고 학교는 학생들이 운전석에 앉아서 AI를 활용하여 주요한 기술을 익히고 더 자유롭게 자율성과 창조성을 키워나가게 함으로써 바로 이러한 능력을 기르도록 안내해야 할 것이다.

기업과 구직자를 연결하는 AI

1999년에 나는 〈컴퓨터월드Computerworld〉라는 잡지사로부터 새천년을 주제로 한 표지 기사와 관련하여 향후 10~20년 동안 일어날 일을 예측해달라는 요청을 받았다. 그런데 잡지사에서 인터뷰를 요청한 이들 중 나를 제외한 19명의 인물은 빌 게이츠나 래리 엘리슨처럼 기술 분야의 거물이었다. 나는 왜 이제 갓 대학을 졸업해서 오라클Oracle 신제품 관리를 맡고 있는 내게 그런 의뢰를 한 것인지 의문이 들었다. 알고 보니, 대학 졸업식에서 학생 대표로 내가 연설을 했을 때 그 자리에 〈컴퓨터월드〉 편집장이 있었다고 했다. 표지 기사에 젊은이의 관점도 함께 실으면 더 흥미롭겠다고 생각했던 것이다.

어쨌든 좋은 기회를 놓치고 싶지 않았기에 나는 창의적인 아이디어를 기반으로 글을 썼다. 거기서 나는 미래에는 우리 모두에게 '사이버공간'에서 자신을 대변해줄 인공지능 개인비서가 생길 거라고 주장했다. AI 비서가 우리를 대신해 물건을 사고 계약을 맺고, 게다가 기업과 구직자 사이를(혹은 연인까지도) 연결해주는 역할을 하게 되리라 전망했다. 하지만 그로부터 23년이 흐른 뒤에도 내 예측의 대부분은 실현되지 않았다. AI가 그 단계까지는 발전하지 못한 것이다.

그런데 최신 세대의 생성형 AI의 등장으로 비로소 내 예측이 보수적으로 보이기 시작했다. 1999년 내가 AI의 발전에 낙관적인 주장을 내놨던 것처럼, 2020년 초반에 우리 눈앞에 펼쳐지고 있는 장면은 내 평생 일어날 것으로 상상했던 수준을 훌쩍 넘어서고 있다. 많은 사례 가운데 AI는 특히 우리 모두의 개인비서로 기능하면서 조만간 우리를 대신해 채용 공고를 내거나 입사 지원을 하고, 혹은 실제로 취업을 하도록 만들어줄 것이다.

일반적으로 기업은 채용 공고를 내기 위해 직무기술서를 작성한다. 기업 내 채용 담당자는 직접 직무기술서를 작성하거나, 혹은 인사팀과 협력한다. 그렇게 작성한 직무기술서를 바탕으로 채용 공고문을 올리고 나면 대개 해당 일자리에 수백 통의 지원서가 들어온다. 그리고 채용팀이 지원서를 검토한다. 물론

이는 대단히 지루한 작업이다. 채용 담당자는 실제로 하나의 지원서를 몇 초 만에 살펴봐야 하기 때문에 주로 지원자가 근무했던 기업의 이름, 이전에 맡았던 업무를 설명해주는 키워드, 혹은 졸업한 학교에만 집중한다. 그리고 어떤 때는 이력서를 자세히 살펴보지만 건성으로 보고 넘길 때도 있다. 여기서 끝이 아니다. 채용 담당자들은 저마다 개인적인 편견을 가진 채 검토 작업에 임한다. 이러한 방식으로 채용 절차를 진행할 때, 기업은 당연하게도 유명 기업에서 근무한 적이 없거나 일류 대학을 나오지 않은 우수한 인재를 놓치게 된다.

어쨌든 채용팀은 전화 면접, 혹은 가능하다면 추가 면접을 통해 후보군을 추려낸다. 그리고 채용 담당자의 주관적인 판단이 좌우하는 30분간의 전화 면접을 통과한 지원자는 다음으로 자신이 지원하는 부서에서 근무하는 4~6명의 팀원과 면접을 하게 된다. 그 과정에서 일정을 조율하는 것은 대단히 어렵기 때문에 지원자가 모든 면접을 마치기까지 며칠에서 몇 주가 걸린다. 비용도 만만찮다. 한 시간에 100달러의 임금을 받는 팀원이 한 시간짜리 면접에 6번 참여한다면, 기업 입장에서 면접에 600달러를 지불한 셈이 된다. 그것도 면접을 준비하거나 결과를 보고하는 시간은 제외하고서 말이다. 기업은 면접 과정의 일관성을 확보하기 위해 면접관들에게 기본적인 질문서를 제공한다. 그렇지만 면접장의 분위기는 결국 면접관의 개인적 취향과 그날의 감정 상태에 따라 흘러간다. 기업은 다만 면접관들이 최고의 선택을 내렸기를, 우수한 인재를 채용했기를 바랄 뿐이다. 그리고 이러한 모습은 모든 직장에서 비슷하게 나타나고 있다.

그러나 이러한 채용 방식은 양측 모두에 불완전한 과정이다. 이 과정에서 기업은 아마도 우수한 인재를 여럿 놓칠 것이다. 완벽한 선택이 아니라고 생각하면서도 많은 돈을 들인다. 무엇보다 기본적으로 채용 과정이 일관적이지 못하다. 결국 면접 과정에서 업무와 관련 없는 개인적인 편견이 특정 지원자에게 유리하거나 불리한 방향으로 작용한다고 해도 놀라울 게 없다.

만약 기업과 구직자 양측 모두에게 시간과 자원이 무한하다면, 채용 담당자와 구직자는 얼마든지 심층적인 대화를 나눌 수 있을 것이다. 채용 담당자는 기업의 지침을 일관적으로 적용하고 일정한 감정 상태를 유지하면서 모든 후보자에게 동등한 관심을 기울일 수 있다. 또한 지원자들이 실제로 경험한 면접 과정을 들여다보고 편향은 없었는지 검토할 수 있다. 무엇보다 이상적인 상황이라면 며칠이나 몇 주가 아니라, 몇 시간 만에 채용 결정을 내릴 것이다.

이러한 상황이 비현실적으로 보이는가? 하지만 이제 우리에게 가능한 현실이 되어가고 있다.

오늘날 거대 언어 모델은 표준적인 절차를 투명하고 탄력적으로 추진할 능력을 갖췄다. 채용 담당자는 이 모델을 활용해서 채용 공고문이나 면접 질문을 작성할 수 있다. 그리고 지원자도 이력서와 자기소개서를 작성하는 과정에서 도움을 받을 수 있다. 그러나 이는 빙산의 일각에 불과하다.

앞으로 구직자들은 거대 언어 모델을 활용해서 상호교류적인 형태의 지원서를 작성하고 이를 두고 자신이 지원한 기업의 채용 공고문을 작성한 AI와 함께 의사소통을 하게 될 것이다. 단지 이력서와 자기소개서를 제출하는 데서 끝나는 게 아니라, '모든' 지원자가 AI 채용관과 함께 폭넓은 대화를 나누게 된다. 그리고 그 과정에서 모든 지원자는 더 공정한 기회를 누릴 수 있을 것이다.

구직자는 채용 담당 봇이 일정을 조율해서 다음 면접 시간을 통보해주기까지 기다릴 필요도 없다. 그 대신 자신의 비서 봇이 기업의 채용 담당 봇과 대화를 할 수 있다. 이 비서 봇은 구직자의 전체 경력과 광범위한 면접 경험을 바탕으로 그를 정확하게 대변하는 방법을 배웠을 것이다.

구직자는 학생 시절부터 AI 비서와 함께했기에, 또 자신의 교육 및 업무 경력, 보유한 다양한 기술과 관심사, 직접 작성한 업무 관련 샘플에 이르기까지 모든 정보에 접근할 수 있는 권리를 허용했기 때문에, 이 비서 봇은 구직자가 직장 선택에서 무엇을 중요하게 생각하는지 그리고 어떤 유형의 업무에 관심이 있는지 구직자에게 물어볼 수 있다. 심지어 구직자의 인생 목표와 일치하는 직업과 교육 가능성을 살펴보도록 안내할 수도 있다. 그러니 이러한 AI 비서를 잠재 고용주에게 자신을 드러내는 방법을 배워나가는 열정적인 인생 선배라고 생각해도 된다.

이제 AI 비서는 구직자를 대신해 채용 공고를 낸 기업의 AI 봇과 대화를 나누면서 적절한 자리를 물색할 것이다. 그 과정에서 구직자의 AI 취업 비서는 말 그대로 나와 있는 모든 채용 공고문을 읽는다. 구직자가 경력 전환을 원하는데 기업의 99퍼센트가 요구하는 경력을 갖고 있지 않다면, AI 비서가 구직자에게 기꺼이 기회를 줄 수 있는 나머지 1퍼센트 기업을 찾아낼 것이다. 그런 뒤 AI 비서가 방금 수천 곳의 고용주와 대화를 나눈 결과, 당신이 해당 분야의 외부인이라는 사실을 오히려 긍정적으로 생각하는 기업을 찾았다고 보고할 수 있다. 링크드인LinkedIn에서 구직 요청을 하고 좋은 기회에 답장을 주는 생성형 인공지능이 있다고 상상해보라.

이러한 봇은 이론적으로 누군가와 무한정 대화를 나눌 수 있기에, 양측은 최적의 상대를 확인할 수 있다. 만약 내가 채용 담당자라면, 내 AI 비서는 모든 지원자의 AI 비서와 시뮬레이션으로 나눈 대화를 바탕으로 내가 연락해봐야 할 후보자를 5~10명으로 추려줄 것이다.

이러한 기술이 지원자를 검토하는 작업에만 국한되는 건 아니다. 채용 담당자의 AI 비서는 지원자들이 제출한 참고 자료를 들여다볼 수 있고, 이를 바탕으로 추천 기능을 스스로 강화해 나간다.

채용 담당자가 지원자들과 실시간으로 면담을 진행하는 과정에서 그의 AI 비서는 적절한 질문을 추가로 그의 귀에 속삭이고, 또한 피드백을 제시해서 최대한 공정하고 일관된 방식으로 면접을 진행하고 있는지 확인시켜줄 것이다.

앞으로 채용과 지원 과정은 모두에게 훨씬 더 평등하고 신속하고, 또한 경제적으로 진행될 것이다. 채용 담당자의 AI는 모든 지원자, 혹은 적어도 지원자의 AI 비서와 면접을 진행한다. 그리고 기업은 지원자의 AI 비서를 통해 지원자에 관한 정보를 얻는다. 기업의 채용 담당 AI는 지원자의 경력 전반을 살펴볼 것이다. 나는 이제 기존 입사 지원서가 더 이상 중요하지 않거나 별 쓸모가 없어지는 세상을 상상해본다. 그건 우리의 AI 비서가 우리보다 우리 자신을 더 잘 보여줄 것이기 때문이다.

물론 일부는 이런 이야기에 불편함을 느낄 것이다. 실제로 AI를 둘러싼 많은 우려 중 하나는 AI 역시 지원서를 검토하거나 후보자와 면접을 하는 과정에서 편향으로부터 자유롭지 않다는 것이다. 나는 편향에서 완전히 자유로운 시스템을 개발하는 과제는 불가능에 가깝다는 생각에 누구보다 강하게 동의한다. 그러나 AI가 주관적이고 편견으로 가득한 기존 시스템보다 덜 편향적이고 더 일관된다는 사실을 보여줄 때, 상황은 달라질 것이다. 그렇다. 우리는 채용 과정에 도움을 준다고 주장하는 모든 AI 시스템을 철저히 검토해야 한다. 나는 우리 모두가 결국에는 채용 과정을 보다 효율적으로 만들어줄 뿐 아니라 편향의 위험도 크게 낮춰줄 방법을 선택하게 될 것이라 생각한다.

교육받은
용기를 내라!

고백할 것이 하나 있다. 오래전 나는 AI 과학자를 꿈꿨다. 나는 지능과 지각(그 둘은 엄연히 다르다)이 우주의 최고 신비라고 생각했고, 그건 지금도 마찬가지다. 인간만큼 똑똑한, 혹은 인간보다 더 똑똑한 존재를 개발할 수 있다는 생각은 너무 매혹적이었다. 그래서 공상 과학 소설을 닥치는 대로 읽었다. 나는 우리와는 다른 존재가 지각이 있다는 사실을 어떻게 입증할 수 있을지 상상하는 걸 무척이나 좋아했다. 어쨌든 우리는 자신이 직접 지각한 것만을 인식할 수 있을 뿐이다. 다른 생명체(우리 주변의 사람들을 포함해서)가 진정으로 지각을 갖고 있다는 생각이나 혹은 지각을 갖고 있는 것처럼 행동한다는 생각은 믿음에 달린 문제다. 과거에는 지능의 실체를 이해하기 위한 최고의 방법은 지능을 가진 기계를 개발하는 것이라고 생각했다.

1994년 MIT에 입학했을 때, 운 좋게도 나는 당시 AI 분야의 거물들을 직접 만날 수 있었다. 우선 나의 지도교수는 패트릭 헨리 윈스턴Patrick Henry Winston이었다. 그는 MIT 인공지능 연구소의 소장이자 인공지능 분야에서 표준으로 자리 잡은 교과서를 쓴 저자이기도 했다. 나는 윈스턴 교수의 인공지능 개론을 수강했다. 또한 마빈 민스키Marvin Minsky 교수의 '마음의 사회Society of Mind'라는 과목도 들었다. 윈스턴의 스승이기도 한 민스키 교수는 인공지능 연구소를 설립한 인물이다. 그는 인공지능 분야를 개척하고 이끌고 지원하며 발전시킨 공로를 인정받아 컴퓨터 과학 분야의 최고상이라 할 수 있는 '튜링 어워드Turing Award'를 받았다. 민스키 교수의 이론은 인공신경망 분야의 근간으로 인정받고 있다. 게다가 그는 스탠리 큐브릭Stanley Kubrick 감독이 아마도 역사상 가장 유명한 AI 영화인 〈2001 스페이스 오디세이2001: A Space Odyssey〉를 제작할 당시에 AI 관련 자문을 맡았다.

두 교수 모두 너무나 뛰어나고 창의적이고 야심찬 인물이었지만, 사실 나는 당시 AI 분야의 수준과 느린 발전 속도에 적잖이 실망했다. 그나마 가장 인상적이었던 것은 체스 게임을 두는 AI 시스템이었는데, 그 역시도 단지 몇 수 앞서 예측하는 수준에 불과했다. 그때는 누구도 이러한 시스템이 인간과 같은 지능을 갖고 있을 거라 생각하지 않았다. 인공신경망은 철학적 관점에서만 의미 있을 뿐, 사람들을 놀라게 하는 어떤 일도 하지 못했다. 그렇게 20~30년간은 새롭거나 중요한 아이디어가 나오지 않았다. 그때만 해도 나는 과학자들이 'AI 겨울'이라고 부르던 시절이 끝나가고 있다는 사실을 눈치채지 못했다.

그래서 나는 경력을 전환하기로 마음먹었다. 여전히 컴퓨터과학을 좋아하고 언젠가는 기술 기업을 설립할 꿈을 갖고 있었지만 말이다. 또한 지능에 관한, 나아가 교육에 관한 열정도 계속 키워나갔다. 그 두 가지가 사회를 발전시키는 근간이라고 믿었기 때문이다. 신입생 시절을 지나 그 이듬해 여름, 나는 학생들이 자신이 원하는 시간과 속도로 수학을 공부하고 연습할 수 있게 해주는 소프트웨어를 개발하기 위해 연구비를 지원받았다. 어디서 많이 듣던 이야기가 아닌가?

나는 우리 모두에게 아직 사용하지 않은 잠재적 능력이 있다고 생각했다. 모든 사람이 알베르트 아인슈타인이나 마리 퀴리와 같은 인물이 될 수 있는 자질을 갖고 태어나지만, 그러한 잠재력을 실현하도록 충분한 교육과 지원을 받는 사람은 얼마나 될까? 폭넓고 접근이 용이한 교육 프로그램으로 과학과 예술, 비즈니스 분야에서 모두를 위해 주요한 차세대 혁신을 일궈낼 역량을 갖춘 인재를 10배, 혹은 100배 더 많이 만들어낼 수 있다면 어떨까? 그럴 때 얼마나 더 많은 질병을 치료할 수 있을까? 얼마나 더 빠른 속도로 우주를 탐험할 수 있을까?

내가 호기심을 기울였던 부분은 천재를 육성하는 방안이 아니었다. 내가 궁금했던 것은 이런 질문이었다. 모든 사람이 수준 높은 교육에 접근할 수 있다면 세계적으로 얼마나 많은 인구가 삶에서 목적의식과 의미를 발견하게 될 것인가?

이러한 호기심의 이면에는 내 개인적인 경험이 있었다. 나는 싱글맘 가정에서 자랐다. 부모님은 내가 태어나자마자 이혼했고, 내가 열네 살 되던 해에 아버지가 돌아가실 때까지, 그를 만난 건 딱 한 번뿐이었다. 아버지는 방글라데시의 유명 정치인 및 학자 가문 출신으로 소아과 의사로 일했다. 그러나 우리는 아버지에게서 어떤 경제적 지원도 받지 못했다. 그건 아마도 아버지 역시 생활이 넉넉지 않았기 때문이었을 것이다. 아버지가 돌아가셨을 때 나와 내 누나는 닛산 자동차인 센트라를 유산으로 받았다. 그러나 차량의 가치보다 빚이 더 많은 상태였다. 내가 주워들은 이야기를 종합해보면, 아버지와 어머니는 완전히 다른 세상의 사람이었다. 두 사람은 중매결혼을 했다. 아버지는 항상 우울증으로 힘들어했다. 내 삶에서 대부분의 기간 동안 어머니는 이 가게 저 가게에서 점원으로 일했지만, 우리 집은 빈곤선에서 벗어나지 못했다. MIT의 장학금 정책이 관대했음에도, 내가 졸업할 무렵에는 학자금 대출이 약 3만 달러로 불어나 있었다. 그래도 당시는 IT 업계의 호황이 시작될 때라, 대학 졸업생이 받을 수 있는 연봉이 무려 8만 달러였다. 이는 어머니 수입의 5배였다. 오라클은 내게 절대 놓칠 수 없는 기회를 줬고 나는 그걸 잡았다.

그러고는 다시 비즈니스 스쿨에 들어가 나는 헤지펀드 분석가가 되었다. 그런데 당시 약혼녀였던 지금의 아내는 나의 재능과 내가 받은 교육으로 사회를 위해 일하지 못한다는 게 안타깝다고 했다. 그래도 나는 투자가 지적으로 매력적인 일이라 생각했다. 덕분에 시장의 야만성과 함께 세상이 어떻게 돌아가는지도 배웠다. 또한 무엇보다 나는 돈이 필요했다. 비즈니스 스쿨에 진학하면서 또 대출을 받은 상태였기 때문이다. 게다가 어머니와 가족을 부양해야 했다. 내가 자라면서 겪었던 경제적 고통을 자녀들에게 물려주기는 싫었다. 솔직하게 말해, 그때만 해도 나의 경제적 상황은 다른 친구들에 비해 대단히 불안정했다. 나는 사람들에게 경제적으로 독립할 때까지만 헤지펀드 분석가로 일할 것이며, 그러고 나면 학교를 설립하겠노라고 공언했다. 그 시절에 나는 언젠가 학생들이 주도적으로 열정을 좇을 수 있게 더 많은 시간과 자유를 허락하는 학교에서 〈해리 포터〉에 나오는 덤블도어와 같은 존재가 되기를 꿈꿨다.

결혼을 하고 나서 2004년에는, 뉴올리언스에 사는 숙모가 보스턴에 있는 우리 집을 방문했다. 숙모는 내게 열두 살 된 사촌동생 나디아가 수학 때문에 힘들어한다는 이야기를 했다. 나는 나디아에게 원격으로 개인 교습을 해주겠다고 약속했다. 그 일은 결국 칸 아카데미 설립으로 이어졌다. 본질적으로 칸 아카데미는 내가 나디아와 함께 했던 개인 교습의 규모를 모든 과목과 학년 그리고 모든 지역에 걸친 수십만 명의 학생으로 확장한 것이다.

이후로 오랫동안 많은 사람이 내게 왜 칸 아카데미를 비영리단체로 만들었는지 물었다. 사실 나는 그때까지 돈을 위해 일했고, 또한 기술 기반의 확장 가능한 솔루션으로 큰돈을 벌 수 있는 실리콘밸리 한가운데에 살고 있었다. 사람들은 우리의 비영리단체가 일반 기업과 경쟁할 수 있을 거라고 생각하지 않았다. 하지만 그때 내 머리에서는 두 가지 생각이 도무지 떠나질 않았다. 첫 번째는, 나는 시장의 힘을 믿지만 시장이 만들어낸 결과물이 우리가 추구하는 가치와 일치하지 않는 몇몇 분야가 존재한다는 생각이었다. 교육과 의료가 바로 그 대표적인 사례였다. 그 두 분야는 이상적인 세상이라면 가정의 경제력이 자녀에게 최고의 기회를 주는 과정에서 절대 방해 요인이 되어서는 안 된다고 우리 모두가 믿는 영역이다. 사람들 대부분은 우리 모두에게 각자의 잠재력을 실현할 권리가 있다는 주장에 동의한다.

두 번째는, 조금은 망상에 가까운 원대한 생각이었다. 나는 생화학자이자 소설가인 아이작 아시모프Isaac Asimov의 《파운데이션Foundation》 시리즈를 무척 좋아한다. 이 소설은 인류가 은하계를 점령하고 하나의 제국으로 통일을 완성한 수만 년 이후의 미래 세상을 그리고 있다. 그 제국의 일원인 하리 셸던이라는 학자는 역사심리학(역사와 경제, 통계학을 융합한 학문)이라는 새로운 분야를 개척하는데, 그는 연구를 통해 거시적인 역사의 흐름을 확률적 차원에서 예측하는 능력을 갖게 된다. 그런데 그는 은하제국이 몇백 년 후 암흑기로 접어들 것이며 그 기간이 1만 년 동안 이어질 것이라는 결론에 도달하게 된다. 그 1만 년의 세월 동안 전쟁과 기근이 이어지면서 모든 지식이 파괴되고 말 것이었다. 셸던은 계산을 통해 그 무엇으로도 암흑기의 도래를 막을 수 없지만, 그래도 기간을 단축시킬 수 있다는 사실을 깨닫게 된다. 그래서 은하계 주변부에 지식과 기술을 보존하기 위해 파운데이션을 구축함으로써 다가오는 혼돈의 세월을 '단' 1000년으로 줄이고자 한다. 《파운데이션》 시리즈는 그 이후로 펼쳐지는 수백 년의 세월을 들려준다.

나는 중학교 때 《파운데이션》 시리즈를 처음 읽었다. 그때 나는 그 정도 규모의 시간을 상상할 수 있다는 사실 자체가 너무 놀라웠다. 또한 문명의 힘은 그 규모와 권력, 혹은 부에서 비롯되지 않는다는 사실에 대해 처음으로 깊이 생각하게 됐다. 이러한 요소는 그저 부산물에 불과했다. 실질적인 힘의 원천은 사회의 문화와 지식 그리고 인간의 사고방식이었다.

다시 칸 아카데미를 설립했던 때로 돌아와서, 나는 수백 년이나 수천 년은 고사하고 앞으로 몇 년, 혹은 몇십 년의 세월을 내다보는 사람도 극소수에 불과하다는 사실을 알게 되었다. 인터넷이 분명히 우리 시대의 혁신적인 기술이었음에도 누구도 인터넷을 기반으로 새로운 형태의 조직을 구축하려 들지 않았다. 나는 인터넷을 기반으로 칸 아카데미를 설립한다면 앞으로 수백 년 동안 수십억의 인구를 교육하는 과정에 기여하는 최초의 조직이 될 수 있지 않을까 상상했다. 칸 아카데미는 해리 셀던의 '파운데이션'과 비슷하지만 하나 다른 점이 있다. 그건 인류를 고양시켜 50년이나 100년 후의 시점에서 현재를 돌아봤을 때 지금 이 순간이 암흑기처럼 느껴지게 만들 수 있다는 것이다. 인생은 단 한 번뿐인데, 무엇을 망설이겠는가?

칸 아카데미의 사용자 규모가 수천 명에서 수억 명으로 늘어나면서 나의 꿈은 망상이 아닌 것으로 드러났다. 그 과정에서 깜짝 놀랄 만한 인물들이 나타나 우리를 도와줬다. 2009년 가을에 나는 헤지펀드 일을 그만두고 칸 아카데미에 전념하기 시작했다. 그러나 몇 달 만에 우리 가정의 저축 잔고가 너무도 빨리 바닥을 드러내고 말았다. 그러던 와중에 첫아이가 태어났다. 나는 경제적인 스트레스와 성공 가능성이 희박한 꿈을 이루기 위해 고연봉의 일자리를 그만뒀다는 자책감에 잠을 이룰 수 없었다. 그렇게 칸 아카데미가 암흑기로 진입하려는 순간, 그들이 마술처럼 나타났다. 바로 앤 도어Ann Doerr(현재 칸 아카데미 회장)와 존 도어John Doerr가 칸 아카데미를 계속 운영할 수 있는 충분한 돈을 기부해준 것이다. 그 이후로 수십만 명이 우리를 후원했다. 덕분에 우리는 비영리단체임에도, 자본력이 막강한 주요 IT 기업에 절대 뒤지지 않을 훌륭한 팀을 꾸릴 수 있었다. 수백 명의 뛰어난 인재들이 각자의 경력에서 대단히 중요한 시기를 칸 아카데미에 바치겠다고 약속했다. 그 약속을 지키기 위해서 그들 대부분은 꽤 많은 연봉 삭감을 감수해야 했을 것이다. 그리고 전 세계 수천 명에 달하는 자원봉사자가 칸 아카데미의 콘텐츠를 50개 이상의 언어로 번역해줬다. 또한 빌 게이츠를 비롯하여 넷플릭스의 리드 헤이스팅스Reed Hastings와 테슬라의 일론 머스크Elon Musk와 같은 야심찬 비즈니스 리더들이 우리의 최대 후원자로 나섰다. 우리의 모험이 뜻밖에 흥미진진해지자 칸 아카데미 사람들 사이에서는 자비로운 외계인들이 첫 접촉을 위해 인간을 교육시키도록 우리를 도와주고 있다는 농담까지 떠돌았다.

그런데 오픈AI의 샘 올트먼과 그레그 브로크먼에게서까지 연락을 받았을 때, 그 농담의 설득력이 한층 높아졌다. 두 사람은 칸 아카데미에서 우리의 여정을 구성하는 모든 요소를 하나로 결합해줄 기술을 들고 가장 먼저 우리 앞에 나타났다. 많은 사람과 기업이 오랜 세월에 걸쳐 이룩한 혁신으로 탄생한

GPT-4야말로, 내가 정말로 꿈을 꾸는 것은 아닌지(혹은 시뮬레이션 속에 살고 있는 것은 아닌지) 착각하게 만든 최초의 AI 기술이었다. GPT-4는 1994년 당시 AI 과학자를 꿈꾸던 내가 평생 일어날 수 없을 거라 상상했던 모든 것을 넘어서는 수준이었다. 더 중요하게도 GPT-4는 세상의 모든 학생에게 세계적인 수준의 교육 기회를 제공하겠다는 우리의 목표를 이뤄줄 단 하나의 사라진 조각이었다. 나는 지금도 AI 과학자가 되는 상상에 흥분되는 것처럼, GPT-4 기술이 인간의 잠재력을 실현하는 과정에 과연 어떤 도움을 주게 될지 상상하면 심장이 두근댄다.

그러나 결코 가볍게 접근할 수 있는 기술은 아니다. 그 안에 실질적인 위험이 숨어 있기 때문이다. AI 기술은 전반적으로 생산성을 높여주지만, 동시에 여러 산업과 일자리를 대체하거나 파괴할 위험이 있다. 여기서는 기존 노동 피라미드(기술 수준이 낮은 육체노동이 아래를, 사무직 일자리가 중간을, 기술 수준이 높은 지식 노동 및 경영이 위를 차지하는)의 개념이 적용되지 않는다. 가령 자율주행 자동차와 트럭을 포함하는 로보틱스Robotics 기술은 피라미드 아래에서 일하는 인간에 대한 수요를 크게 감소시킬 것이다. 나아가 생성형 AI는 피라미드 중간에 해당하는 사무직 노동의 상당 부분을, 심지어 기술 수준이 높은 일부 직종까지 대체할 것이다. 생산성 향상과 그에 따른 부의 축적이 실리콘밸리처럼 노동 피라미드의 맨 꼭대기에만 주어지고 다른 많은 이는 실직 상태로 남아 있는 사회는 절대 안정적일 수 없다. 이러한 상태에서는 결국 거대한 규모로 부의 재분배 시도가 일어날 것이다. 이는 곧 디스토피아 시나리오를 의미한다. 대부분의 사람들은 정부 지원금으로 살아가길 원치 않는다. 대신에 목적의식을 갖고 세상에 기여하는 삶을 원한다.

여기서 실질적인 해결책은 노동 피라미드를 거꾸로 뒤집는 것이다. 즉, 뒤집어진 피라미드의 상부에서 일하는 대부분의 사람이 AI를 비롯한 다양한 기술을 활용해서 생산성을 높이고, 기업가 정신을 실현하도록 만드는 것이다. 이러한 이상이 실현 가능하다고 주장할 수 있는 유일한 근거는 앞으로 AI 기술을 활용해서 인구 대부분의 기술 수준을 크게 높일 수 있다는 사실에 있다.

아마도 〈스타트렉〉을 경제학자의 시선으로 시청한 사람은 거의 없을 것이다. 그러나 우리는 그런 시도를 통해 앞으로 펼쳐질 세상을 조망해볼 수 있다. 기존 경제학은 모두 희소성 원칙을 기반으로 삼는다. 다시 말해 일반적으로 모두가 원하거나 필요로 하는 것을 모두에게 나눠줄 수 있는 충분한 자원은 존재하지 않는다는 가정에 기반을 둔다. 그래서 우리는 시장과 가격 시스템을 통해서 제품과 서비스, 자원을 효용이 가장 높은 곳으로 분배한다. 반면에 〈스타트렉〉 세상에서는 희소성 원칙이 별 의미가 없다. 고도의 기술 덕분에 필요한 식량을 모두 복제할 수 있고 눈 깜짝할 사이에 수천 킬로를 이동할 수 있으며 빛의 속도로 의사소통하면서 별들 사이를 오갈 수 있기 때문이다. 게다가 모든 인간은 충분한 교육을 받고 풍요를 마음껏 누린다. 모두가 탐험가이자 과학자이고 엔지니어이자 예술가, 의사, 상담사다. 생성형 AI는 우리 사회 곳곳에 〈스타트렉〉 세상처럼 희소성을 낮추고 풍요를 높여줄 잠재력을 갖고 있다. 그런데 우리 사회가 〈스타트렉〉의 유토피아를 향해 나아갈 강한 의지를 갖고 있을까?

그렇지 않다면 우리 사회는 점차 포퓰리즘의 희생양이 되어갈 것이다. 경제적으로 여유는 있지만 목적의식이나 삶의 의미가 없는 이들은 자신은 물론 남에게 관대하지 않다. 그리고 선동가들의 부추김에 취약하다. 여기서 생성형 AI는 영상을 조작하고 '가짜 뉴스'를 만들어서 우리 사회를 부정적인 방향으로 몰아갈 수 있다. 특히 정부가 그 기술을 악용한다면 조지 오웰George Orwell의 《1984》에 등장한 정부보다 훨씬 더 치밀하게 시민을 감시할 것이다. 최근 수십 년 동안 도시 전역에 카메라와 센서를 설치하고 도청하는 일이 가능해졌다. 그럼에도 그렇게 모은 방대한 정보를 확인하고 분석하는 작업은 여전히 힘든 일이었다. 하지만 AI 기술이 등장하면서 각국 정부는 조만간 정책에 반대하는 모든 정보와 기록을 쉽게 찾아낼 수 있게 될 것이다. 이제 빅브라더Big Brother, 소설 《1984》에 처음 등장한 단어로, 개인 정보를 독점함으로써 사회를 통제하는 권력을 뜻한다는 시민을 감시할 뿐 아니라 그들의 동태까지 정확히 파악하게 될 것이다.

충분한 관심과 AI를 다루는 역량이 부족할 때, 우리는 날로 정교해지는 속임수의 희생양이 될 것이다. 사기꾼은 조만간 우리에게 전화나 영상 통화를 걸어 가족 행세를 하면서 긴급한 상황에 처했으니 돈을 보내달라고 요구할 것이다.

AI는 국가 안보에서도 점차 중요한 역할을 맡을 것이다. 적국들은 AI 기술을 활용해서 정교하게 공격하고 인프라를 파괴하는 능력을 확보할 것이다. 이러한 공격은 인간을 활용할 수도 있다. 가령 AI를 활용해 수많은 사람이 은행에서 예금을 인출하기 위해 길게 줄을 서 있는 이미지를 만들어 소셜 미디어를 통해 널리 퍼뜨림으로써, 실제로 뱅크런 사태를 일으킬 수 있다. 또한 정부 및 비정부 조직이 소셜 미디어에 탑재된 생성형 AI를 활용해서 선거 결과에 영향을 미치고 사회 분열을 조장할 수도 있다. 미래에 벌어질 이러한 싸움에서 최고의 전략가는 어쩌면 인간이 아니라, AI일지 모른다.

이러한 위험에 대한 두려움으로 일부는 혁신의 속도를 늦춰야 한다고 주장한다. 솔직히 나 역시 지금의 발전 속도에 현기증을 느낄 정도다. 그러나 지니는 이미 램프에서 나왔고, 악당들은 개발 속도를 늦추지 않을 것이다. 많은 이들 역시 개발 속도를 늦추길 원치 않는다. 지금은 선한 이들이 유리한 위치를 점하고 있지만, 앞으로는 치열한 경쟁이 이뤄질 것이다. 모든 위험에 대한 대응책은 기술 개발의 속도를 늦추는 것이 아니라, 자유를 추구하고 인류에게 힘을 실어주는 이들이 혼란과 전제주의 편에 서는 이들보다 더 나은 AI를 확보하게 하는 것이다.

지금 이 순간은 인류에게 존재적 위험이 될 수도, 혹은 존재적 기회가 될 수도 있다. 사람들은 기술과 혁신에서 지금의 도약을 두려워할 수도, 혹은 희망을 품을 수도 있다. 다만 나는 인류의 운명을 동전 던지기에 맡겨둬서는 안 된다고 믿는다. 대신에 우리 모두 앞으로 AI를 어떻게 사용할 것인지 결정하는 과정에 적극 참여해야 한다. 두려움으로 한 발 물러선다면, 규칙을 따르는 이들을 멈추게 만들 것이며 독재 정권에서 범죄 조직에 이르기까지 규칙을 어기는 자들은 더 빨리 달려 나갈 것이다. 우리 사회가 〈스타트렉〉의 유토피아 시나리오에 더 가까이 다가서기 위해서는 공공의 이익을 위해 거대 언어 모델을 활용하는 시도를 강화해나가야 한다.

이것은 연습 게임이 아니다. 생성형 AI는 지금 여기에 있다. 이제 AI 쓰나미가 해안으로 밀려와 우리를 덮치려 한다. 그 파도로부터 도망칠 것인지 파도를 타고 나아갈 것인지를 선택해야 하는 기로에서, 나는 과감하게, 그러면서도 표류물에 부딪히지 않도록 충분한 주의를 기울이면서 두 발로 뛰어올라야 한다고 믿는다.

우리 모두에게는 이 기술을 책임 있게 사용해야 할 의무가 있다. 개발자는 사회가 요구하는 안전망을 구축해서 아이들을 보호해야 한다. 문제가 생겼을 때는 적절한 규제를 신속하게 도입함으로써 규칙을 어기는 이들이 이익을 챙기지 않도록 해야 한다. 다른 한편으로 우리는 올바른 의도와 올바른 교육을 바탕으로 AI 기술 개발에 박차를 가해야 한다. 그리고 이를 통해 인류의 목표에 다가서고 잠재력을 높여야 한다. 우리는 AI를 활용해서 지금 이 순간이 먼 훗날에 암흑기로 보이게끔 만들 새로운 황금시대를 열어가야 한다. 그것만큼 야심차고 중대한 과제도 없다.

내 인생 최고의 파트너가 되어준 우마이마 마비에게 감사하다. 그녀의 도움은 이번 여정의 모든 단계에서 큰 힘이 되었다.

임란과 디야 아자드는 내게 매일 나 자신과 세상을 더 낫게 만들어가도록 용기를 불어넣어주었다. 홀로 나를 키우면서 어떤 힘든 상황도 이겨낼 수 있게 가르쳐주신 내 어머니 마수다 칸과 내 첫 스승인 파라 칸에게도 고마운 마음을 전한다. 내 장모 나심 마비는 내 말에 진심으로 귀를 기울이는 훌륭한 친구가 되어주셨다. 폴리는 이 책을 쓰는 내내 발을 따뜻하게 데워줬다.

나디아 아만과 알리 아자드, 나트랏 라만은 이 모든 일이 시작되는 과정에서 도움을 줬다. 훌륭한 상사이자 스승인 댄 윌은 내가 그와 일하는 동안에도 칸 아카데미를 운영할 수 있도록 배려해줬다.

우리 이사회 의장인 앤과 존 도어는 이번 프로젝트를 시작할 때부터 신뢰와 지원을 아끼지 않았다.

칸 아카데미의 첫 번째 팀원들인 샨터누 신하와 벤 카멘스, 제이슨 로조프, 빌랄 무샤라프는 실질적인 조직을 구축하는 과정에서 나보다 더 많이 기여했다.

빌 게이츠, 호르헤 파울로 리만과 수재나 리만, 카를로스 로드리게스파스토르, 리드 헤이스팅스, 댄 벤턴, 스콧 쿡, 사인 아스트비, 래턴 타타, 카를로스 슬림, 토니 슬림, 에릭 슈미트, 일론 머스크, 데이비드 시걸, 로라 오버덱, 존 오버덱, 로린 파월 잡스, 데이비드 스타일스 니콜슨, 카릴스 시오카, 에리카와 페로스 드완, 레이와 바버라 달리오, 밥 휴스, 잭 리틀, 진 오키프, 크레이그 산토스, 찰스, 리즈, 체이스, 엘리자베스 코흐, 브라이언 훅스, 재닌과 제프 야스, 라베널 커리, 로르와 기욤 푸사즈, 로스 애너블, 로니 스미스, 마크와 데브라 레슬리, 척 쿵과 리사 게라, 래리 코언, 순다르 피차이, 제임스 마니카, 사티아 나델라, 샨터누 나라옌, 다르메쉬 샤, 잭 도시, 젭 부시, 숀 오설리번, 테드 미첼, 퍼트리샤 리브스케, 커티스 피니, 산지브 야즈니크, 파레드 자카리아, 아르네 던컨, 톰 프리드먼, 다이앤 그린, 월터 아이작슨, 토드 로즈, 데이비드 콜먼, 사메어 샘팻, 다이앤

시먼, 유리 밀너, 헨리 매캔스, 제랄딘 아쿠나선샤인, 크레이그 매코, 수전 매코, 팀 레이놀즈, 스콧 하임리히, 에두아르도 세틀린, 지젤 허프, 제리 흄, 대런 우즈, 로버트 브래드웨이, 게리 윌슨, 제프와 트리샤 라이크스, 바비 코틱, 메이슨과 로건 에인절, 앤절라 더크워스, 이선 몰릭, 크리스 앤더슨, 프랜시스 포드 코폴라까지, 이들 모두는 내게 믿기 힘든 지지자이자 조언자 그리고 스승이 되어줬다.

이번 AI 여행을 우리와 함께 해준 그레그 브로크먼과 샘 올트먼, 제시카 시에에게도 고맙다.

다음의 칸 아카데미 팀원들 모두 초기 아이디어와 출범에서 중요한 역할을 해줬다.

엔지니어링: 폴 모건, 숀 얀세르, 수하타 살렘, 제이슨 챈시, 페퍼 밀러, 마크 샌드스트롬, 숀 드라이거 바우어, 존 레직, 켈리 힐, 체이스 카나롤리, 제이슨 볼, 잭 장, 헌터 리우, RJ 코윈, 살만 오머, 재커리 플러머, 앨리스 파오, 재닛 헤드, 브라이언 지니시오, 조녀선 프라이스, 리즈 포벨, 마탭 사벳, 로버트 피핀, 사라 E.S. 프로핏, 월트 웰스, 매슈 커티스, 네드 레드먼드, 니콜 와츠, 레이철 로버츠, 새러 서드, 데이비드 브롤리, 캐시 필립, 루크 스미스, 앤드루 파건, 알렉스 모렐리, 매디 안드레이드오자엣, 아모스 라테이어, 엘리스 매코리, 디브야 찬드라세카르, 에밀리 얀저, 이언 파월, 애덤 버칸, 애덤 고포스, 패트릭 맥

길, 매트 모건, 보리스 로, 에릭 헬랄, 마이클 멘도사, 네이선 도브로볼스키, 케빈 바라바시, 제라르도 곤잘레스, 지나 발데라마, 대니얼 화이트, 팀 매케이브, 크레이그 실버스타인, 미구엘 카스티요, 리드 미첼, 캣 야니쉬.

제품과 콘텐츠 및 디자인: 크리스틴 디세보, 리키 찬다라나, 아드리엔 헌터 윙, 데이브 트래비스, 로리 르덕, 대니얼 드 앙굴로, 세라 로버트슨, 긴타스 브라두나스, 토미 데이, 수전 오거스트, 엘비라 발데즈, 코리 콜보커, 제스 헨델, 헤더 메스턴, 찰리 오엔, 제프 도즈, 닉 코키니스, 안야 빌라, 요나 골드사이토, 란 보르그, 캐런 샤피로.

이번 작업에서 중요한 부분을 지원하고 이끌어준 스테이시 올슨, 비키 주보비치, 리자이나 로스, 줄리언 로버츠, 레이철 보로디츠키, 줄리아 카울스, 산딥 바프나, 제러미 시펠링, 제이슨 호비, 테드 첸, 다이애나 올린, 조던 피비, 에반 라만, 아이린 첸, 바브 쿤즈, 펠리페 에스카밀라, 제시 앰브로스에게 감사드린다.

미래를 내다보는 교육 분야 지도자들에게 고마운 마음을 전하고 싶다. 케이티 제너 박사, 프랭크 에델블루트 위원, 페기 버핑턴 교육감, 호세 푸엔테스 박사, 앨런 우셰렌코, 팀 넬레가 그리고 뉴어크 공립학교와 호바트 스쿨시티, 인디애나주를 비롯하여 미국 전역 협력 학교의 뛰어난 교육자와 학생들 모두에게 특별한 마음을 전한다.

리처드 파인, 엘리자 로스스타인, 잉크웰 매니지먼트, 이브라힘 아마드, 리 크라베츠, 캐럴린 콜번, 율리자 네그론, 브리짓 길러런, 몰리 페센덴, 바브 쿤츠, 엘리자베스 팸 야노프스키, 알렉스 크루즈지메네즈, 캐리 쿡, 수잰 로버츠, 톰 그린, 토머 올트먼, 조안나 사무엘스, 로저 스터들리, 에릭 버슨, 미미 크라베츠에게도 감사 인사를 전한다.

2009년에 직장을 그만두도록 나를 설득해준 예레미아 헤네시에게 큰 감사를 드린다.

칸 아카데미가 운영될 수 있도록 기부해준 수십만 명과 더불어 칸 아카데미를 통해서 자기 자신과 그들이 돌보는 학생들의 정신을 고양시켜준 수억 명의 학생과 학부모, 교사에게 감사의 말씀을 전한다.

마지막으로, 인류가 첫 조우에 대비하도록 우리를 도와준 자비로운 외계인들에게도 심심한 감사를 전한다. 앞으로도 잘 부탁드린다!

주

1장

1 Jeremy Weissman, "ChatGPT Is a Plague upon Education," Inside Higher Ed, Feb. 9, 2023, www.insidehighered.com/views/2023/02/09/chatgpt- plague-upon-education-opinion.

2장

2 Jonathan Rothwell, "Assessing the Economic Gains of Eradicating Illiteracy Nationally and Regionally in the United States," Gallup, Sept. 8, 2020, www.barbarabush.org/wp-content/uploads/2020/09/BBFoundation_Gains FromEradicatingIlliteracy_9_8.pdf.

3 Noam Chomsky, Ian Roberts, and Jeffrey Watumull, "The False Promise of ChatGPT," *New York Times*, March 8, 2023, www.nytimes.com/2023/03/08/opinion/noam-chomsky-chatgpt-ai.html.

4 Gillian Brockell, "We 'Interviewed' Harriet Tubman Using AI. It Got a Little Weird," *Washington Post*, July 14, 2023, www.washingtonpost.com/history/interactive/2023/harriet-tubman-articial- intelligence-khan-academy/.

3장

5 U.S. Department of Education Office for Civil Rights, 2015–16 Civil Rights Data Collection, "Stem Course Taking," April 2018, www2.ed.gov/about/offices /list/ocr/docs/stem-course-taking.pdf.

4장

6 Alaa Ali Abd-Alrazaq et al., "Effectiveness and Safety of Using Chatbots to Improve Mental Health: Systematic Review and Meta-analysis," *Journal of Medical Internet Research* 22, no. 7 (July 2020), doi:10.2196/16021.

5장

7 Philip N. Howard et al., "Digital Misinformation/ Disinformation and Children," UNICEF Office of Global Insight and Policy, Aug. 2021, www.unicef.org/globalinsight/media/2096/file/UNICEF-Global-Insight-Digital-Mis-Disinformation-and-Children-2021.pdf.

8 Jon D. Elhai et al., "Problematic Smartphone Use: A Conceptual Overview and Systemic Review of Relations with Anxiety and Depres-sion Psychopathology," *Journal of Affective Disorders* 207 (2017), www.sciencedirect.com /science/article/abs/pii/S0165032716303196?via%3Dihub.

9 Steven Pinker, "The Media Exaggerates Negative News. This Dis-tortion Has Consequences," *Guardian*, Feb. 17, 2018, www.theguardian.com/commentisfree/2018/feb/17/steven-pinker-media-negative- news.

10 Tom Huddleston Jr., "Ivy League Child Psychologist: Let Your Kid Use ChatGPT—But Only If You Do These 3 Things First," CNBC, July 20, 2023, https://www.cnbc.com/2023/07/29/ivy-league-child-psychologist-how-parents-can- help-kids-use-ai-safely.html.

6장

11 Ileana Najarro, "Here's How Many Hours a Week Teachers Work," EducationWeek, April 14, 2022, https://www.edweek.org/teaching-learning/heres-how-many-hours-a-week-teachers-work/2022/04.

12 Melissa Ezarik, "Shades of Gray on Student Cheating," *Inside Higher Ed*, December 6, 2021, https://www.insidehighered.com/news/2021/12/07/what-students-see-cheating-a nd-how-allegations-are-handled.

13 Johanna Alonso, "In Proctoring Debate, Stanford Faculty Takes 'Nuclear Option,'" *Inside Higher Ed*, May 5, 2023, https://www.insidehighered .com/news/students/academics/2023/05/05/proctoring-debate-stanford-faculty-takes-nuclear-option.

14 Ryan McElroy and Evan Weiss, "Zeitgeist 5.0," *The Middlebury Campus*, May

2023, https://w ww.middleburycampus.com/article/2023/05/zeitgeist-5-0.

15   Chelcey Adami, "Faculty Senate Approves Changes to Honor Code, Judicial Charter," *StanfordReport*, April 27, 2023, https://news.stanford. edu/report/2023/04/27/faculty-senate-approves- changes-honor-code-judicial-charter/.

16   Farah Stockman and Carlos Mureithi, "Cheating, Inc.: How Writing Papers for American College Students Has Become a Lucrative Profession Overseas," *New York Times*, September 7, 2019, https://w ww.nytimes. com/2019/09/07/us/college-cheating-papers.html.

7장

17   Nazmul Chaudhury et al., "Teacher Absence in India: A Snapshot," UNESCO's International Institute for Educational Planning, 2004, https://etico.iiep.unesco.org/en/teacher-absence-india- snapshot#:~:text=25%25%20of %20teachers%20were%20 absent,concentrated%20in%20the%20poorer%20states.

8장

18   "Elevating Math Scores: The Ongoing Success of MAP Ac-celerator," Khan Academy, 2022, https://b log.khanacademy.org/wp-content/uploads/2023 /09/MAP_Accelerator_21_22_Brief-1.pdf.

19   Anemona Hartocollis, "Harvard Rated Asian-American Applicants Lower on Personality Traits, Suit Says," *New York Times*, June 15, 2018, https://www. nytimes.com/2018/06/15/us/harvard-asian-enrollment-applicants.html.

9장

20   Michael Chui, "Forward Thinking on the Brave New World of Generative AI with Ethan Mollick," McKinsey Global Institute, May 31, 2023, www. mckinsey.com/mgi/forward-thinking/forward-thinking-on-the-brave-new-world -of-generative-ai-with-ethan-mollick.

나는 AI와 공부한다

1판 1쇄 발행 2025년 1월 27일
1판 5쇄 발행 2025년 3월 7일

지은이 살만 칸
옮긴이 박세연

발행인 양원석 **편집장** 김건희 **책임편집** 곽우정
디자인 엄혜리
영업마케팅 조아라, 박소정, 이서우, 김유진, 원하경

펴낸 곳 ㈜알에이치코리아
주소 서울시 금천구 가산디지털2로 53, 20층 (가산동, 한라시그마밸리)
편집문의 02-6443-8932 **도서문의** 02-6443-8800
홈페이지 http://rhk.co.kr **등록** 2004년 1월 15일 제2-3726호

ISBN 978-89-255-7410-3 (03370)

※ 이 책은 ㈜알에이치코리아가 저작권자와의 계약에 따라 발행한 것이므로
   본사의 서면 허락 없이는 어떠한 형태나 수단으로도 이 책의 내용을 이용하지 못합니다.
※ 잘못된 책은 구입하신 서점에서 바꾸어 드립니다.
※ 책값은 뒤표지에 있습니다.